在役长大桥梁安全与健康技术发展

张宇峰　张文明　杨　扬
编著

上海科学技术出版社

图书在版编目（CIP）数据

在役长大桥梁安全与健康技术发展 / 张宇峰，张文明，杨扬编著. -- 上海：上海科学技术出版社，2024.1
ISBN 978-7-5478-6497-5

Ⅰ. ①在… Ⅱ. ①张… ②张… ③杨… Ⅲ. ①长跨桥－桥梁工程－安全管理 Ⅳ. ①U448.43

中国国家版本馆CIP数据核字（2023）第249790号

内 容 提 要

为深入了解我国在役长大桥梁安全与健康现状，全面把握在役长大桥梁安全与健康领域的创新思想和前沿技术，在役长大桥梁安全与健康国家重点实验室开展了系列研究。本书主要介绍了桥梁安全与健康领域的技术创新与应用推广，以及未来技术发展趋势，以期推动交通科技成果更好更快地在行业内转化与应用，为该领域研究提供参考。

全书共分四章，主要内容包括：第1章长大桥梁发展与现状，第2章长大桥梁安全与健康状况，第3章桥梁学科研究热点与科技成果，第4章在役长大桥梁安全与健康技术发展分析。

在役长大桥梁安全与健康技术发展

张宇峰　张文明　杨　扬　编著

上海世纪出版（集团）有限公司
上海科学技术出版社　出版、发行
（上海市闵行区号景路159弄A座9F-10F）
邮政编码 201101　www.sstp.cn
常熟高专印刷有限公司印刷
开本 787×1092　1/16　印张 10.75
字数 200 千字
2024年1月第1版　2024年1月第1次印刷
ISBN 978-7-5478-6497-5/U・147
定价：98.00元

本书如有缺页、错装或坏损等严重质量问题，请向印刷厂联系调换

前言 | Foreword

长大桥梁是我国桥梁的重要组成部分，是一个城市或地区的标志性结构物，是桥梁工作者集体智慧的结晶，汇聚着材料、制造、信息、节能、环保等诸多产业的最新技术成果，代表着我国桥梁工程的现代化水平，也见证了我国伟大复兴的历史进程。在智能化、信息化的全球科技创新发展趋势下，在役长大桥梁安全与健康问题是桥梁行业向建管养并重转型的关键，更是时代赋予的迫切使命。

长大桥梁的安全与健康是指应满足桥梁安全可靠、适用耐久的要求。安全是健康的基础保证。健康不仅影响桥梁的使用性能和使用寿命，也将影响远期的桥梁安全。同时在服役期间，因服役环境、荷载作用、建设规模、技术水平等各个方面的差异，各式的长大桥梁面临着不同的安全与健康问题，这需要材料、勘察设计、施工、管理、养护等多学科、多层面的协同进步。在《全球工程前沿 2022》中，"工程结构性能智能评估""面向不同服役环境的修复材料与技术""交通基础设施隐蔽缺陷智能监测与预警技术""桥梁结构可靠性评估与维护技术"等被列入土木、水利与建筑工程领域 Top10 工程研究前沿和工程开发前沿。可见，在役长大桥梁安全长寿与健康运维技术在当前研究中热度之高、重要性之强。

在《交通强国建设纲要》《交通运输科技"十三五"发展规划》《交通运输信息化"十三五"发展规划》等政策的指导下，2016 年在役长大桥梁安全与健康国家重点实验室启动了《在役长大桥梁安全与健康技术发展》的系列性研究工作。该项研究以数据分析、专家研判为依据，遵从定量分析与定性研究相结合、数据统计分析与专家论证相佐证的原则，调研了国内外在役长大桥梁在科技及工程领域的战略规划与研究进展，分析总结了长大桥梁的发展历史与趋势、在役桥梁的安全与健康状态，以及安全与健康领域的前沿技术进展，研判了安全与健康领域的未来技术发展趋势，形成了对在役长大桥梁的安全管养方面的经验总结与建设性建议，以期能帮助桥梁管理者、工程师和社会公众更好地了解在役长大桥梁安全与健康领域的技术发展状况。

全书由张宇峰、张文明设计大纲并主持编写，杨扬修正定稿。第 1 章的参编作者有张宇峰、张文明、杨扬、徐一超、承宇、张晓毅、陈杰、杨迪、彭家意、常佳琦、王昊天、张宸茜等；第 2 章的参编作者有张宇峰、徐一超、李明、王志伟、孙吉飚、杨迪、彭家意、李东民、冯丹典、张宸茜等;第3章的参编作者有张文明、张宇峰、田根民、徐一超、杨超、李东民、常佳琦;第4章的参编作者有张宇峰、张文明、杨扬、徐一超、田根民、彭家意、赵亮、李明、王连发、王志伟、陈渝鹏、沈星航、张喆泓、陆小凡等;张晓毅、王昊天、陈杰、常佳琦等研究生参与了资料搜集与图表制作。本书研究工作开展得益于诸多相关前沿领域的研究成果,在此向有关学者及团队表达诚挚的敬意和感谢。

  本书的资料收集及调研主要是基于 Structurae 网站等渠道进行广泛的网络查询统计世界范围内的长大桥梁信息,基于 Web of Science、中国知网、ScienceDirect 等数据库检索并整理相关科研热度,基于科技部网站公布的名单整理国家自然科学奖、国家技术发明奖、国家科技进步奖,基于中国公路学会网站公布的名单整理中国公路学会科学技术奖,基于中国标准服务网以关键字检索国家、行业、地方、团体标准,基于科学网查询并整理相关国家自然科学基金项目。

  书中若有差错和不当之处,敬请读者指正。

编者
2023 年 12 月

目录 | Contents

第 1 章 长大桥梁发展与现状 ·· 1
  1.1 梁桥 ··· 3
  1.2 拱桥 ·· 10
  1.3 斜拉桥 ··· 17
  1.4 悬索桥 ··· 23
  1.5 组合桥型 ·· 27
  参考文献 ··· 31

第 2 章 长大桥梁安全与健康状况 ··· 34
  2.1 世界桥梁事故统计 ··· 34
    2.1.1 桥梁垮塌主要成因 ·· 34
    2.1.2 梁桥 ·· 36
    2.1.3 拱桥 ·· 38
    2.1.4 斜拉桥 ··· 39
    2.1.5 悬索桥 ··· 41
  2.2 主要风险源与典型事故案例 ··· 43
    2.2.1 自然灾害 ·· 44
    2.2.2 人为事故 ·· 45
    2.2.3 材料性能衰退 ··· 47
  2.3 在役长大桥梁的主要安全与健康问题 ······································ 48
    2.3.1 上部结构 ·· 48
    2.3.2 下部结构 ·· 58
    2.3.3 支座 ·· 61
    2.3.4 桥面系及附属设施 ·· 62
  参考文献 ··· 64

第3章 桥梁学科研究热点与科技成果 ···································· 66
- 3.1 科研热点与关注度 ·· 66
  - 3.1.1 研究层级分布 ·· 68
  - 3.1.2 热点词分布 ·· 69
  - 3.1.3 发文机构分布 ·· 73
- 3.2 国家自然科学基金项目 ·· 74
- 3.3 国家、学会获奖项目 ·· 76
- 3.4 相关规范标准 ·· 80
- 3.5 最新工程建设与规划 ·· 80

第4章 在役长大桥梁安全与健康技术发展分析 ························ 84
- 4.1 检测与监测 ·· 84
  - 4.1.1 检测 ·· 85
  - 4.1.2 监测 ·· 114
- 4.2 机理、仿真与性能评估 ······································ 119
  - 4.2.1 机理与仿真 ·· 120
  - 4.2.2 安全状态评估标准体系 ·································· 121
  - 4.2.3 长期性能评估体系 ······································ 122
  - 4.2.4 损伤识别 ·· 124
  - 4.2.5 剩余承载力评定 ·· 127
  - 4.2.6 抗震抗撞性能评估 ······································ 129
- 4.3 维修加固与养护管理 ·· 132
  - 4.3.1 维修加固 ·· 132
  - 4.3.2 功能提升 ·· 146
  - 4.3.3 养护管理 ·· 156
- 4.4 未来发展趋势 ·· 162

参考文献 ·· 164

第1章

长大桥梁发展与现状

古有言:"山无径迹,泽无桥梁,不相往来"。桥梁是跨越山涧、河流等不良地质或为满足其他交通需要而建设的具有可靠承载能力的专门人工构筑物。在现代工业化进程中,桥梁是交通设施互联互通的关键节点和枢纽工程,是国民经济发展和社会生活质量的重要保障,在促进产业融合升级、拉动经济增长等方面发挥着重要作用。

近十年,中国桥梁工程逐渐形成产业化发展局面,在材料、勘察、设计、施工和管养等技术上取得了长足的进步,积累了丰硕的自主创新成果,建成了一大批具有国际影响力的桥梁,如武汉杨泗港长江大桥、沪苏通长江大桥、港珠澳长江大桥等,彰显了中国桥梁建设水平和现代工业化水平的创新与进步。《2022年交通运输行业发展统计公报》显示,2022年末全国公路桥梁103.32万座、8 576.49万延米,其中特大桥梁8 816座、1 621.44万延米,大桥15.96万座、4 431.93万延米;另有铁路桥梁约9.2万座、总长约3 100万延米。不论从数量上还是里程上,均居世界首位。最新的桥梁跨径纪录中,我国已占半壁江山。待张靖皋长江大桥、常泰长江大桥建成通车,我国将包揽各类桥型的最大跨径纪录,实现我国桥梁事业从"跟跑者"到"并跑者"再到"领跑者"的历史转变。在"一带一路"时代潮流下,中国桥梁已成为"走出去"的国家名片之一。

何为"长大桥梁",目前学术界和工程界的意见其实并未完全统一。在我国,主要包括两种意见:一种是参照规范中对"大桥"的定义,将单孔跨径不小于40 m或多孔跨径总长不小于100 m的桥梁定义为长大桥梁;另一种则倾向于参照规范中对"特大桥"的定义,将单孔跨径不小于150 m或多孔跨径总长不小于1 000 m的桥梁定义为长大桥梁。若按照第一种定义,则长大桥梁从总长度上将占到所有公路桥梁的68.6%。若按照第二种定义,长大桥梁也将占到公路桥梁总长度的18.3%。无论按照哪种定义,长大桥梁都将是桥梁中结构复杂、技术难度较大的部分。本书中的长大桥梁倾向于第一种定义。

统计数据显示,2010—2022年,相比于公路桥梁座数3.9%、长度9%的年复合增长率,长大桥梁,尤其是特大桥的发展呈现出明显的跃升态势,座数的复合增长率分别达到了10.4%和12.9%,长度的平均增长率分别达到了12.2%和13.7%,长大桥梁在公路桥梁中的长度占比已从2010年的49.7%增长到了2021年的68.6%,特大桥的长度占比更是从11.4%增长到了18.3%(见图1-1)。

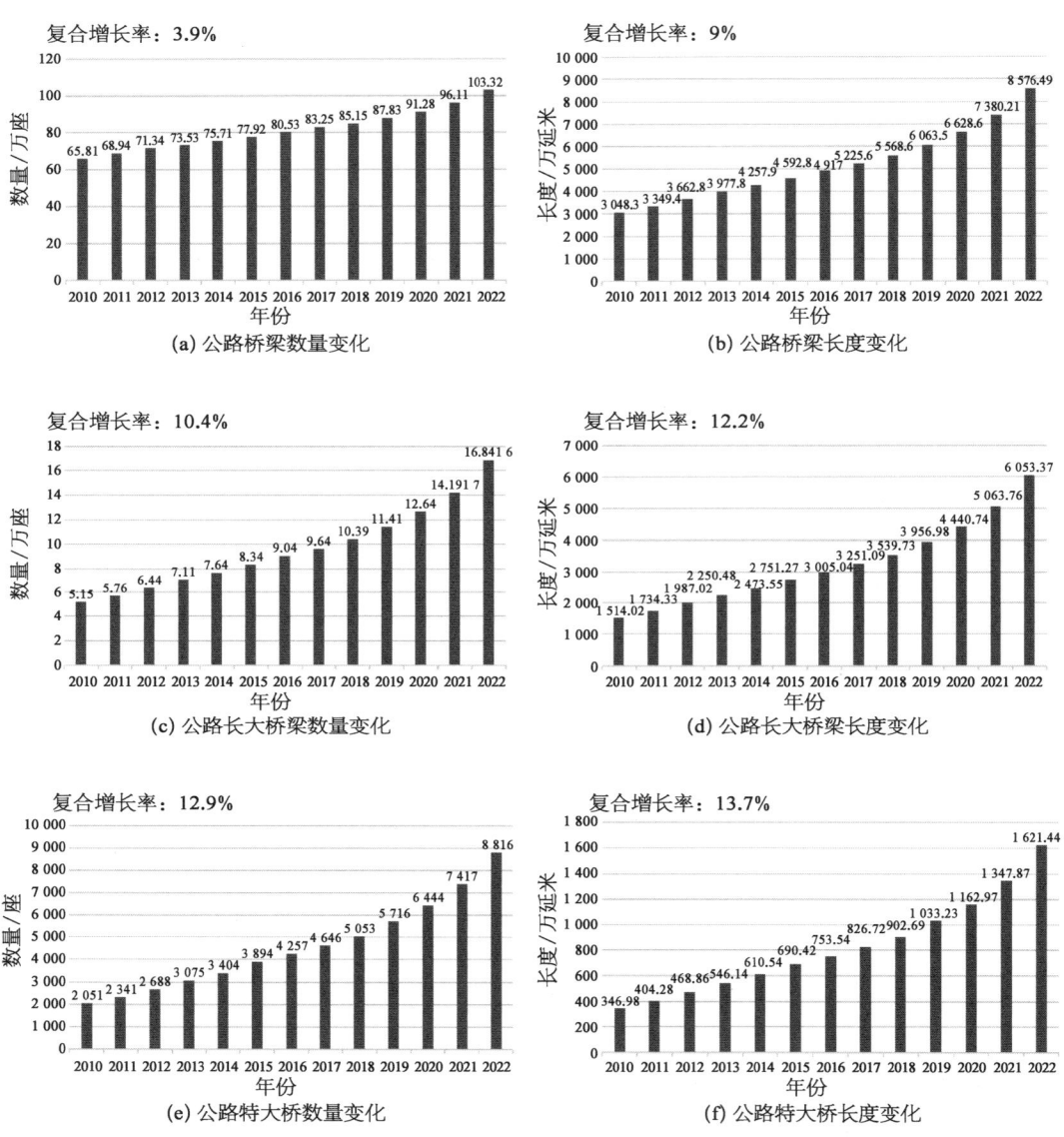

图1-1 2010—2022年公路桥梁、长大桥梁、特大桥数量和长度变化统计图

因此,保障长大桥梁尤其是特大型桥梁的安全与健康将显得日趋重要。

与此同时,我国长大桥梁在世界上占据了越来越重要的地位。已建成的大跨度桥梁统计情况显示,世界前十的大跨度桥梁,我国已占据了一半以上的席位。四大类桥型的前十排名中分别有6座梁桥、7座拱桥、7座斜拉桥、5座悬索桥,详见表1-1。

表 1-1 中国桥梁主要桥型的分布和代表性桥梁统计(截至 2022 年底)

(单位:座)

桥 型	世界桥梁数	中国桥梁数量	排名前十中桥梁数量	代 表 性 桥 梁
混凝土梁桥 (>200 m)	77	28	6	石板坡大桥、北盘江大桥
拱桥 (>300 m)	89	59	7	平南三桥、朝天门大桥
斜拉桥 (>400 m)	177	120	7	沪苏通大桥、苏通大桥
悬索桥 (>600 m)	110	57	5	杨泗港大桥、南沙大桥

1.1 梁桥

作为桥梁的基本体系之一,梁桥是指以受弯为主的梁作为承重构件的桥梁。其分类形式较多,具有受力性能明确、施工工艺简洁、经济指标优良等优点,在桥梁建设中发挥着不可替代的作用,是目前全世界范围内应用最广泛的桥梁类型之一。从结构形式来看,梁桥主要包括简支梁桥、悬臂梁桥、连续梁桥和刚构桥等(见图 1-2)。

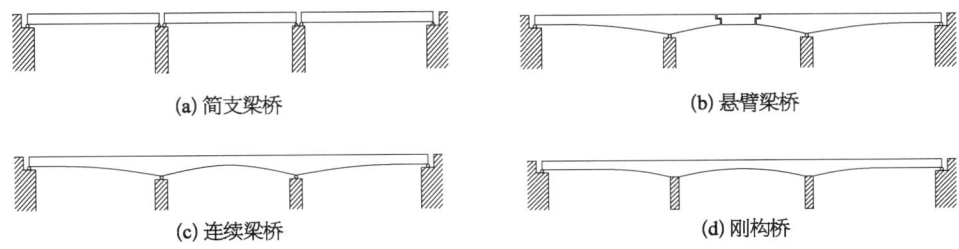

(a) 简支梁桥　　　　　　　　　　(b) 悬臂梁桥

(c) 连续梁桥　　　　　　　　　　(d) 刚构桥

图 1-2 梁桥结构形式分类

梁桥结构形式逐渐丰富的同时,截面类型也趋于多样化。梁桥的截面类型主要包括板式截面、肋梁式截面和箱型截面。板式截面又可分为整体式矩形实心板、装配式实心板、空心板和异形板等。

(1) 世界梁桥的发展。

世界梁桥的发展历程可分为古代和现代两个历史时期的发展阶段(见图 1-3)。关于远古时期梁桥的起源,有人认为它是由模仿大自然的天然梁桥而来。大自然中一些石梁,如果正好落在河的两岸,则成为可以供人通行的天然桥梁,俗称天生桥(见图

1-4)。世界上第一座人工梁桥于何时建造，或许早已无法考证。在埃克斯穆尔发现的塔尔步骤桥是世界上现存最古老的梁桥（见图1-5）。它的建造年代可以追溯到公元前3000年。

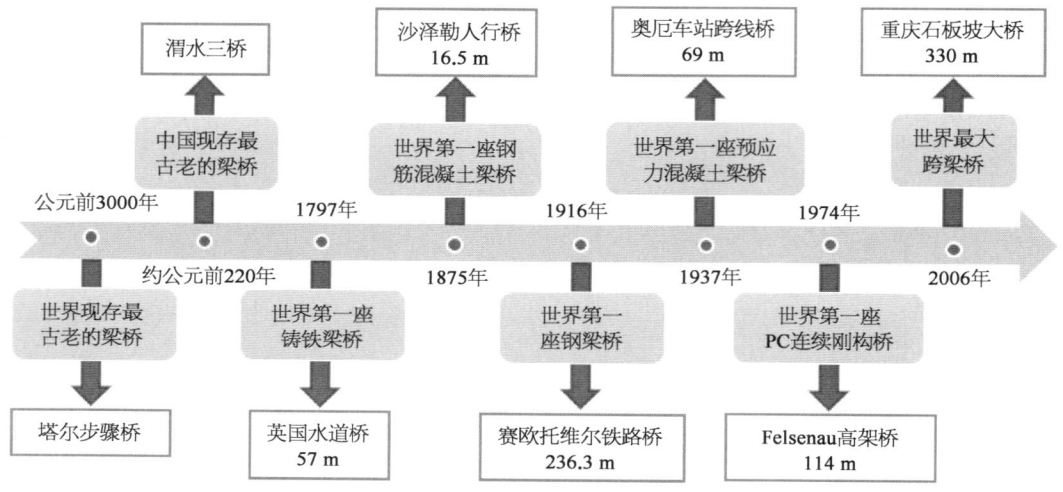

图1-3 世界梁桥发展历程

图1-4 天生桥

图1-5 塔尔步骤桥

木、石一直作为古代梁桥的主要建筑材料，直到西方第一次工业革命给桥梁建设提供了新材料。铸铁板梁桥萌芽于18世纪末期，文献记载的最早的铸铁梁桥结构是英国著名的土木工程师托马斯·特尔福德建造的水道桥（见图1-6）。

英国人Joseph Aspdin于1824年前后发明波特兰水泥。针对混凝土抗压能力强、受拉容易脆断这一特点，法国园艺工Joseph Monier首次将混凝土中加入了钢筋，并在1867年获得专利。1875年建成了第一座钢筋混凝土梁桥——沙泽勒（Chazelet）人行桥（见图1-7），开创了钢筋混凝土梁桥的先河。随后，钢筋混凝土梁桥迅速发展，到了20世纪初期，中小跨度的钢筋混凝土板梁、T梁、Π梁等桥梁形式已得到普遍应用，并尝试向更大跨度发展。

图 1-6 英国水道桥

图 1-7 沙泽勒人行桥

1857年英国发明家贝塞麦发明了可大幅提高钢的产量和品质的技术,得到推广以后,熟铁被钢材迅速取代。其后,美国于1916年率先建成了采用钢材的赛欧托维尔(Sciotoville)双线铁路桥(见图1-8)。该桥为连续桁架桥,孔跨布置为 2×236.3 m。1917年又建成了梅特罗波利斯(Metropolis)单线铁路桥(见图1-9)。该桥为简支桁梁桥,跨度达到215.8 m。

图 1-8 赛欧托维尔双线铁路桥

图 1-9 梅特罗波利斯单线铁路桥

1928年,法国工程师弗莱西奈将高强度钢丝用于预应力混凝土。20世纪40年代,预应力混凝土肋梁桥的应用就比较普遍了。20世纪60年代,林同炎提出的"荷载平衡法"简化了预应力混凝土结构的设计,促进了预应力混凝土在世界范围内的快速发展和普遍应用。1937年,德国首次将预应力技术运用到梁桥中,建成了奥厄车站跨线桥(见图1-10)。1946年,弗雷西奈在法国主持修建了第一座预应力箱梁桥——吕藏西(Luzancy)桥(见图1-11)。

预应力混凝土技术如火如荼发展的同时,高质量钢材和箱型截面的结合——钢箱梁桥也取得了重大突破。目前公路钢箱梁桥的跨度纪录者,是巴西1974年建成的里约-尼泰罗伊大桥(见图1-12)。主桥采用三跨钢箱梁结构,长848 m,主跨300 m。德、法、日等国较早地尝试了钢-混结合箱梁桥,有效降低了建造成本。该桥型的杰出代表是2005年荷兰建成的跨越荷兰水道的双线高铁钢-混结合箱梁桥。此桥长1 200 m,11

跨,最大跨度约 100 m(见图 1-13)。

图 1-10　奥厄车站跨线桥

图 1-11　法国吕藏西桥

图 1-12　里约-尼泰罗伊大桥

图 1-13　荷兰水道高铁桥

与此同时,悬臂施工技术的发展使连续梁、T形刚构和连续刚构等各类 PC 箱梁桥向着更大跨度迈进。瑞士是 PC 连续刚构桥的发源地,瑞士 Menn 教授设计的 Felsenau 高架桥(见图 1-14)可能是第一座 PC 连续刚构桥。重庆石板坡长江大桥复线桥(见图 1-15)现为世界梁桥跨径纪录保持者。该桥 2006 年建成,主跨中间设置 103 m 长的钢梁段,借此减重并将主跨加长到 330 m。

图 1-14　瑞士 Felsenau 桥

图 1-15　重庆石板坡长江大桥复线桥

图 1-16 描述了近代以来梁桥最大跨径的发展。直到 1848 年,比利时的 Conwy 桥的跨径才正式突破 100 m,这主要是由于工业革命带动了梁桥建造技术的进步。在这之后,梁桥技术的不断革新推动着跨径迅速发展。1951 年,德国建造的 Cardinal-Frings 桥将梁桥跨径带入了 200 m 以上的行列。1998 年,挪威的 Stolma 桥采用连续刚构,跨径突破了 300 m。2006 年重庆石板坡长江大桥复线桥的主跨达到了 330 m,成为目前世界梁桥跨径纪录的保持者。

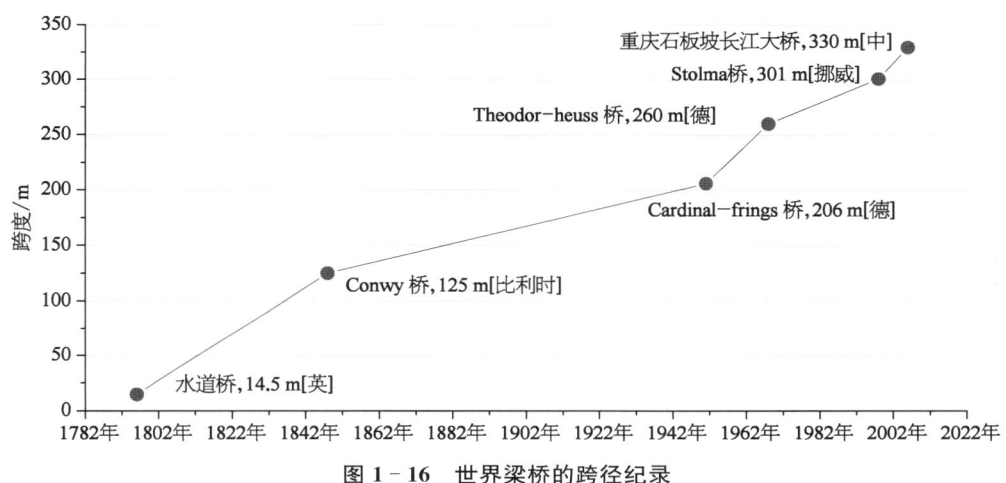

图 1-16 世界梁桥的跨径纪录

(2) 国内梁桥的发展。

中国梁桥的发展历程同样可以分为古代和现代两个时期的发展阶段(见图 1-17)。目前,我国在预应力混凝土梁桥的世界排名中占据前十中的 6 席,见表 1-2。2006 年建造的重庆石板坡长江大桥,主跨 330 m,是世界上跨径最长的梁桥。

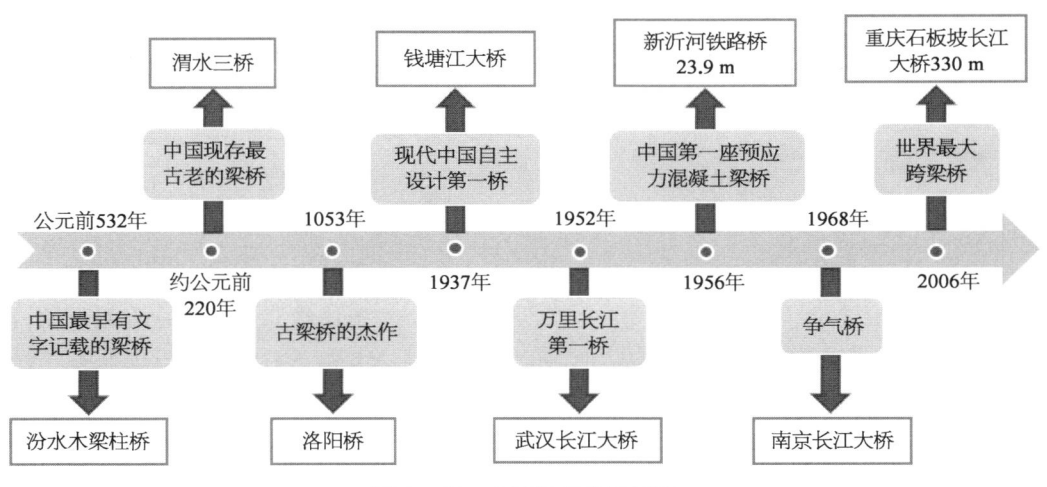

图 1-17 中国梁桥发展历程

表 1-2 前十大预应力混凝土梁桥跨径排名

序 号	桥 名	主跨/m	桥 址
1	石板坡长江大桥	330	中国
2	Stolma 桥	301	挪威
3	Raftsundet 桥	298	挪威
4	Sundoy 桥	298	挪威
5	北盘江大桥	290	中国
6	Sandsfjord Bridge	290	挪威
7	虎门大桥辅桥	270	中国
8	苏通大桥辅桥	268	中国
9	红河大桥	265	中国
10	下白石大桥	260	中国

梁桥可以说是我国最早出现的桥型。早在原始社会时期，我国就有了独木桥和数根圆木组成的木梁桥，这些是中国桥梁的雏形。最早的梁桥实物考证可追溯到坐落在咸阳古城的渭水三桥（见图 1-18），包括东渭桥、中渭桥和西渭桥，为重要的交通枢纽。汉朝时，梁桥便已经比较普及，山东省沂南出土的汉墓画像石上甚至已刻有石梁桥的图案（见图 1-19）。

图 1-18 渭水梁桥

图 1-19 汉画像石刻上的石梁桥

唐宋为中国古代梁桥发展的辉煌阶段。据《唐六典》记载，天下著名的石梁桥有 4 座，为河南洛阳天津桥、永济桥、中桥，以及西安的灞桥。宋代建造了为数众多的石墩石梁桥。"闽中桥梁甲天下"就是对南宋时闽中地区大量建造石梁石墩桥的真实写照。明清为梁桥修建的饱和时期，石梁桥随处可见，但是技术上没有突破。这时的主要成就是对一些古桥进行了修缮和改造，并留下了许多修建桥梁的施工说明文献，为后人提供了大量文字资料。

从鸦片战争到新中国成立,中国桥梁主要由外国人设计建造。唯一例外的只有茅以升主持兴建的杭州钱塘江大桥(见图 1-20)。该桥由他带领中国的工程师们,克服种种意想不到的困难,发明了射水法、沉箱法、浮运法等新工艺,历时 925 个昼夜,终于在 1937 年 9 月 26 日建成通车。

新中国成立之后,中国现代梁桥开始起步。面对技术全面落后于西方的局面,中国的梁桥技术一方面积极学习苏联,另一方面不断自主开拓进取。1952 年,中国政府决定修建第一座长江大桥——武汉长江大桥(见图 1-21),从此天堑变通途。

图 1-20 钱塘江大桥

图 1-21 武汉长江大桥

与此同时,中国预制预应力混凝土技术也在发展。1956 年首次在东陇海线新沂河铁路桥上建成了跨度为 23.9 m 的预应力混凝土简支梁,中国梁桥的技术迈出了重要的一步。河南五陵卫河桥为中国采用平衡悬臂拼装法建成的第一座预应力混凝土 T 形刚构桥,全长 105 m,主跨 50 m(见图 1-22)。

1968 年通车的南京长江大桥(见图 1-23)是长江上第一座由中国自行设计和建造的双层式铁路、公路两用桥梁,在中国桥梁史和世界桥梁史上具有重要意义,是中国经济建设的重要成就、中国桥梁建设的重要里程碑,具有极大的经济意义、政治意义和战略意义,有"争气桥"之称。它不仅是新中国技术成就与现代化的象征,更承载了中国几代人的特殊情感与记忆。

图 1-22 河南五陵卫河桥

图 1-23 南京长江大桥

1978年中国实行改革开放政策以后,经济得到了飞速发展,交通基础设施的建设是经济发展的动脉。采用节段预制悬臂拼装施工的7孔110 m江门外海桥(见图1-24)和主跨达180 m的预应力混凝土连续钢构桥——番禺洛溪桥(见图1-25),可以说代表了20世纪80年代我国梁桥的最高水平。

图1-24 江门外海桥

图1-25 番禺洛溪桥

进入21世纪后,我国真正迈入了梁桥大国的行列,建设了多座举世瞩目的梁桥。2006年建造的重庆石板坡长江大桥(见图1-26),主跨330 m,是世界上跨径最长的梁桥。2021年建成的昭君黄河特大桥,全长4.3 km(见图1-27),主桥共10个主墩,结构为波形钢腹板连续箱梁桥,单联长度达1.52 km。这座桥是包茂高速包头至东胜段改扩建项目控制性工程,也是目前国内单联最长的梁桥。

图1-26 石板坡长江大桥

图1-27 昭君黄河特大桥

1.2 拱桥

现代桥梁结构形式日益新颖,但在山区、海岛等地形、地质条件适合的桥位处,历史悠久的拱桥仍是具有强竞争力的桥型。

拱桥结构形式由最初的简单体系拱桥(如三铰拱、两铰拱、无铰拱)逐渐演变为组合体系拱桥,并可分为有推力和无推力两大类。主拱圈的截面形式更是由简单的板拱,逐步演变为肋拱、箱型拱、双曲拱、钢管混凝土拱等多种形式(见图 1-28)。根据行车道相对于主拱圈的位置,又可分为上承式拱、中承式拱、下承式拱。在拱桥早期的建设中,由于缺乏可靠的抗拉材料,中承式拱桥、下承式拱桥的发展受到一定限制,上承式拱桥作为主要形式得到了不断发展。但后来钢材、混凝土等材料的广泛应用推动了中承式拱、下承式拱等多样化结构的出现和发展。

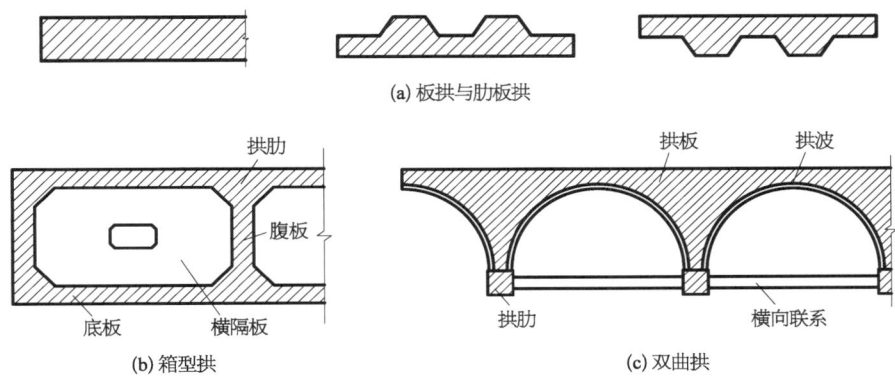

图 1-28　主拱圈截面形式

(1) 世界拱桥的发展。

世界拱桥的发展历程可分为古代和现代两个历史阶段(见图 1-29)。

关于拱的起源,猜想很多,多数认为拱是由模仿大自然的天然拱桥而来(天生桥,见图 1-30)。从实物证据看,拱结构最早出现在古埃及,石拱桥最早出现在古希腊,罗马人继承和发展了石拱桥技术。现存最古老的人工石拱桥——阿瑞凯比克桥(见图 1-31)可追溯到公元前 1300—公元前 1190 年。石拱桥从出现到 19 世纪初,一直是桥梁最主要的结构形式。欧洲中世纪石拱桥跨径曾一度达到 72 m。

现代拱桥起步于文艺复兴之后。自 18 世纪工业革命以来,桥梁界逐步摆脱了以经验为主的建桥方法。英国于 1779 年成功地修建了第一座铸铁拱桥——赛文(Severn)桥(见图 1-32)。其后,德国、美国和法国等都开始兴建铸铁拱桥。随着炼铁技术不断提高,钢材性能逐步提高,铸铁拱桥慢慢地退出了历史舞台。1874 年,美国伊兹(Eads)钢拱桥(见图 1-33)的建成,开启了大跨径拱桥的新时代,钢拱桥的建设逐步兴起。1916年,美国建成了纽约地狱门大桥(见图 1-34),为现代钢拱桥奠定了基础。其后又建成了澳大利亚悉尼港湾大桥(见图 1-35),跨度和宽度都实现了更大的飞跃。

现代钢拱桥不断发展,同时也不乏钢筋混凝土拱桥的身影。法国园林艺术家 Monier 于 1875—1877 年修建了第一座供人行走的钢筋混凝土拱桥,跨径 16 m,宽 4 m。而后随着理论研究的深入和建造技术的提高,钢筋混凝土拱桥在世界各国不断兴建。1979 年,在今克罗地亚建成了主跨 390 m 的 KrK 桥(见图 1-36),这是当时国外跨度最大的混凝土拱桥。

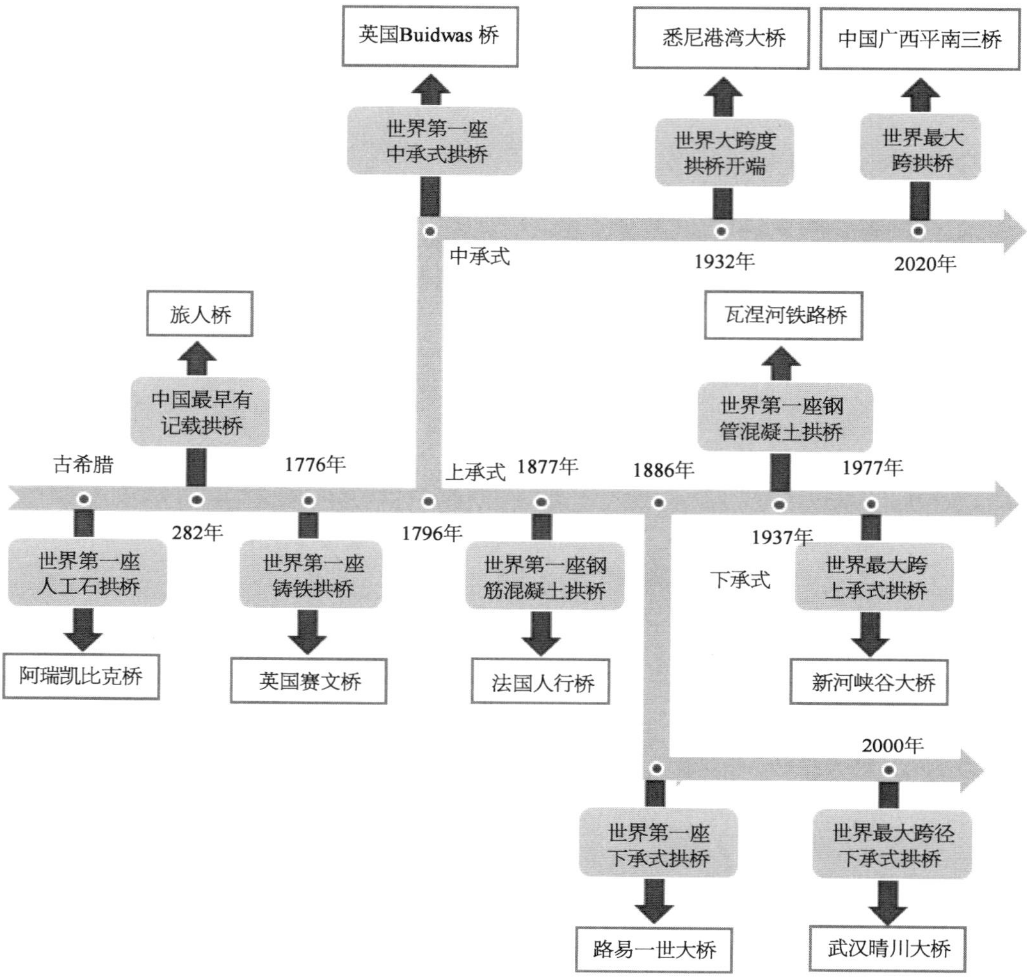

图 1-29 世界拱桥的发展历程

图 1-30 天生桥

图 1-31 希腊阿瑞凯比克桥

图 1-32 赛文桥

图 1-33 伊兹桥

图 1-34 地狱门大桥

图 1-35 悉尼港湾大桥

此外，钢管混凝土拱桥在现代拱桥中也占有重要一席。世界上最早修建的钢管混凝土拱桥是在苏联。1937 年在苏联列宁格勒（现圣彼得堡）用集束的小直径钢管混凝土作为拱肋，建造了横跨瓦涅河 101 m 的上承式拱桥（见图 1-37）。

图 1-36 KrK 桥

图 1-37 跨瓦涅河钢管混凝土拱桥

伴随材料、理论的更新，拱桥的跨径也在逐步地增长。图 1-38 描述的是拱桥历史上最大跨度的发展历程。在 19 世纪 70 年代之前，拱桥的跨度发展相对缓慢。其后在钢材、混凝土等新材料的推动下,拱桥跨径实现了明显的飞跃。

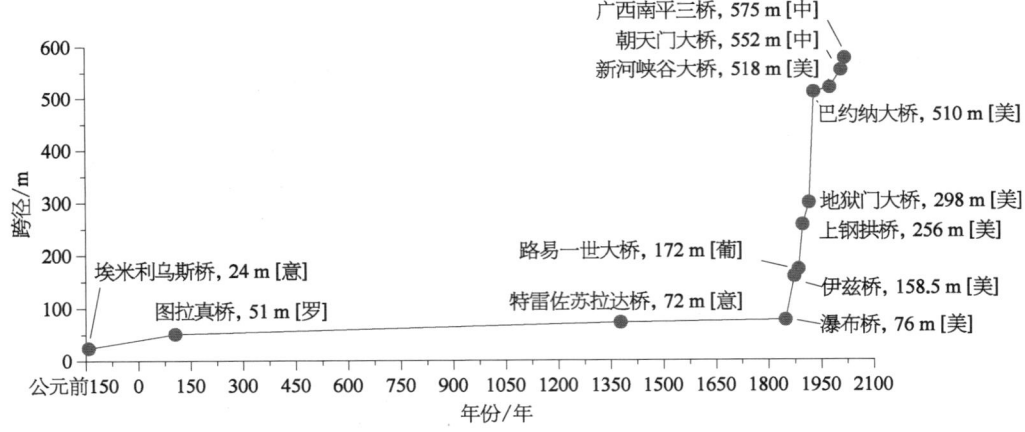

图 1-38 世界拱桥跨径纪录

(2) 国内拱桥的发展。

国内拱桥的发展历程也可分为古代和现代两个历史阶段(见图 1-39)。截至目前,我国已在世界前十大跨径拱桥中占据 7 席,见表 1-3。

表 1-3 世界前十名大跨径拱桥

序号	桥名	主跨/m	桥址
1	平南三桥	575	中国
2	朝天门大桥	552	中国
3	卢浦大桥	550	中国
4	波司登大桥	530	中国
5	New River Gorge 桥	518.2	美国
6	Bayonne 桥	510	美国
7	秭归长江大桥	508	中国
8	合江长江大桥	507	中国
9	德余高速乌江特大桥	504	中国
10	Sydney Harbour 桥	503	澳大利亚

中国的拱桥建造历史最早可追溯到东汉中后期,距今已有 1 800 余年。目前我国发现最早的拱结构见于周代陵墓,即民国时期发掘的韩君墓(见图 1-40),墓门为石拱(约公元前 250 年)。东汉中晚期的画像砖(见图 1-41)证明我国东汉(最晚 220 年)已出现拱桥。而最早有文字记载的拱桥是《水经注》中的旅人桥,说明我国最晚于 283 年

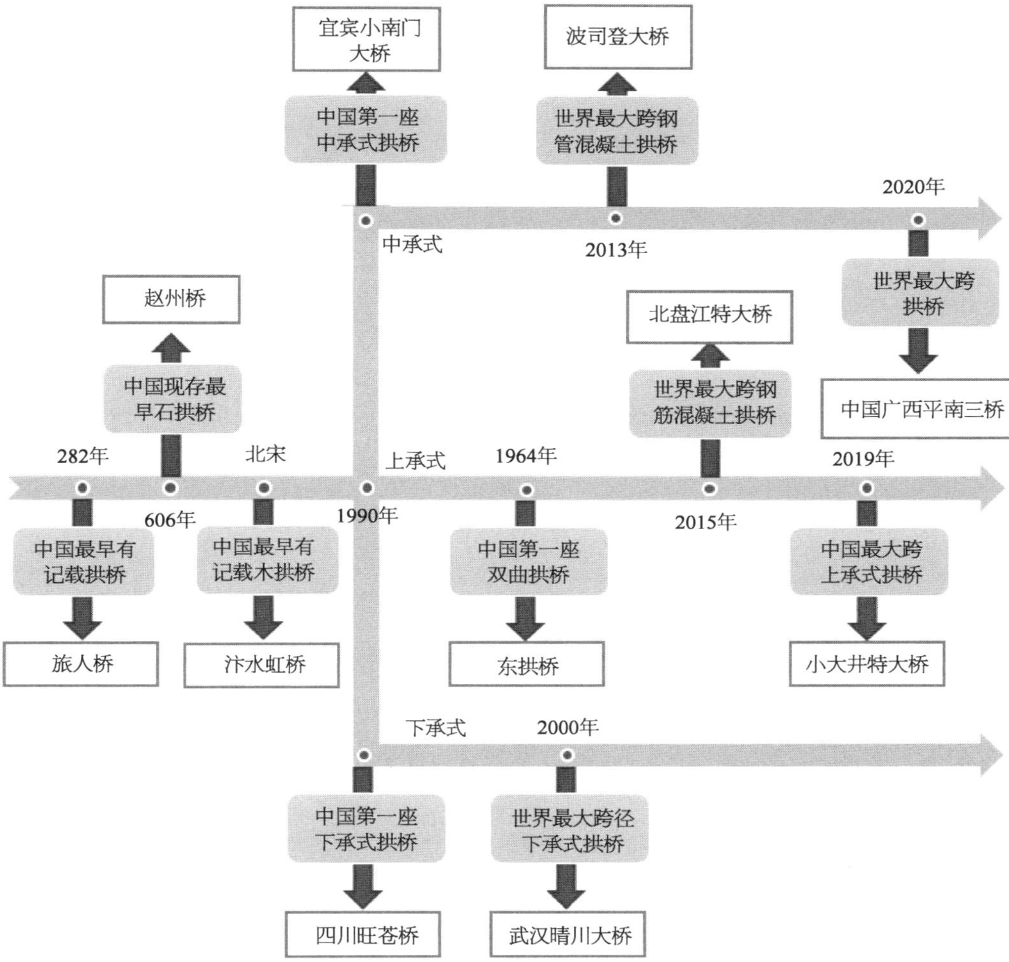

图 1-39 中国拱桥发展历程

已经出现了石拱桥。对于石拱桥，不得不提的是建成于 606 年的赵州桥（见图 1-42），又名安济桥，坐落在今河北赵县洨河上。在其建成后 700 多年时间里，一直是世界上最大跨圆弧石拱桥。

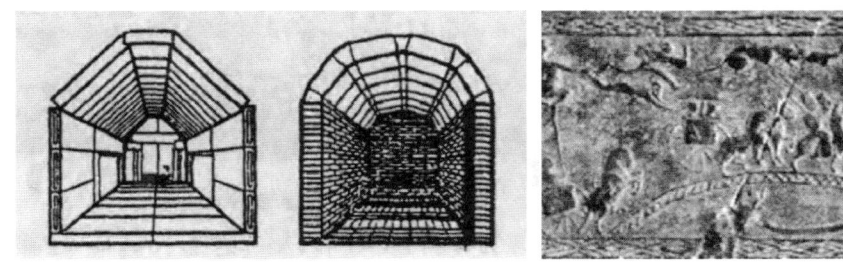

图 1-40 韩君墓石拱门　　　　　　图 1-41 汉画像砖

图 1-42 赵州桥

我国现代拱桥起步于 20 世纪 20 年代,其发展可分为五个阶段:

第一阶段是 20 世纪 50 年代至 60 年代中期,当时中国以修建石拱桥为主。建成的石拱桥中,跨径在 100 m 和 100 m 以上的达 19 座。绝大多数是中小石拱桥,也有少量片石混凝土拱桥。该阶段最大跨度拱桥是 1961 年建成的云南南盘江上的单跨 112.5 m 的空腹式拱桥——长虹桥。

第二阶段是 20 世纪 60 年代中期至 70 年代,主导桥型是双曲拱桥。双曲拱桥是中国特有的一种桥型。苏松源于 1964 年 4 月在无锡县东亭河上修建了一座跨径 9 m 的试验桥——东拱桥(见图 1-43)。由于这种桥型施工简便、节省材料,具有一定的优越性。到 20 世纪 70 年代末,全国公路和乡村道路上共修建双曲拱桥 5 万多座。最大跨度的拱桥是 1968 年建成的河南嵩县跨度 150 m 的前河大桥(见图 1-44)。

图 1-43 东拱桥　　　　　　　　　　图 1-44 前河大桥

第三阶段是 20 世纪 70 年代末至 80 年代,主导桥型是大中跨预制钢筋混凝土箱(肋)拱桥,最大跨度的拱桥是 1979 年建成的四川宜宾马鸣溪金沙江大桥(跨径 150 m)。

第四阶段是 20 世纪 90 年代,通过采用劲性骨架施工法,使拱桥在跨度方面取得很大突破。1997 年建成的跨度 420 m 的万州长江大桥(见图 1-45),居世界混凝土拱桥第一。

第五阶段是 21 世纪至今,拱桥的特点是采用钢结构或半钢结构,突破了钢筋混凝土的局限,使跨度更大。主跨达 530 m 的波司登大桥(见图 1-46),是世界上跨径最大的钢管混凝土拱桥。2013 年建成的跨度 552 m 的重庆朝天门大桥、2020 年建成的广西平南三桥(跨径 575 m)更是连续实现了拱桥世界跨径纪录的自我超越,是目前世界最大跨径的拱桥。广西河池市在建的龙滩天湖大桥,跨径更将达到 600 m,是世界在建最大跨径拱桥。

图 1-45　万州长江大桥

图 1-46　波司登大桥

1.3　斜拉桥

斜拉桥是典型的缆索承重体系桥梁之一,结构形式多样。从全桥体系来看,除常规的双塔双索面体系外,双塔单索面、独塔双索面、独塔单索面和多塔多索面等设计多样性使斜拉桥更加贴合桥址处的景观与环境。根据塔、梁、墩相互结合方式,可将其分为漂浮体系、半漂浮体系、塔梁固结体系和刚构体系。按照斜拉索的锚固方式可分为自锚体系、部分地锚体系和地锚体系。一般来说,斜拉桥多数是自锚体系,只有在主跨很大、边跨很小等特殊情况下,少数斜拉桥才采用部分地锚式的锚拉体系,如西班牙巴里奥斯·卢娜桥和湖北郧阳汉江桥。

斜拉索在发展中由稀索向密索演变,逐渐趋于安全和合理。索面形状主要有三种基本类型,即辐射形、竖琴形和扇形。

索塔方面,早期斜拉桥索塔主要使用钢结构,后来混凝土塔越来越多地被使用。鉴于桥梁美学、抗风性能和后期调索的考虑,除门形塔外,倒 Y 形、钻石形及 A 形索塔等形式也常被采用。对长大斜拉桥,它们形成的空间索面可使主梁获得较高的扭转自振频率,提高其临界颤振风速,从而被广泛应用。

斜拉桥主梁由最初的钢主梁或混凝土主梁逐渐演变,出现了组合式、混合式等新形式。世界长大斜拉桥主梁类型比例(见图 1-47)。

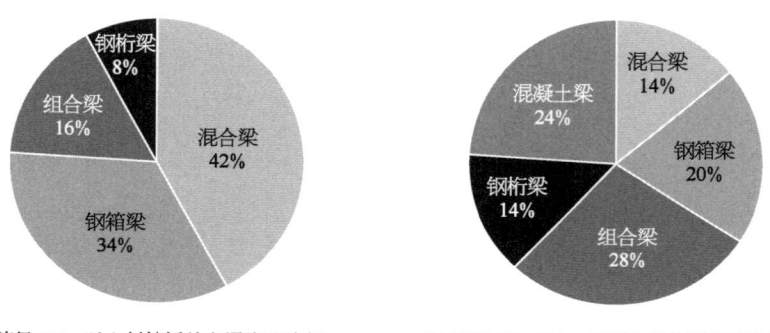

(a) 跨径600 m以上斜拉桥的主梁类型比例　　(b) 跨径400～600 m斜拉桥的主梁类型比例

图 1-47　世界长大斜拉桥主梁类型比例

(1) 世界斜拉桥的发展。

世界斜拉桥的发展历程可分为古代、近代和现代三个历史阶段,如图 1-48 所示。我国古代护城河上的吊桥和东南亚地区的原始藤竹索桥都在一定程度上与近代斜拉体系相似。真正意义上的斜拉桥起源于欧洲,1784 年德国人勒舍尔建造了一座跨径为 32 m 的木桥。该桥采用木质桥塔、桥面系及拉杆,是世界上第一座斜拉桥。1821 年,法国建筑师叶帕特首次系统地提出了斜拉桥的结构体系。1955 年,瑞典建成了世界第一座现代化斜拉桥——主跨 182.6 m 的斯特罗姆海峡桥。其历史意义在于第一次应用了高强钢丝,并第一次通行了以汽车为代表的现代交通工具。

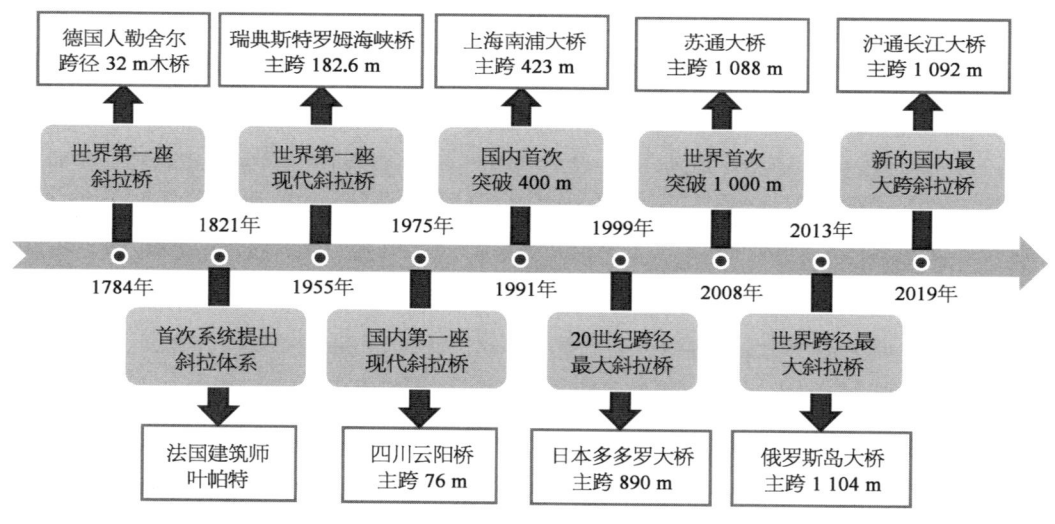

图 1-48　斜拉桥发展历程

现代斜拉桥的发展,从拉索布置的角度大体经历了以下三个阶段,同时结构形式也经过多次改进和创新。

第一阶段是 20 世纪 50 年代中期至 60 年代中期,其特征是拉索为稀索体系,采用钢或混凝土梁体,主梁结构以受弯为主。以瑞典斯特罗姆海峡桥(钢梁)和委内瑞拉马拉开波桥(混凝土梁)为典型代表(见图 1-49、图 1-50)。稀索体系有着结构形式简洁、传力途径明确、易于分析等优点,在当时被应用得最为广泛。

图 1-49　斯特罗姆海峡桥

图 1-50　马拉开波桥

第二阶段是 20 世纪 60 年代后期至 80 年代中期,其特征是拉索逐步采用可更换密索体系;钢或混凝土主梁结构受力以受压为主,截面减小;简化了斜拉索锚固装置,能较显著消除锚固点应力集中现象。同时悬臂法的提出使施工方法得到优化,节省了大量支架的搭设。计算机和有限元技术运用在工程分析领域,极大地提高了高次超静定结构的分析效率,促进了现代斜拉桥密索体系的出现和运用。这一阶段以德国 Bound-Nord 桥(密索、单索面)和美国 P-K 桥(密索、双索面,见图 1-51)为代表。

第三阶段是从 20 世纪 80 年代中期至今,斜拉索普遍采用密索体系,主梁越发趋于轻型化、柔薄化;梁体结构出现了组合式(如加拿大阿力克斯·菲沙桥)、混合式(如法国诺曼底大桥,见图 1-52)等新的形式。相应地,梁向轻型化发展,梁高显著减小。

图 1-51　P-K 桥

图 1-52　诺曼底大桥

最大跨径方面,图 1-53 描述了历史上斜拉桥最大跨度的发展。可见,在 1991 年以前,现代斜拉桥的主跨跨度发展相对较为缓慢。1991 年建成的挪威斯堪桑德大桥的主跨跨度为 530 m,为预应力混凝土斜拉桥。随着钢材冶炼技术的提高,现代斜拉桥的主跨逐步采用轻质高强的钢主梁,因而 1995 年诺曼底大桥的主跨显著超越了斯堪桑德大桥的主梁跨度,达到了 856 m。直至 2008 年,我国在大跨度斜拉桥设计与建造方面取得新的突破,利用静力限位与动力阻尼相结合的方法解决了跨径突破千米之后静动力效应难以协调的问题,首创了大型深水基础群桩布置方案和施工控制技术,首次系统提出了千米级斜拉桥的施工全过程高精度控制方法,建成了主跨 1 088 m 的苏通大桥(见图 1-54),将斜拉桥跨径带入千米级别。随后俄罗斯岛大桥(见图 1-55)的建成将斜拉桥主跨跨径的世界纪录刷新至 1 104 m。

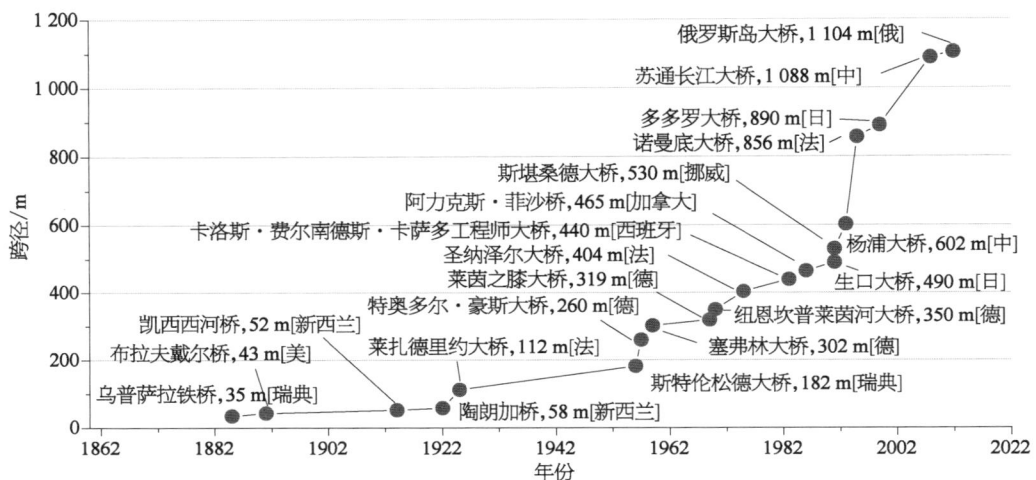

图 1-53 世界斜拉桥的跨径纪录

图 1-54 苏通大桥

图 1-55 俄罗斯岛大桥

自 2008 年以后,世界大跨径斜拉桥的设计与建设保持良好势头,但最大跨径在超越千米后便提升得相对缓慢,主要原因有以下几点:① 长斜拉索的垂度效应明显,等效弹性模量降低;② 索塔过高,塔的稳定性难以保障;③ 靠近索塔区域的主梁轴向压力过大,容易发生面外屈曲;④ 全桥柔性过大,更难以满足抗风要求;⑤ 施工阶段最大悬臂长度过大,施工难度大;⑥ 经济性不占优势。

(2) 国内斜拉桥的发展。

我国第一座斜拉桥是四川云阳桥,建成于 1975 年,是一座跨径 76 m 的双塔双索面混凝土斜拉桥。此后在吸收国外先进技术和经验的基础上,我国斜拉桥建设技术取得了快速发展,至今已建成跨径超过 400 m 的斜拉桥 84 座,最大跨径达 1 092 m。

从我国斜拉桥的技术发展和建设情况来看,大体可分为四个阶段。

1975—1982 年是我国斜拉桥发展的起步阶段。这一阶段修建的斜拉桥均为混凝土斜拉桥,多数跨度不大,稀索布置,防护也大多较为简易。以 1980 年建成的第一座预应力混凝土斜拉桥——三台涪江大桥和 1982 年建成的跨度为 220 m 的山东济南黄河斜拉桥为代表,短短七年,我国共建成 11 座斜拉桥,跨度增加了 3 倍,这标志着我国已基本掌握斜拉桥设计与施工技术。

1983—1986 年是我国斜拉桥发展的第二阶段。由于第一阶段已建斜拉桥的拉索防护,层次多、成本高,或过于简单、不当,危及桥梁安全。因此,这一阶段是促使桥梁工作者进一步思索研究、总结提高的阶段,也是为下一阶段斜拉桥持续发展做准备阶段。这一阶段仅建设了少数几座斜拉桥,却有两座是独塔斜拉桥(四川曾达桥、浙江章镇桥),并对拉索采用聚乙烯(PE)材料进行防护做了有益的尝试。

20 世纪 80 年代中后期至 2000 年是我国斜拉桥的快速发展阶段。这一阶段修建的斜拉桥达 40 余座,跨度从 200 m 到 600 m 以上。我国早期跨径 400 m 以上的长大斜拉桥均在此期间设计与建设,我国长大斜拉桥的发展逐步趋于完善和成熟,并开始迈入世界先进行列。1991 年,上海南浦大桥建成,主跨为 423 m,代表了当时我国最先进的施工技术。这是我国突破性地运用叠合梁技术建造成的斜拉桥。1993 年,运用双塔双索面叠合梁技术建造的主梁最大跨度为 602 m 的上海杨浦大桥,一举成为当时世界上跨径最大的斜拉桥。

2000 年至今是我国长大斜拉桥发展的鼎盛时期。2008 年建成的主跨 1 088 m 的苏通大桥是世界首座主跨突破 1 000 m 的斜拉桥。2010 年建成了主跨 816 m 的荆岳长江公路大桥和主跨 926 m 的鄂东长江大桥。2019 年建成了主跨 828 m 池州长江大桥、主跨 920 m 嘉鱼长江公路大桥及主跨 1 092 m 沪苏通长江大桥。2021 年建成了 808 m 武穴长江大桥和 938 m 青山长江大桥。目前,中国已成为大跨度斜拉桥数量最多的国家。以已经合龙的主跨 1 092 m 的沪苏通长江大桥(世界上第一座主跨超过千米的公铁两用桥,见图 1-56)和建设中的主跨 1 176 m 的常泰过江通道主航道桥(建成后将超越俄罗斯岛大桥,刷新斜拉桥跨径的世界纪录,见图 1-57)为代表的新一批大跨斜拉桥标志着我国斜拉桥设计建造技术的不断提升。截至目前,我国在世界前十大跨径斜拉桥中已占据 7 席,见表 1-4。如图 1-58 所示,描述的是 1991—2022 年国内长大斜拉桥数量变化。

图1-56 沪苏通长江大桥

图1-57 常泰长江大桥效果图

表1-4 世界前十大跨径斜拉桥

序号	桥名	主跨/m	桥址
1	Russky 桥	1 104	俄罗斯
2	沪苏通长江大桥	1 092	中国
3	苏通长江大桥	1 088	中国
4	昂船洲大桥	1 018	中国
5	青山长江大桥	938	中国
6	鄂东长江大桥	926	中国
7	嘉鱼长江公路大桥	920	中国
8	Tatara 桥	890	日本
9	诺曼底桥	856	法国
10	池州长江大桥	828	中国

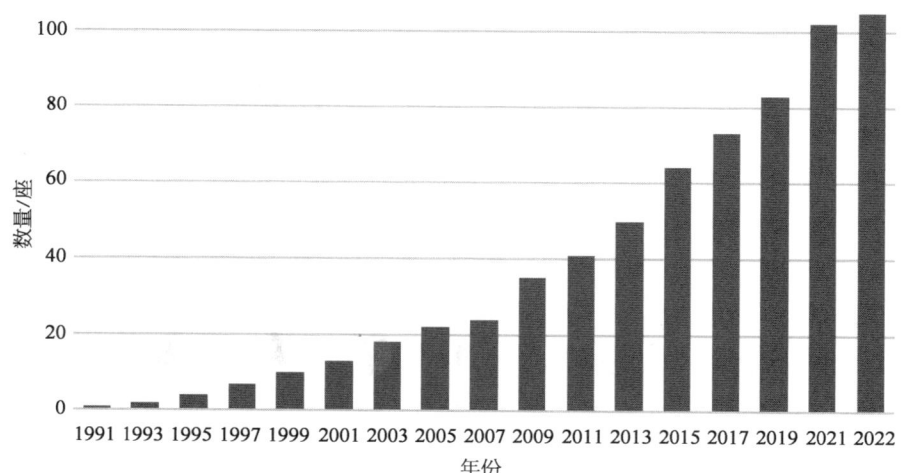

图1-58 国内长大斜拉桥数量随年份变化图(统计范围：主跨≥400 m 的斜拉桥)

1.4 悬索桥

悬索桥(也称吊桥)是一种古老的桥型,是用悬挂在塔架上的强大缆索作为主要承重结构的桥梁。现代悬索桥由主缆、索塔(包括基础)、锚碇、吊索、加劲梁、鞍座及桥面系等组成。其中,主缆、索塔和锚碇构成主要承重结构,被称为第一承重体系。悬索桥的梁主要起提供桥面、传递荷载及维持抗风稳定的作用,因而被称为加劲梁,而不是主梁。悬索桥的索塔通常采用混凝土、钢或钢-混凝土组合结构,主索和吊索为钢丝束(或绳),加劲梁一般采用钢结构,边跨可采用钢、混凝土或组合梁结构。在受力特点上,悬索桥以高强度钢丝作为主要承重材料,具有自重轻、柔度大、跨越能力强的特点,极限跨径约5 000 m。

按照悬索桥中加劲梁支承构造的不同,悬索桥可分为单跨两铰、三跨两铰和三跨连续悬索桥等三种常用形式。按照跨数不同,悬索桥的结构形式可分为单跨悬索桥、三跨悬索桥和多跨悬索桥,其中单跨悬索桥和三跨悬索桥最常见。按主缆的锚固方式不同,悬索桥可分为地锚式悬索桥和自锚式悬索桥。绝大多数悬索桥采用地锚式锚固主缆,即主缆通过重力式锚碇或者隧道式锚碇将荷载产生的拉力传至大地来达到全桥的受力平衡。这是大跨度悬索桥最佳的受力模式。在较小跨度的悬索桥中,也有自锚式锚固主缆的形式。这种自锚式悬索桥的主缆在边跨两端将主缆直接锚固于加劲梁上,主缆的水平拉力由加劲梁提供轴压力自相平衡,不需要另外设置锚碇。这种桥式的加劲梁要先于主缆安装施工,因此加劲梁在施工中必须被临时支撑,可能对通航和泄洪产生影响。同时,在200~400 m的同等跨径条件下,自锚式悬索桥相对于其他体系桥梁(如斜拉桥、拱桥等),造价较高。

(1) 世界悬索桥的发展。

世界悬索桥发展历程同样经历了古代、近代和现代三个历史时期,如图1-59所示。

远在公元前3世纪,我国四川省的灌县就出现了"笮",即竹索桥。1706年建成的四川泸定县大渡河铁索桥,主跨103 m,是当时世界上的最大跨径悬索桥,至今仍保留完好。现代悬索桥的构造方式最初是在19世纪初被发明的,适用范围以大跨度及特大跨度公路桥为主,是目前世界上跨越能力最强的桥型。

世界上第一座采用钢丝的现代化悬索桥为美国的布鲁克林大桥,建于1883年,主跨为500 m,主缆材料强度约为1 200 MPa。相比于国外,建于1995年的主跨452 m的广东汕头海湾大桥被誉为中国第一座大跨度现代悬索桥,其主缆索股材料强度约为1 500 MPa。

据统计,目前世界主跨跨径最长的十大悬索桥中,有4座来自中国,见表1-5。目前在建的狮子洋大桥和张靖皋长江大桥南航道桥主跨分别为2 180 m和2 300 m,建成后将包揽前两名位置。

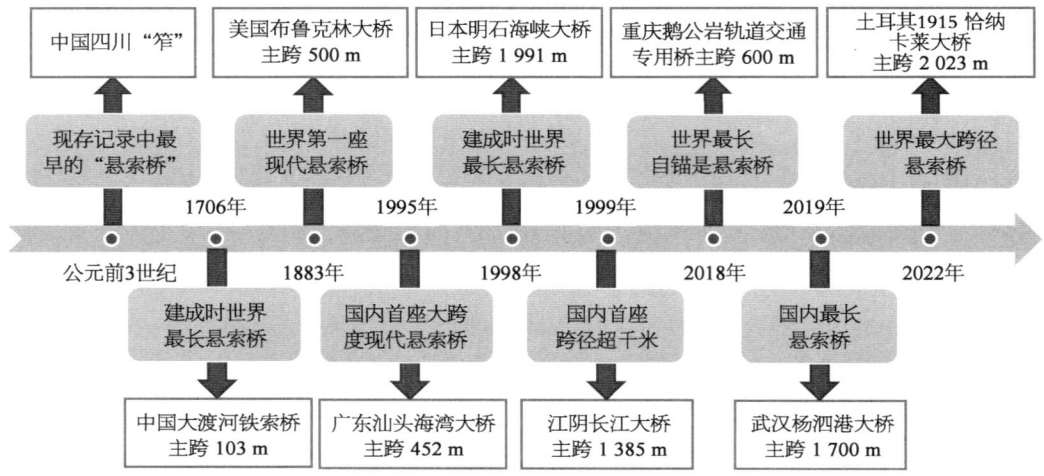

图 1-59 悬索桥发展历程

表 1-5 世界前十大跨径悬索桥

序 号	桥 名	主跨/m	桥 址
1	1915 恰纳卡莱大桥	2 023	土耳其
2	明石海峡大桥	1 998	日本
3	杨泗港大桥	1 700	中国
4	南沙大桥	1 688	中国
5	西堠门大桥	1 650	中国
6	Great Belt 桥	1 624	丹麦
7	Osman Gazi 桥	1 550	土耳其
8	Yi Sun-sin 桥	1 545	韩国
9	润扬大桥	1 490	法国
10	洞庭湖二桥	1 480	中国

世界现代化悬索桥在 20 世纪经历了四次发展高峰。

第一次高峰：20 世纪前二十年，美国各地建成了多座小跨度城市悬索桥。1930 年前后是美国修建大跨度悬索桥最兴旺的时期。1931 年，首座主跨跨径突破千米的悬索桥——纽约华盛顿桥建成。1937 年，金门大桥建成，主跨跨径达 1 280 m。这是现代化悬索桥第一次发展高峰。

第二次高峰：在 1940 年美国塔科马大桥风致振毁后，悬索桥的发展暂时进入低谷时期。人们认识到了大跨桥梁设计中风对桥梁的影响，进入了抗风动力稳定性研究时期，同时对已经修建的悬索桥进行全面的反思和加固。20 世纪 50 年代，风洞实验的兴起使得欧美悬索桥迎来了第二次发展高峰。进入 20 世纪 60 年代后，美国和欧洲在悬索桥的修建上呈现齐头并进的趋势，其中以美国主跨 1 298 m 的韦拉札诺海峡大桥和英国主跨 988 m 的赛文桥为主要代表。

第三次高峰：随着日本本四联络桥的修建，世界悬索桥的发展中心逐渐移向亚洲，悬索桥的建设出现了以欧洲与日本为双中心的第三次发展高峰。其中，以英国主跨 1 410 m 的亨伯桥和日本主跨 1 100 m 的南备赞濑户大桥为代表。

第四次高峰：20 世纪 90 年代，进入修建悬索桥的鼎盛时期。于 1998 年建成的主跨达 1 991 m 的日本明石海峡大桥标志着世界悬索桥发展中心正式移至亚洲。

中国自 1995 年建成国内首座大跨度现代悬索桥——广东汕头海湾大桥，在悬索桥数量上后来居上，并修建了主跨 1 377 m 的青马大桥、主跨 1 385 m 的江阴大桥及主跨 1 490 m 的润扬大桥，目前已成为世界上拥有悬索桥数量最多的国家。

悬索桥最大跨径变化历程（见图 1-60）。

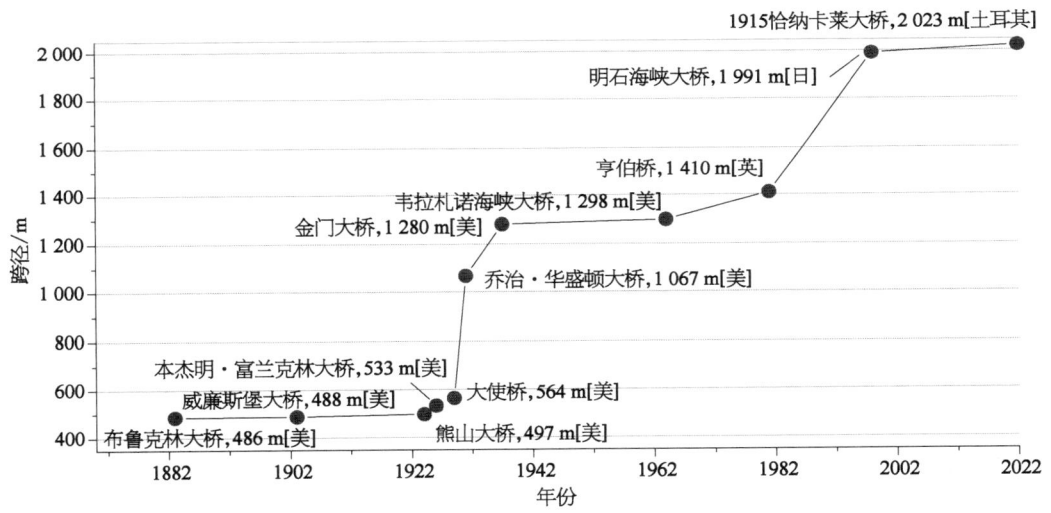

图 1-60　悬索桥最大跨径变化历程

统计显示，中国是现在世界上拥有悬索桥数量最多的国家，美国、日本、挪威紧随其后。欧美等国家的悬索桥数量在进入 21 世纪后增长速度缓慢，近十年中，数量没有太大的变化（见图 1-61）。中国现代化悬索桥的发展虽然起步较晚，但是在近 20 多年间发展迅速，悬索桥数量增长速度远超世界其他国家。欧美、日本等一些起步较早的国家，已经从悬索桥的建设高峰期逐步转为关注悬索桥的养护管理，在悬索桥数量上趋于稳定。

（2）国内悬索桥的发展。

悬索桥凭借独特的力学特性、超强的跨越能力，在我国的跨江大桥中运用相当广

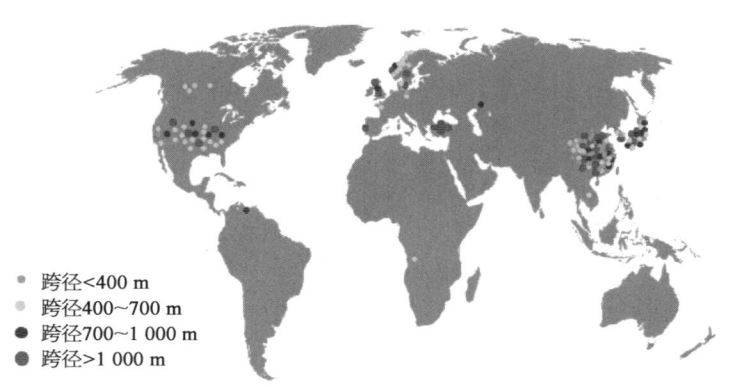

图 1-61　世界悬索桥分布状况

泛。重庆、江苏、广东、湖南等省市因所辖区域江河纵横,地形复杂,对大跨悬索桥的需求格外突出。

中国早年就开始尝试现代悬索桥建设,但我国现代悬索桥技术起步较晚,20 世纪 80 年代以前,我国建造的悬索桥跨度都不超过 200 m;20 世纪 80 年代以后,我国开始尝试大跨悬索桥的建设并得到了迅速发展。20 世纪 90 年代,悬索桥发展中心自欧洲转移至亚洲。1995 年,主跨跨径为 452 m 的广东汕头海湾大桥标志着中国现代悬索桥开始发展。

目前中国建成 600 m 以上跨径悬索桥已经达到 57 座,在世界 600 m 以上跨径悬索桥总数中占比约 50%。从统计数据(见图 1-62)可以看出,自 20 世纪 90 年代,中国现代悬索桥的发展是从发展地锚式大跨悬索桥开始;20 世纪 90 年代到 21 世纪的前十年,是中国地锚式大跨悬索桥的建设高峰。至 2012 年前后,地锚式大跨悬索桥在数量上已逐渐稳定,与欧美、日本等国家发展悬索桥的经历相似,我国地锚式大跨悬索桥的重心也逐步由建设转为养护。2006 年前后,我国主跨跨径在 150 m 以上的自锚式悬索桥进入发展高峰期。

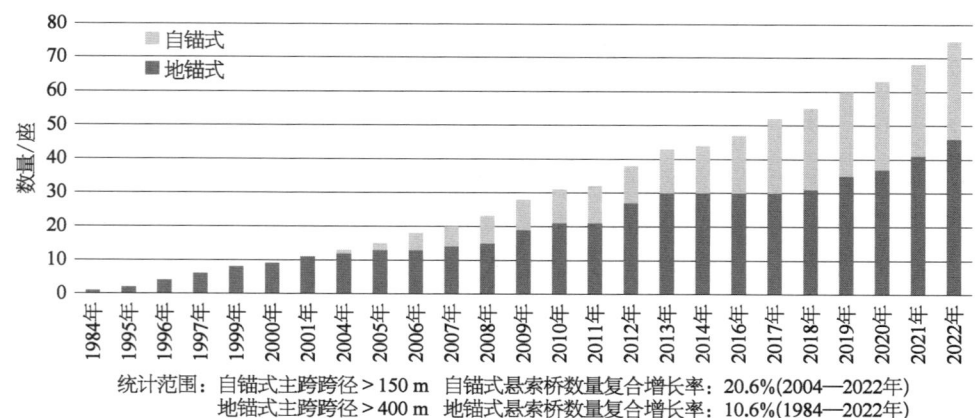

图 1-62　中国悬索桥数量变化趋势

1.5 组合桥型

对前述四种基本桥型进行组合,构成共同的支撑体系,就形成了各类组合桥型(见图 1-63)。其中,较为典型的有梁—拱体系(很多刚性系梁的系杆拱桥,当系梁刚度很大或拱刚度较低时,都可以认为是拱梁组合体系)、斜拉—悬索体系(并联方式:斜拉和悬索同时支撑同一跨,如贵州乌江大桥;串联方式:斜拉和悬索支撑不同跨,如常州龙

(a) 斜拉+悬索(并联)

(b) 斜拉+悬索(串联)

(c) 斜拉+中承式拱桥

(d) 连续梁+系杆拱

(e) 斜拉+梁

(f) 梁+拱+悬索

图 1-63 组合桥型代表性桥梁

城大桥)、斜拉—梁体系(矮塔斜拉桥,如重庆嘉悦大桥)、斜拉—拱体系(如马来西亚 Seri Saujana 桥)、梁—拱—悬索体系(如无锡五里湖大桥)等组合结构桥型的产生与发展,进一步发挥了各类桥型的优点,使桥梁结构设计、施工、维修更趋合理,并具有全寿命经济性。组合桥型发展历程如图 1-64 所示。

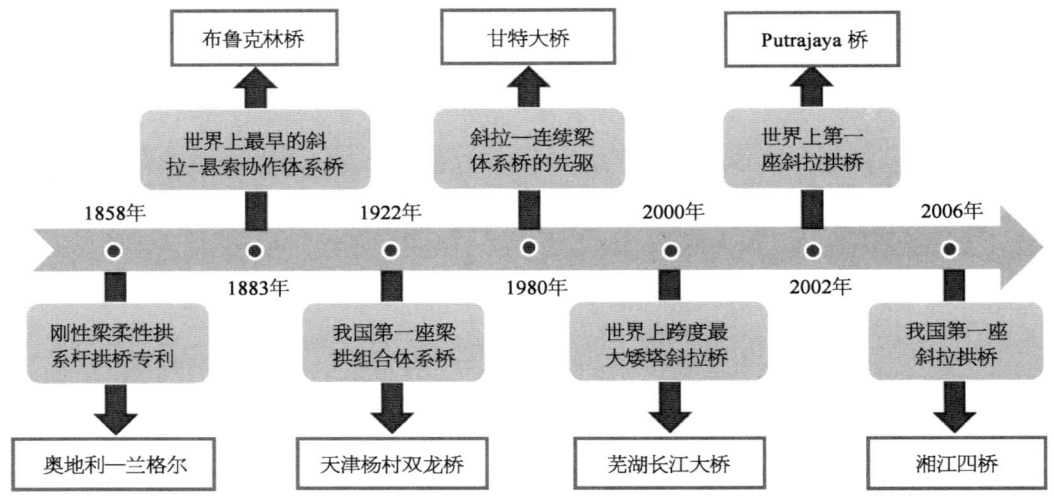

图 1-64 组合桥型发展历程

(1) 梁—拱体系。

梁拱组合桥梁整体结构轻盈,线条简明,美观效果突出,且具有梁桥和拱桥的力学特性。在 60~200 m 跨径范围内,梁拱组合桥梁造价低、施工方法成熟,是最具有竞争力的桥型之一。梁拱组合桥结合主梁抗弯和拱肋抗压受力特点,依靠主梁预压应力或水平系杆平衡拱肋水平推力,其结构下部不产生或仅有很小水平推力,降低了其对地基要求,解决了地基条件较差地区修建拱桥的难题。

组合体系拱桥的概念最早出现在欧洲。1858 年,奥地利人兰格尔(Josef Langer)获得了刚性梁柔性拱的系杆拱桥专利。19 世纪末,德国易北河上建造了一座跨度为 96.35 m 的 10 跨透镜形弦杆铁路桥,成为所谓洛泽桥(Lohse-Trager)的先驱。尼尔森(O. F. Nielson)最早提出采用斜吊杆代替竖直吊杆的设想,以大幅度提高结构刚度,并于 1929 年在瑞典获得专利。第二次世界大战后,电子计算机问世,钢筋混凝土技术趋于成熟。各国都先后展开了组合体系拱桥方面的研究,梁拱组合体系桥才得以进入高速发展期,建成了德国的费马恩松德(Fehirnarmsund)桥(见图 1-65)、美国的弗里蒙特(Fremont)桥(跨度达到 382.6 m)、日本的新滨寺桥等。

相比之下,国内的组合体系拱桥发展就起步比较晚。国内第一座梁拱组合体系桥建于 1922 年,位于京津公路上的天津杨村双龙桥是一座三孔跨径分别为 20 m 的下承式钢筋混凝土梁拱组合体系桥。新中国成立后,国内又先后修建了多座梁拱组合体系桥,如跨越蓟运河的宁河桥,以及1958年建成的江苏扬州大运河桥、山东省临清卫运河桥、武城卫运河桥。20世纪八九十年代以后,我国科学技术迅速发展,桥梁设计理论取得很大进步。各种各样的组合体系桥相继出现。对各种组合体系桥梁相关的研究也渐渐多了起来。进入21世纪后,我国的公路与铁路交通发展更是瞬息万变,而桥梁作为跨越障碍的结构,不仅仅对它提出了交通功能上的要求,也提出了美学外观上的要求。许多新型梁拱组合体系桥被建造出来,如2004年建成的无锡五里湖大桥、2005年修建的青藏铁路拉萨河大桥、2009年建成通车的重庆朝天门长江大桥(见图1-66)及2015年竣工的重庆菜园坝长江大桥等。21世纪新修建的梁拱组合体系桥在结构受力方面获得了系统的优化,跨度上得到很大提升。在桥梁多样化发展中,梁拱组合体系桥梁是一种必不可少的桥型。

图1-65 德国费马恩松德桥

图1-66 重庆朝天门大桥

(2)斜拉—悬索体系。

斜拉悬索组合桥相较于斜拉桥取消了跨中部分的长斜拉索,降低了索塔高度;相较于悬索桥取消了桥塔附近的长吊索,减小了锚碇体积。斜拉桥和悬索桥两者的优势得以发挥,不仅使桥梁的跨越能力得以提升,也使结构刚度及整体稳定性得到了提高。同时,降低了施工和运营阶段的风险,能够获得显著的经济效益。研究显示,在现有技术水平下,结合斜拉悬索组合桥的结构特点,混凝土斜拉悬索组合桥跨径可以接近1 000 m,钢斜拉悬索组合桥的跨度则有望突破3 000 m,很有可能借此解决跨海大桥的跨度难题。

斜拉—悬索协作体系桥的发展经历了无数桥梁设计师的努力,先后形成了罗勃林体系、迪辛格体系、斯坦因曼体系及林同炎体系等多种极具创新的桥梁结构体系。美国的罗勃林于1883年设计建成了世界上最早的斜拉—悬索协作体系桥——布鲁克林桥,但是因为这座桥并没有进行详细的计算分析,因此并非真正意义上的斜拉—悬索协作体系桥,不过依然可以算是首次成功的尝试。1938年,德国的迪辛格提出了一种新的设想,将悬索桥部分和斜拉桥部分分成两个相互独立的部分,悬索体系采用地锚式悬索桥,中跨中间部分的荷载由悬索体系承担,而自锚式斜拉体系则承担边跨和中跨两侧靠近桥塔位置的荷载。随后 1953 年,在意大利墨西拿海峡大桥的桥梁方案设计中,斯坦因曼提出了一种从悬索体系的主缆集中到桥塔根部的斜向拉索。这种拉索能够增大主缆的拉力,从而提高主缆的刚度。随着越来越多的专家和学者在斜拉—悬索协作体系桥方面的理论和计算的不断研究,更多新颖独特的斜拉—悬索协作体系桥结构形式被提出。相关数据表明,主跨超过 1 000 m 的超大跨径设计方案占了约一半,足以看出该组合体系桥在大跨度方向的竞争力与潜力。

(3) 斜拉—连续梁(刚构)体系。

矮塔斜拉桥,又称部分斜拉桥,是介于斜拉桥和连续梁(刚构)之间的一种组合体系桥型。矮塔斜拉桥兼有预应力混凝土斜拉桥和预应力混凝土连续梁桥的双重力学特性,具有结构受力合理、桥型美观、跨径布置灵活、施工方便、经济性好等优点。以主梁的受弯、受压和索的受拉来承担竖向荷载,矮塔斜拉桥的总刚度等于拉索刚度与主梁刚度之和,其刚度比值反映了索和梁分别承担竖向荷载的大小,在跨径 100~300 m 范围内具有很强的竞争力。

普遍认为,由 Christian Menn 设计的建于 1980 年的甘特(Ganter)大桥,是斜拉—连续梁(刚构)体系桥的先驱,其混凝土箱型梁由预应力混凝土斜拉板"悬挂"在非常矮的塔上,形成了斜拉桥的一个分支——板拉桥。1988 年法国工程师 Jacgues Mathivat 在设计位于法国西南的阿勒特·达雷(Arre't Darre)高架桥的替代方案时,首次明确提出矮塔斜拉桥的概念。1990 年,德国的 Antonie Naaman 提出了一种组合体外预应力索桥,体外索的一部分伸出主梁之上,锚固在墩顶处主梁上的钢柱上。这种体系与法国 Jacgues Mathivat 的方案十分类似。日本 1994 年建成了第一座真正意义上的矮塔斜拉桥——小田原港(Odawara Blueway)桥(见图 1-67),跨度为(74+122+74) m,桥面宽 13.0 m,双塔双索面,塔、梁、墩固结,拉索通过塔顶的鞍座后锚固在主梁上。其后这种桥在日本得到迅速发展,先后建成了屋代南北铁路桥、冲原桥、蟹泽大桥、新唐柜大桥等。除此之外,菲律宾于 1999 年建成了第二曼达-麦克坦大桥,主跨为 185 m,桥面宽 21 m;老挝也于 2000 年建成了巴色桥,跨度为 143 m,桥面宽 11.8 m。美国于 2006 年在珍珠港建成一座矮塔斜拉桥,主桥全长 308.7 m,主跨 157.0 m。我国矮塔斜拉桥起步较晚,但一开始就令人瞩目。2000 年建成的芜湖长江大桥(见图 1-68)是一座公铁两

图 1-67　日本小田原巷桥

图 1-68　芜湖长江大桥

用的钢桁梁矮塔斜拉桥,主桥为(180+312+180)m,是目前为止世界上跨度最大的矮塔斜拉桥,也是世界上首次采用钢桁梁作主梁。2001年建成的福建漳州战备大桥,主梁为预应力混凝土箱梁,孔跨径布置为(80.8+132+80.8)m。此后,矮塔斜拉桥在国内发展很快,厦门同安银湖大桥、兰州小西湖黄河大桥等相继建成,标志着国内矮塔斜拉桥技术已日臻完善。

（4）斜拉—拱体系。

斜拉—拱是桥梁工程界最近几年才出现的新桥形,是由拱肋、桥塔、斜拉索、吊杆和桥面系构成的组合体系结构。它是一种以拱结构受力为主,辅以斜拉索受力的组合桥。它的主要受力构件为拉索、拱肋、桥塔,斜拉拱的拉索和拱肋就像斜拉桥的拉索和加劲梁一样永久组合在一起共同受力。斜拉拱桥既展示了拱桥、斜拉桥的特点,又使得两种桥型的优点得到了相互补充。拱的存在增加了斜拉桥式的刚度,且斜拉桥体系本身的桥塔高度又可以降低。主塔的存在,既是斜拉索依附的主体,还能在施工中作为扣索塔架和缆索吊装塔架的支撑体系,降低了结构施工的难度。斜拉索协助主拱受力,可起到调整拱肋轴线、改善结构刚度及减少主拱推力的作用。

目前,世界上已建成的第一座斜拉拱即2002年马来西亚吉隆坡普特拉贾亚城修建的跨径300 m中承式斜拉拱组合桥(Putrajaya桥,见图1-69)。我国于2006年建成第一座斜拉拱桥——湖南省湘江四桥主桥(见图1-70)。该斜拉拱桥为120 m+400 m+120 m斜拉飞燕式钢管混凝土拱桥,是组合桥梁结构形式的又一次尝试。它将现代的斜拉桥和古典的拱桥有机地结合在一起,与马来西亚的Putrajaya桥的不同之处主要在于,它将斜拉索直接扣于拱肋上面,而不是系在桥面上。

图1-69　马来西亚Putrajaya桥

图1-70　湘江四桥

参考文献

[1]《中国公路学报》编辑部.中国桥梁工程学术研究综述·2014[J].中国公路学报,2014,27(5):1-96.

[2]《中国公路学报》编辑部.中国公路交通学术研究综述·2012[J].中国公路学报,2012,25(3):

2-50.
[3] 勾红叶,杨彪,华辉,等.桥梁信息化及智能桥梁2019年度研究进展[J].土木与环境工程学报(中英文),2020,42(5):14.
[4] 周绪红,张喜刚.关于中国桥梁技术发展的思考[J].Engineering,2019,5(6):304-326.
[5] 交通运输部.2022年交通运输行业发展统计公报[Z].北京:交通运输部,2023.
[6] 张喜刚,刘高,马军海,等.中国桥梁技术的现状与展望[J].科学通报,2016,61(Z1):415-425.
[7] 《中国公路学报》编辑部.中国公路交通学术研究综述·2012[J].中国公路学报,2012,25(3):2-50.
[8] 《中国公路学报》编辑部.中国桥梁工程学术研究综述·2014[J].中国公路学报,2014,27(5):1-96.
[9] 丁艳琼.现代桥梁发展概况及趋势[J].科协论坛(下半月),2011(7):9-10.
[10] 程勇.桥梁工程的发展历史回顾与未来展望[J].淮阴工学院学报,2010,19(3):59-64.
[11] 刘弋,薛金科.现代世界桥梁发展综述[J].才智,2010(14):34.
[12] 肖汝诚,郭陕云,万姜林,等.2020年中国土木工程科学和技术发展研究[C]//2020年中国科学和技术发展研究(下),2004:253-330.
[13] 项海帆.世界桥梁发展中的主要技术创新[J].广西交通科技,2003(5):1-7.
[14] 项海帆.21世纪世界桥梁工程的展望[J].土木工程学报,2000(3):1-6.
[15] 范立础.桥梁工程.上册[M].北京:人民交通出版社,1996.
[16] 张凯.中小跨径钢板组合梁桥快速建造技术与应用研究[D].西安:长安大学,2016.
[17] 金玉泉.桥梁的病害及灾害[D].上海:同济大学,2006.
[18] 楼庄鸿.大跨径梁式桥的主要病害[J].公路交通科技,2006,23(4):84-87.
[19] 吕志涛,刘钊,孟少平.浅论我国预应力混凝土梁桥的技术与发展[J].桥梁建设,2001(1):52-56.
[20] 苏权科,谢红兵.港珠澳大桥钢结构桥梁建设综述[J].中国公路学报,2016,29(12):1-9.
[21] 陈宝春,刘君平.世界拱桥建设与技术发展综述[J].交通运输工程学报,2020,20(1):27-41.
[22] 陈宝春,韦建刚,周俊,等.我国钢管混凝土拱桥应用现状与展望[J].土木工程学报,2017,50(6):50-61.
[23] 赵人达,张正阳.我国钢管混凝土劲性骨架拱桥发展综述[J].桥梁建设,2016,46(6):45-50.
[24] 徐勇.拱桥的起源与石拱桥的发展[J].世界桥梁,2013,41(3):85-92.
[25] 郑皆连.我国大跨径混凝土拱桥的发展新趋势[J].重庆交通大学学报(自然科学版),2016,35(S1):8-11.
[26] 郭风琪.在役石拱桥评估与加固关键技术研究[D].长沙:中南大学,2012.
[27] 陈宝春,陈康明,赵秋.中国钢拱桥发展现状调查与分析[J].中外公路,2011,31(2):121-127.
[28] 李亚东,姚昌荣,梁艳.浅论拱桥的技术进步与挑战[J].桥梁建设,2012,42(2):13-20.
[29] 颜东煌.斜拉桥合理设计状态确定与施工控制[D].长沙:湖南大学,2001.
[30] 陈明宪.斜拉桥的发展与展望[J].中外公路,2006(4):76-86.
[31] 李惠,欧进萍.斜拉桥结构健康监测系统的设计与实现(I):系统设计[J].土木工程学报,2006(4):39-44.
[32] 陈开利,余天庆,习刚.混合梁斜拉桥的发展与展望[J].桥梁建设,2005(2):1-4.
[33] 陈从春,周海智,肖汝诚.矮塔斜拉桥研究的新进展[J].世界桥梁,2006(1):70-73,80.
[34] 曾宪武,王永珩.桥梁建设的回顾和展望[J].公路,2002(1):14-21.
[35] 金立新,郭慧乾.多塔斜拉桥发展综述[J].公路,2010(7):24-29.
[36] 赵小晴,詹伟,严鑫,等.悬索桥锚碇研究现状及未来发展展望[J].岩土工程学报,2021,43(S2):

150-153.
[37] 陈良江,阎武通. 我国铁路超千米跨度桥梁的实践与发展[J]. 中国铁路,2021(9):26-31.
[38] 滕小竹. 大跨度钢桁梁悬索桥关键问题研究[D]. 上海:同济大学,2008.
[39] 程勇. 桥梁工程的发展历史回顾与未来展望[J]. 淮阴工学院学报,2010,19(3):59-64.
[40] 朱本瑾. 多塔悬索桥的结构体系研究[D]. 上海:同济大学,2007.
[41] 张哲,窦鹏,石磊,等. 自锚式悬索桥的发展综述[J]. 世界桥梁,2003(1):5-9.
[42] 金增洪. 20世纪悬索桥的历史和美学[J]. 公路,2004(9):1-20.
[43] 项柳福,赵长军. 悬索桥的发展历史与研究现状[J]. 浙江交通职业技术学院学报,2005(3):1-4,16.
[44] 雷俊卿. 国内外桥梁和结构工程的发展现状和趋势[J]. 交通建设与管理,2006(9):72-74.
[45] 余丹如. 桥梁美学漫谈[J]. 国外公路,1998(1):5-9.
[46] 周世忠. 中国悬索桥的发展[J]. 桥梁建设,2003(5):30-34.

第2章 长大桥梁安全与健康状况

在社会从高速发展向高质量发展转变进程中,长大桥梁发展的主要理念已从"能建"向"能建并能管理好"转变,这也对在役桥梁安全与健康的运维管理提出了更高要求。

2019年9月,中共中央、国务院印发了《交通强国建设纲要》,建设交通强国已成为以习近平同志为核心的党中央立足国情、着眼全局、面向未来作出的重大战略决策。《交通强国建设纲要》中提到,要"完善交通基础设施安全技术标准规范,持续加大基础设施安全防护投入,提升关键基础设施安全防护能力。强化交通基础设施养护,加强基础设施运行监测检测,提高养护专业化、信息化水平,增强设施耐久性和可靠性"。2020年12月,国务院新闻办公室发布《中国交通的可持续发展》白皮书,强调要加强安全治理和应急保障能力建设,全力推进建设更高水平平安交通,为经济社会发展和群众出行提供安全运输保障,要坚持预防为主、综合施策,深化和完善交通运输平安体系,持续完善安全生产风险管控和隐患排查治理双重预防控制机制。

在此背景下,加强桥梁监管,及时、有效地对桥梁进行养护与管理显得尤为重要。这也对桥梁研究学者和相关从业人员提出了新的要求,需要更加重视桥梁管养的相关研究和技术水平提升。全面了解我国在役长大桥梁安全与健康状况是开展桥梁管养工作的首要任务。因此,在役长大桥梁安全与健康国家重点实验室依次对世界范围内桥梁事故发生及成因、在役桥梁主要风险源,以及安全与健康的主要问题等进行了调研分析,以下将逐一介绍。

2.1 世界桥梁事故统计

2.1.1 桥梁垮塌主要成因

根据近200年来每50年桥梁垮塌的统计数据(见图2-1)显示,桥梁主要垮塌原因分为三类:先天不足、自然灾害及管养不善,详见表2-1。

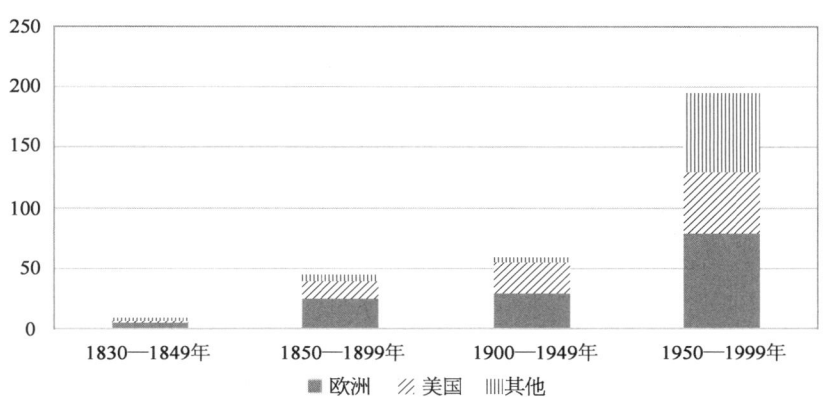

图 2-1 近代桥梁倒塌统计(单位:座/50年)

表 2-1 近代桥梁垮塌原因统计

分 类	内 容
先天不足	认知缺失、规划、设计、施工
自然灾害	风力、洪水、地震灾害
管养不善	车船撞、超载、意外破坏、未及时发现或正确预测的材料老化、疲劳等

从图 2-2 可以看出,近代桥梁垮塌事故"第一次高潮"出现在 19 世纪后半叶,三种垮塌形式互相交织不分上下。"第二次高潮"出现在 20 世纪后半叶,于 70 年代达到顶峰,桥梁的先天不足和管养不善问题居高不下,自然灾害问题也相应攀升。随着技术发展逐渐成熟,到 20 世纪末,桥梁垮塌事故趋于平缓。然而"第三次高潮"已经来临,在 21 世纪急速上升且尚未攀至顶峰,主要是管养不善所造成的垮塌事故不断攀升,主要

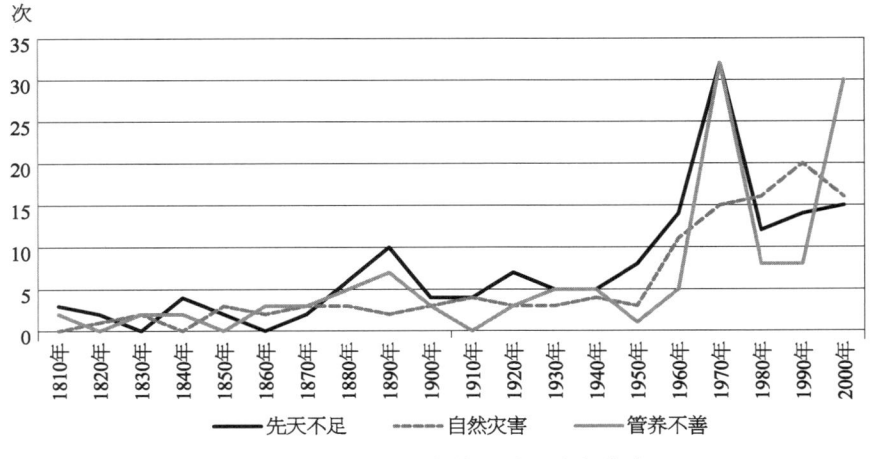

图 2-2 桥梁倒塌年代区域和分类统计

垮塌区域包括中、日、东亚和南美等"后发展国家",还夹杂着部分美国的大交通量桥梁,而欧洲的桥梁垮塌趋势已基本稳定。据调查,39次事故中,欧美仅占33%,后崛起国家占67%,管养不善问题转移到东亚、南美等落后发展国家。管养不善是交通文明水平的反映,正在或尚未发展的国家需要一个适应和完善的时间,应该借鉴先发展国家的经验。这也说明在我国,桥梁垮塌现象仍然是一个需要重视的问题,桥梁运营期安全与健康问题需要得到更广泛的关注和研究。

根据本国家重点实验室所收集的248座运营期桥梁垮塌事故资料,目前我国桥梁垮塌事故主要集中于长三角、珠三角,以及四川、云贵地区,自然因素上的主要原因是地理条件。长三角、珠三角桥梁数目较多,发生事故数目也较多。四川、云贵地区由于地震及复杂的地理条件也导致桥梁事故居多。另外,技术上设计施工水平参差不齐,在一定程度上对桥梁的安全问题也有较大影响,同时运营期人为管理因素对桥梁安全健康问题也有着重大影响。这些都将不可避免地导致桥梁结构损伤不断累积和抗力衰减,给桥梁结构埋下了安全隐患。因此,如何加强管理养护,及时发现安全隐患,尽早修复弊病,是避免桥梁事故的决定性因素。

针对中国184座有公开资料标明确定事故成因的桥梁垮塌事故进行分析(见图2-3),就桥梁事故的具体原因来说,施工、碰撞、水害、设计失误、超载等,是发生事故的主要原因。然而,诱发桥梁事故的原因,往往是多种不利因素共同作用的。对于184起事故桥例,施工原因占23.4%,其次地震、水害原因占23.3%,超载占16.6%,碰撞占15%,腐蚀、疲劳等其他原因占17.4%,设计仅4.3%。

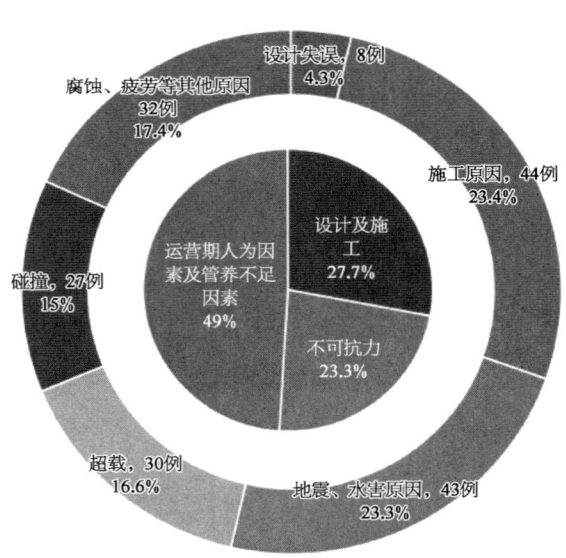

图2-3 中国184起事故桥梁原因数据分析

总的来看,桥梁运营期人为因素和管养不足是造成桥梁事故频发的最主要原因。在目前正由"大规模建设"向"建养并重"乃至"管养为主"转变的关键时期,桥梁运营期的管养问题需要我们长期持续关注研究,应进一步加强运营期桥梁的检测、监测、管理与养护工作,着重构建"建—管—养一体化"的桥梁建养体系,以保障其安全与健康。

2.1.2 梁桥

通过文献、图书、网络等渠道收集了近150年梁桥垮塌事故的资料,并分析了梁桥倒塌的原因类型(见图2-4)。通过对世界上158座有公开资料标明事故成因的梁桥垮塌事故(不含建设期)的统计与分析,发现就梁桥事故的具体原因来说,管养不善占60.76%,地震、洪水等自然灾害占26.58%,也有少部分梁桥建设时就存在先天不足的问题,占12.66%。总的来说,桥梁运营阶段的管养不善是造成梁桥垮塌事故的最主要原因,轻则会对桥梁结构的长期性能埋下安全隐患,重则会导致重大桥梁工程事故,造成巨大伤亡和损失。

从图2-5可以发现,梁桥垮塌主要集中在美国等发达的基建大国,其中美国的梁桥倒塌量远远超过其他国家,其次是中国和加拿大。自2000年以来,梁桥垮塌事故开始快速增长(见图2-6)。所以,在基建快速增长至21世纪,尤其要对梁桥垮塌事故给予足够的重视。

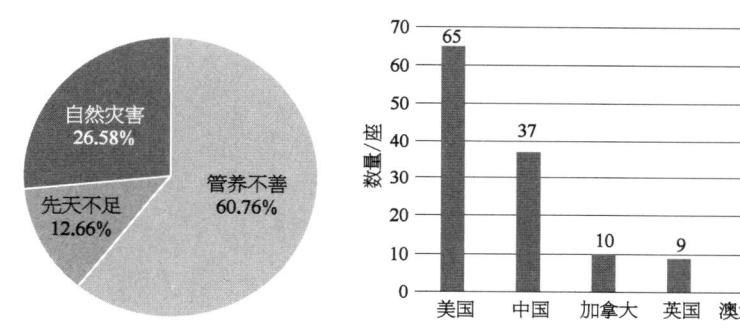

图2-4 世界梁桥事故原因分类　　　　图2-5 世界梁桥垮塌事故分布

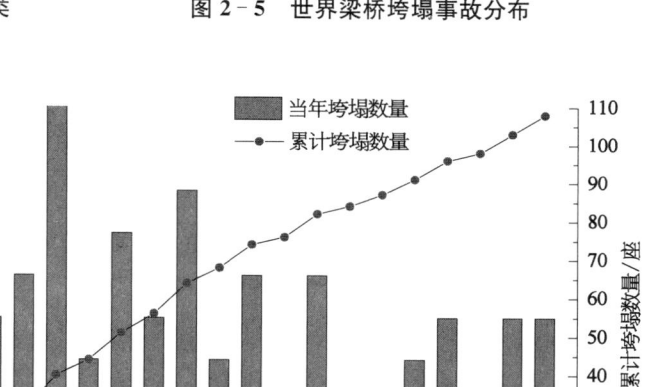

图2-6 世界梁桥垮塌数量增长图(2000—2022年)

2019年10月10日傍晚,无锡市锡港路高架桥由于多辆大货车超载并行驶在最外侧车道,导致桥面侧翻,造成3人死亡,2人受伤(见图2-7)。经调查,本起事故的直接原因为两辆重型平板半挂车严重超载、间距较近（荷载分布相对集中），偏心荷载引起的失稳效应远超桥梁上部结构稳定效应，造成桥梁支座为系统失效；梁体和墩柱之间产生相对滑动和转动，从而导致梁体侧向滑移倾覆触地。该案例说明，后期的养护管理对于梁桥而言是重中之重。

图 2-7　无锡高架桥侧翻事故

2.1.3　拱桥

通过文献、图书、网络等渠道收集了近 20 年全球拱桥垮塌事故的资料（见图 2-8）。通过对近 20 年来世界 26 座有公开资料标明事故成因的拱桥垮塌事故（不含建设期）的统计与分析，发现就拱桥事故的具体原因来说，设计、施工等先天原因占 27%，船撞、超载、洪水冲击、材料疲劳和老化等外部因素占 73%。因此，总的来看，桥梁运营阶段的管养不善是造成拱桥垮塌事故的最主要原因，轻则会对桥梁结构的长期性能埋下安全隐患，重则可能会导致重大桥梁工程事故，造成巨大伤亡和损失。

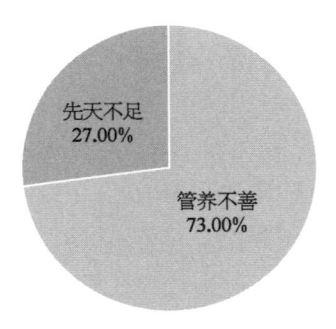

图 2-8　世界拱桥事故原因数据分析

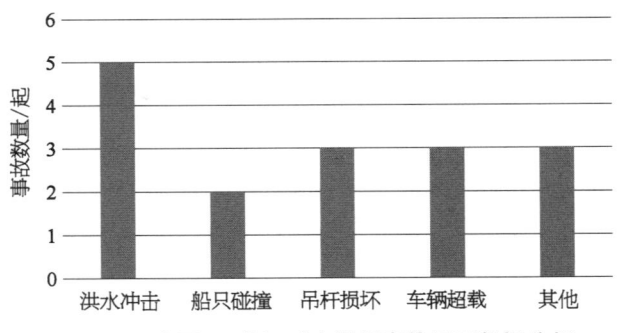

图 2-9　我国 21 世纪以来拱桥事故原因数据分析

从 1779 年英国的第一座现代拱桥成功修建以来,垮塌事故就常有发生,尤其是进入 21 世纪以来,垮塌事故数量明显上升。通过对我国 21 世纪以来发生的部分拱桥运营阶段垮塌事故的统计和分析,发现桥梁在运营期常年受到河流冲刷、冰雪冻融、高温日晒等环境因素的侵蚀,同时结构还面临着交通荷载和材料性能退化等的影响(见图 2-9)。

2019 年 10 月 1 日,中国台湾宜兰县苏澳镇南方澳跨海大桥发生倒塌事故,在跨中靠右侧第一根吊杆断裂后,剩余吊杆连续断裂,导致主梁变形,主拱圈脱离,桥梁倒塌(见图 2-10)。该桥的坍塌很可能是由吊杆的腐蚀疲劳所导致的。腐蚀自身的不均匀性及点蚀等局部腐蚀现象的发生,会显著降低材料的断裂韧性,并在局部位置造成严重的应力集中,进而加快疲劳裂纹的成核与扩展,导致结构的腐蚀疲劳破坏。因此,对于现代大跨度拱桥来说,仅仅通过简单的养护措施和技术手段显然不能满足其安全运营要求,必须将拱桥的养护工作作为独立的领域进行单独处理。

图 2-10 南方澳跨海大桥倒塌

2.1.4 斜拉桥

通过文献、图书、网络等渠道收集了近 200 年斜拉桥垮塌事故的资料,并绘制了世界斜拉桥垮塌的区域分布(见图 2-11)。

从图 2-12 可以看出,从 1956 年第一座现代化斜拉桥建成以后,倒塌事故时有发生。尤其是进入 21 世纪以后,垮塌事故数量明显上升。斜拉桥主要垮塌区域包括位于亚洲、非洲和中美洲等地的发展中国家,以及欧美等发达国家(见图 2-11)。笔者对世界 12 座有公开资料标明事故成因的斜拉桥垮塌事故进行了分析(见图 2-13)。就斜拉桥事故的具体原因来说,设计、施工等先天不足占 75%,船撞、超载、腐蚀、疲劳、维修不当等管养不善等人为因素占 25%。因此,总的来看,桥梁建设期的设计和施工问题是造成斜拉桥垮塌事故的最主要原因。

图 2-11 世界斜拉桥垮塌事故分布图

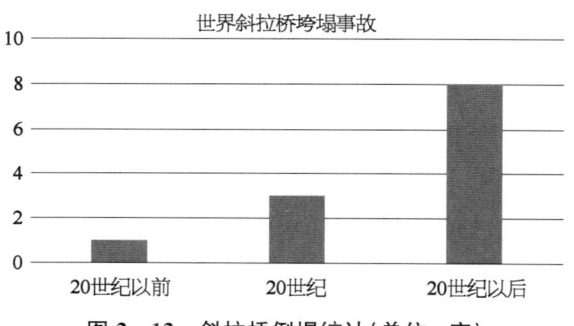
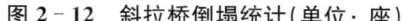

图 2-12 斜拉桥倒塌统计(单位:座)

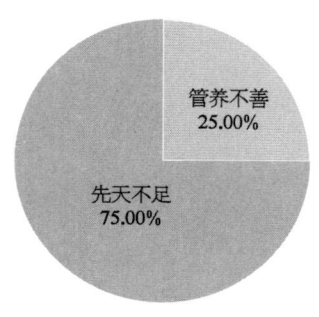

图 2-13 世界 12 起斜拉桥事故原因数据图

桥梁在运营期暴露在各种风险之中,能否做到加强管理养护,及时发现问题,尽早修复弊病,是能否避免桥梁事故的决定性因素。2018 年 8 月 14 日,意大利城市热那亚 A10 高速公路上,一座高架桥发生严重塌桥事故,造成 43 人死亡。垮塌的 Morandi 桥建成于 20 世纪 60 年代,由著名土木工程师 Riccardo Morandi 主持修建。事故调查报告指出,Morandi 桥承受拉力的主梁钢筋腐蚀度为 68%,外侧部件钢筋的腐蚀度为 85%。根据拉力数据测试分析,Morandi 桥垮塌时的钢筋性能已降低 50%。在桥梁垮塌前,已经出现了拉索腐蚀和断裂的现象(见图 2-14),但这未能引起相关工程人员和部门的关注。为进行桥梁的全面重建工作,残余的桥梁不得不于 2019 年 6 月 28 日全面炸毁(见图 2-15)。

图 2-14 Morandi 桥拉索的腐蚀与断裂

图 2-15 Morandi 桥炸毁瞬间

除了因先天不足和管养不善而突然倒塌,因缺少养护而使斜拉桥无法修复和继续使用的问题也应同样予以重视。如我国第一座预应力钢筋混凝土斜拉桥三台涪江大桥,在连续使用 23 年后,因运营期缺少养护,导致其拉索严重腐蚀并脱落,桥塔大幅度偏移,已无法通过修复继续使用,不得不进行拆除重建(见图 2-16)。结合众多事故案例,对于众多在役斜拉桥而言,在方案、设计、施工阶段存在的问题已不可能消除,因此需要通过后期的养护管理来解决这些累积问题。

图 2-16 三台涪江大桥因拉索严重腐蚀而拆除

2.1.5 悬索桥

根据收集的近 200 年来悬索桥垮塌的统计数据,绘制了世界悬索桥垮塌的区域分布(见图 2-17)。在各个时期均有悬索桥垮塌事故的发生(见图 2-18)。20 世纪后半叶,随着技术发展逐渐成熟,悬索桥垮塌事故数量有所减少。然而在 21 世纪,垮塌事故数量明显上升。从图 2-17 可见,悬索桥主要垮塌区域包括中亚、东南亚和中美洲等"后发展国家",还夹杂着部分欧美地区。对世界 18 座有公开资料标明确定事故成因的悬索桥垮塌事故进行了分析,结果显示:就悬索桥事故的具体原因来说,设计、施工等先天不足占 12.5%,风、洪水、暴风雨等自然灾害占 25%,超载、腐蚀、疲劳、维修不当等管养不善和人为因素占 62.5%(见图 2-19)。因此,总的来看,桥梁运营期人为因素和管养不足是造成悬索桥坍塌事故的最主要原因。管养不善是交通文明水平较低的反映,正在或尚未发展的国家需要一个适应和完善的时间,应该借鉴先发展国家的经验。在目前正由"大规模建设"向"建养并重"乃至"管养为主"转变的关键时期,桥梁运营期的管养问题需要长期持续关注研究。

图 2-17 世界悬索桥垮塌事故分布

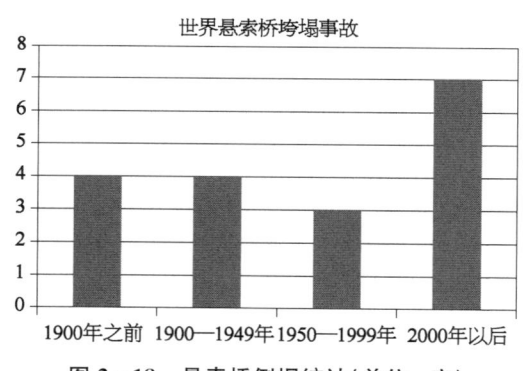

图 2-18 悬索桥倒塌统计(单位:座)

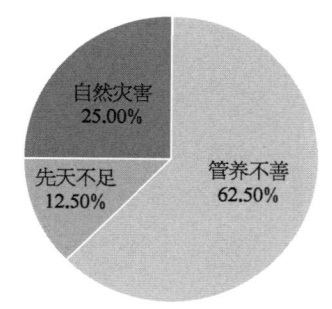

图 2-19 世界 18 起事故悬索桥原因数据分析

2018 年 4 月 1 日,缅甸伊洛瓦底省的渺弥亚市(Myaungmya)一座跨越 Raway 河的悬索桥发生垮塌(见图 2-20)。这座桥始建于 1994 年,因是临时性桥梁,构造上相对比较简单:索塔为钢结构,加劲肋采用贝雷梁(梁间布置横梁及行车道板),吊杆似为钢棒。这座桥在运营 10 多年后,存在南锚碇移位、桥塔倾斜(导致主跨下挠 1 m 多)、主缆与吊索连接处腐蚀严重等病害。由此可以看出,及时有效的养护维修对于桥梁结构显然十分重要。

图 2-20　缅甸悬索桥垮塌

2022 年 10 月 30 日，印度西部古吉拉特邦一座步行悬索桥发生垮塌事故，造成至少 141 人遇难。该桥建于 1880 年的英国统治期间，出事的前 4 天，该步行悬索桥刚结束为期 6 个月的翻新工程。根据现场视频可以推测，该桥倒塌的直接原因有人员超载、行人晃桥、桥梁安全储备不足等。这也说明，管理机构应该重视桥梁运营期的管养和人为因素等问题。

对可获得较详细资料的国内外运营期垮塌的 18 座悬索桥进行统计分析，结果如图 2-21 所示。通过分析发现：这些桥梁中，使用寿命超过 50 年的不到 25%，平均使用寿命仅为 32.77 年，均远远达不到设计期望的 100 年使用寿命。悬索桥的健康安全问题已成为一个亟待解决的世界性问题。

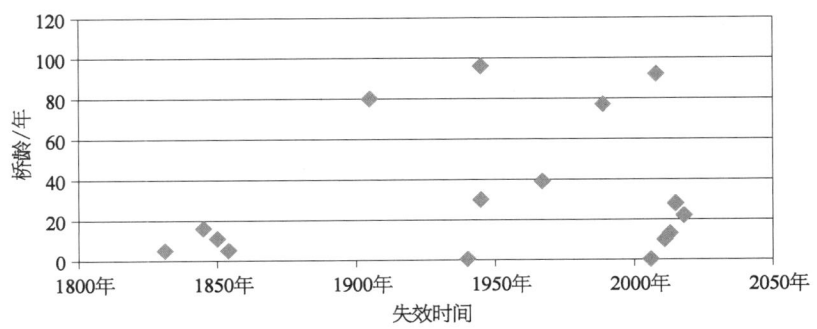

图 2-21　世界 18 座运营期事故悬索桥桥龄及失效时间统计

2.2　主要风险源与典型事故案例

运营中的桥梁除了要承受自身重量，还受到车辆、水流、地震、环境侵蚀等一系列作用。这些作用会对桥梁产生一定的影响,甚至导致桥梁垮塌事故。此外,在桥梁运营阶段,桥梁长时间受环境侵蚀造成结构耐久性降低。长此以往,会降低结构的承载能力,导致结构的稳定性降低,给桥梁的正常运营埋下安全隐患。正确地分析这些风险源,有助于采取正确的措施维护桥梁的安全,确保桥梁的健康运营。本节将从自然灾害、人为事故及材料性能的衰退三方面分析风险来源。

2.2.1 自然灾害

(1) 地质灾害风险。

因泥石流、滑坡、滚石等地质灾害,山区高墩桥梁极易受到大质量物体的撞击,产生不同程度的损伤。虽然其损伤没有船桥碰撞剧烈,但是冲击作用仍很大,造成的破坏会对桥梁正常运营产生不利影响。例如,2020 年 9 月 20 日 12 时左右,雅西高速公路姚河坝路段右侧山体发生崩塌灾害,崩塌落石导致桥面垮塌(见图 2-22)。

(2) 水灾风险。

由强降雨导致的洪水冲击会对跨越冲沟、河道的桥梁安全产生严重威胁,特别是在山地城市应用较为普遍的简支箱型梁桥遭遇洪水袭击时,水毁现象尤为严重。按全美 1989—2000 年与纽约州 1987—2011 年数据统计,桥梁水毁占比高达 52.7%,823 座倒塌桥梁中水毁 6 倍于超载、20 倍于地震。根据我国交通运输部最新统计数据,每年水毁桥梁近 8 000 座,特别是 2021 年郑州遭遇暴雨袭击,交通基础设施群损毁严重,造成直接损失 109 亿元,因交通中断而造成的间接损失更难以估计。2018 年 11 月 14 日,川藏交界处金沙江堰塞湖泄流致使竹巴笼金沙江大桥被冲毁,国道 318 线中断(见图 2-23)。

图 2-22 雅西高速高架桥滚石事故

图 2-23 金沙江大桥洪水事故

(3) 风致灾害风险。

相关机构统计显示,在自然灾害引起的经济损失中,有 70%～80% 由极端天气及其次生灾害引起,而风灾是发生最为频繁也是影响最为广泛的一种。随着桥梁跨度的增大,其结构愈轻柔化,基本自振周期已达到十几秒之多,阻尼减小,对风致振动愈敏感,容易造成颤振、驰振、抖振和涡激振动等风致振动问题。此外,桥面上的风环境往往变化很大,特别是桥塔区域,风速由于桥塔的遮挡作用而迅速变化,造成车辆在行驶至该区域时发生车辆侧风的突变,极易造成车辆驾驶困难而发生车辆侧翻事故。因此,桥梁结构尤其是缆索承重桥梁更是时时刻刻面临风灾的威胁。2020 年 5 月,位于我国广东省狮子洋上的虎门大桥因风振影响发生异常晃动(见图 2-24)。

图 2-24 广东虎门大桥晃动

2.2.2 人为事故

(1) 船舶撞击风险。

我国水运交通迅猛发展,通航密度剧增,船舶吨级也明显增大,通航河道桥梁遭受船舶撞击的事件时有发生,船桥碰撞风险日益增大。一旦发生船桥撞击事故,可能造成桥梁受损坍塌、航道受阻、环境污染、生命财产损失等严重后果,带来巨大的经济损失。在我国,过去几十年里发生在长江、黑龙江、珠江三大水系主航道上的船桥相撞事故就有 300 起以上。

例如 2021 年 7 月 12 日晚,一艘中型集装箱货轮在途经广州北斗大桥南引桥过渡墩时,碰撞到南引桥过渡墩,造成桥墩破损(见图 2-25)。

图 2-25 广东北斗大桥桥墩被撞事故

(2) 车辆撞击风险。

近年来,由于各种原因,如车辆超载、路政管理不到位、驾驶人员失误等,车辆撞击桥梁结构的事故频繁发生,严重威胁桥梁结构安全。车桥撞击事故分为桥上行驶的车辆撞击人行道和防撞护栏、桥下车辆撞击主梁和桥墩。若撞到桥墩等影响梁桥安全的关键构件,可能给结构造成致命破坏。例如,墨西哥当地时间 2021 年 11 月 8 日,一辆拖挂车撞塌了高速公路上的一座人行天桥,被撞塌的桥体坠落到地面,同时将拖挂车车身劈成两半(见图 2-26)。

(3) 车辆超载、偏载风险。

超载运输给国民经济、交通基础设施带来了巨大的负面影响,由此引发的道路拥堵、交通事故、毁坏道路桥梁等现象非常突出。长期的超限超载会使桥梁始终处于超负荷运营状态,引发大量病害,继而大大缩短桥梁使用寿命,甚至发生多起因车辆超限超载引发桥梁垮塌的重大事故。例如,2019 年 10 月 10 日傍晚,无锡市锡港路高架桥由于大货车超载致使桥面侧翻,事故共造成 3 人死亡、2 人受伤。又如,2021 年 12 月 18 日 15 时许,湖北省鄂州市高速匝道再次发生侧翻事故,导致 4 死 8 伤(见图 2-27)。该起事故直接原因为车辆超限,未居中行驶。

图 2-26　墨西哥拖挂车撞塌桥致坍塌事故

图 2-27　湖北省鄂州市高速匝道侧翻事故

(4) 火灾风险。

据全世界范围内桥梁火灾爆炸事故发生数据统计,每年因火灾垮塌的桥梁数量是因地震垮塌的 2.7 倍。近年来,我国的桥梁火灾事故时常发生。由于交通量的不断增加,车辆在桥梁上发生交通事故的概率大大增加,这是导致桥梁火灾的主要原因。2008 年,鹤洞大桥南侧边跨和西塔南侧中跨的部分拉索上的灯饰突然着火,导致部分拉索的保护层被局部损坏(见图 2-28)。2011 年,南京长江第二大桥南汊斜拉桥由于汽车突然发生自燃,导致上游侧拉索受到高温损伤,斜拉索下部聚乙烯外护套管被完全烧掉,高强钢丝外露(见图 2-29)。由此可见,由于交通车辆引起的桥梁火灾不可忽视。

图 2-28　广州鹤洞大桥火灾事故

图 2-29　南京长江二桥火灾事故

(5) 危险品运输风险。

危险品在生产与经营过程中不可避免地会涉及原材料与化学成品的各类运输,一旦危险品的运输突发事故发生在桥梁上,就会给桥梁结构带来难以修复的损伤。因此,加强危险品运输污染风险的防控是道路运输安全管理中的重要工作。例如,2013年2月1日上午,1辆运输烟花爆竹的车辆爆炸引起河南连霍高速义昌大桥桥面垮塌,造成车辆坠落(见图2-30)。

图 2-30 河南连霍高速义昌大桥事故

2.2.3 材料性能衰退

(1) 构件疲劳风险。

系杆拱具有跨度大、系梁内设预应力束抵消拱肋推力使得承台不受水平推力、美观等诸多优势而被广泛应用。系杆拱桥多为中、下承式结构形式,拱桥设计时以拱顶为定位点,所以系杆与拱肋由于温度、车辆冲击作用等产生相对位移时,短吊杆作为边吊杆,弯折角度相对于中长吊杆更大,即边界效应导致受弯显著,无论是吊杆自身还是连接吊杆与桥面横梁的锚头都更容易产生疲劳(见图2-31)。2001年,四川宜宾南门金沙江大桥事故的直接原因就是吊杆的破坏,而疲劳是引起吊杆破损的主要原因之一(见图2-32)。

图 2-31 吊杆破坏

图 2-32 宜宾南门金沙江大桥

(2) 腐蚀风险。

由于桥梁服役的环境是露天的,所以在役桥梁面临的一大问题就是腐蚀问题,包括混凝土腐蚀、钢材腐蚀、其他保护型材料的腐蚀等(见图2-33)。新疆孔雀河大桥就是由于吊杆腐蚀问题导致在正常负荷下发生断裂脱落事故(见图2-34)。

图 2-33 吊杆锚头腐蚀　　图 2-34 新疆孔雀河大桥

2.3 在役长大桥梁的主要安全与健康问题

在复杂的风险环境下,在役长大桥梁随着服役年限的增长,将面临或产生不同程度的安全与健康问题。而且各桥型因结构特点不同,其主要的安全与健康问题也不尽相同。因此,本节根据桥梁上部结构、下部结构、支座及桥面系和附属设施的构造,逐一介绍影响桥梁安全与健康的主要问题。

2.3.1　上部结构

上部结构直接承受交通等荷载或作用,在桥梁结构中占有绝对重要的地位。根据桥型不同,上部结构的含义有所差异,但都共同面对混凝土开裂、钢筋锈蚀、钢材腐蚀、缆索疲劳等问题。因此,本小节系统梳理了上部结构中梁、索、塔等构件的主要安全与健康问题。

2.3.1.1　梁

(1) 混凝土开裂/钢筋锈蚀。

在我国,桥梁梁体多采用混凝土或预应力混凝土构件。限于自身材料特性,这些构件普遍存在的开裂问题,一直困扰工程界和学术界。混凝土开裂后,继而会引起钢筋锈蚀等。同时,在预应力结构中,因施工质量等因素,也易存在孔道灌浆不饱满等现象,受开裂影响也会引起内部预应力筋腐蚀问题。

混凝土箱梁是中等跨径和大跨径连续梁桥常用的结构形式。在服役期间,混凝土箱梁桥上部结构主要的病害有主梁腹板裂缝和底板裂缝等(见图 2-35、图 2-36)。混凝土板梁、T 形梁为中小跨径简支、连续梁桥常用的结构形式。两种结构形式均由多根主梁横向连接形成整体上部结构,其结构性病害主要出现在主梁及湿接缝、铰缝处。混凝土板梁桥上部结构常见病害有板梁腹板裂缝、板梁底板裂缝及铰缝病害(见

图 2-37)。混凝土 T 形梁桥上部结构常见病害有 T 形梁腹板裂缝、T 形梁底板裂缝及 T 形梁湿接缝病害(见图 2-38)。

图 2-35 主梁腹板裂缝　　　　　　　图 2-36 主梁底板裂缝

 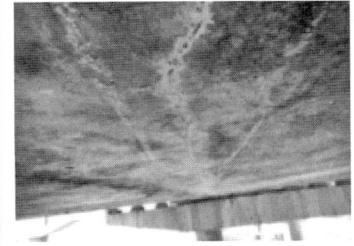 

(a) 板梁腹板裂缝　　　　(b) 板梁底板裂缝　　　　(c) 板梁铰缝病害

图 2-37 板梁裂缝

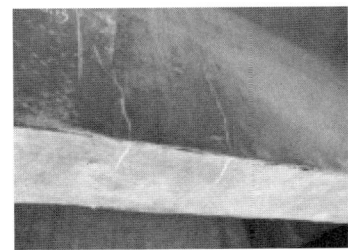  

(a) T形梁腹板裂缝　　　(b) T形梁底板裂缝　　　(c) T形梁湿接缝病害

图 2-38 T 形梁裂缝

混凝土开裂后,易加剧钢筋锈蚀,锈蚀现象早期多是在混凝土表面产生沿钢筋方向的裂缝,后期则因锈胀引起混凝土保护层剥落,钢筋表面生成黑褐色颗粒状锈蚀层,危及桥梁的正常使用。引起钢筋锈蚀的主要因素包括:① 钢筋在混凝土的碱性环境中会形成钝化膜,但一旦混凝土不够密实,空气中的 CO_2 渗入混凝土内部时,钢筋周围的钝化膜保护层遭到局部破坏,产生锈蚀;② 桥梁结构在长期使用过程中受外载作用会产生裂缝,即使裂缝不在钢筋位置处,长期发展而不及时维修处理,环境中的水、氧、二氧化碳或氯离子等介质就会通过裂缝到达混凝土内部直到钢筋表面,加速钢筋锈蚀的进程。

对于预应力构件而言,预应力孔道压浆不密实会带来腐蚀介质的易于侵入,导致预应力束应力腐蚀,并将影响预应力钢筋和结构混凝土之间的应力传递。这已成为严重影响桥梁寿命的重要病害之一,具有分布范围广、破坏作用强等特点,是一种典型的质量通病。根据相关单位对某高速公路因通航净空不足而在扩建中拆除的3座梁桥的预应力孔道压浆不密实病害状况调研结果显示:预应力孔道压浆密实比例平均不足50%,其中预应力孔道压浆全空截面数占调查总孔道数的10%以上,尤其以压浆口段、曲线管道的上凸段和排气孔附近预应力孔道压浆病害最为严重。这也是目前我国预应力筋孔道灌浆不饱满普遍存在的问题(见图2-39)。

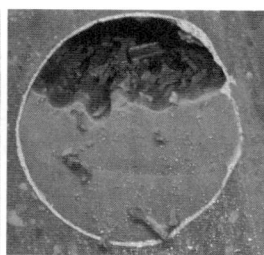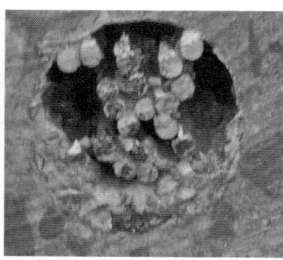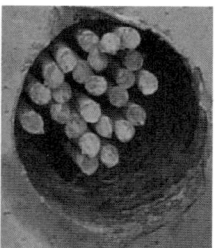

图2-39 预应力孔道压浆不密实病害现象

(2)钢梁(钢材)腐蚀/钢桥疲劳。

随着桥梁跨径的增大及人工成本的迅速增加,钢结构桥梁所占比例呈日益增加的趋势,如美国60万座桥梁中钢结构桥梁占33%,日本13万座桥梁中钢结构桥梁占41%。钢材料的腐蚀与防护问题历来也是桥梁工程领域重要的研究课题。钢桥长期暴露于自然环境中,结构易受到周围介质的腐蚀作用,产生腐蚀问题(见图2-40、图2-41),而且因交变载荷作用易产生疲劳的损伤累积。

图2-40 钢筋外露锈蚀　　　　图2-41 钢梁腐蚀现象

影响桥梁用钢锈蚀的因素复杂，主要有大气、雨水等环境杂质，以及温度、湿度、冰冻等。对于钢混组合结构或构件（如钢管混凝土）而言，其锈蚀主要由环境中的大气引起。大气腐蚀的快慢及主要控制因素在很大程度上取决于大气湿度及其组成成分。钢管混凝土结构工作环境的 pH 值对钢管锈蚀也有一定的影响，处于海水环境中的海工结构，以及常年处在撒盐除冰环境中的市政结构，钢管表面溶液中氯离子浓度较大，钢管易产生严重锈蚀。环境对钢管锈蚀的因素还有二氧化碳浓度、氧气浓度及侵蚀介质的浓度（见图 2-42～图 2-44）。

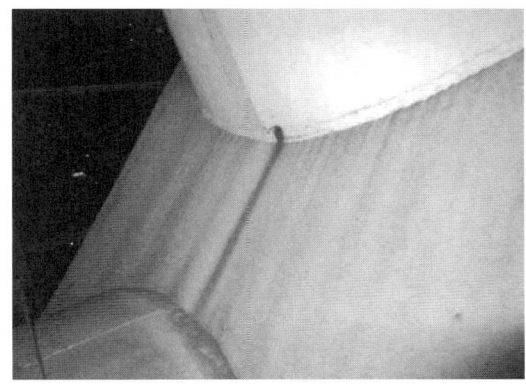
图 2-42 焊缝锈蚀

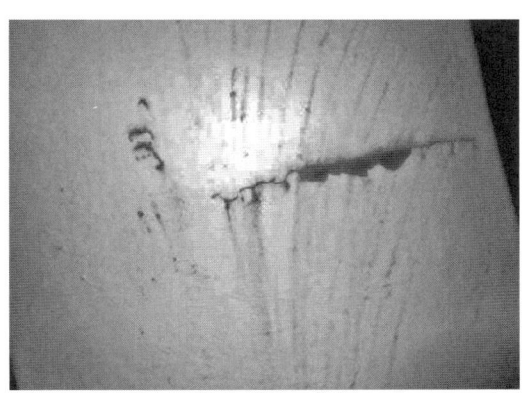
图 2-43 拱肋锈蚀

图 2-44 某钢管混凝土拱桥拱肋钢管锈蚀褪色情况

除腐蚀外，疲劳也是钢结构桥梁面临的主要问题。我国钢桥疲劳问题也较为突出，如虎门大桥、江阴大桥均发生钢桥疲劳损伤。据美国土木工程学会（ASCE）统计，80%～90%钢结构的破坏与疲劳损伤有关。由于疲劳破坏没有明显的征兆，表现出结构脆性破坏的特征，而结构又在容许静应力范围内，疲劳微裂纹不易被发现。如何合理评价桥梁钢构件状态，如何对其结构失效危险性进行预测，钢桥梁的监（检）测点如何布设及其疲劳损伤机理,都是目前存在的难点问题,也是目前世界各国桥梁工程界的研究热点。部分破坏现象如图 2-45 所示。

 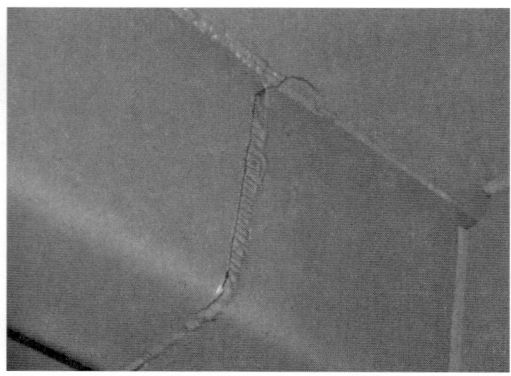

图 2-45 大桥钢结构疲劳损坏及裂纹

(3) 大跨连续梁桥长期下挠。

大跨径预应力混凝土梁桥普遍存在主梁下挠过大的问题(见图 2-46)。主要原因是梁体内预应力筋松弛,由于受施工状况、材料性能和环境条件等因素的影响,预应力结构中预应力钢筋的预拉应力在施工和使用过程中将会逐渐减少。这种减少的应力称为结构预应力损失。预应力筋松弛是影响预应力混凝土结构应力损失和长期工作性能的基本问题之一。根据对某省 109 座连续梁桥结构几何线形进行补充调查,以测量误差为 ±4 cm 为界,约有 17% 的连续梁桥主跨存在下挠现象(见图 2-47)。

 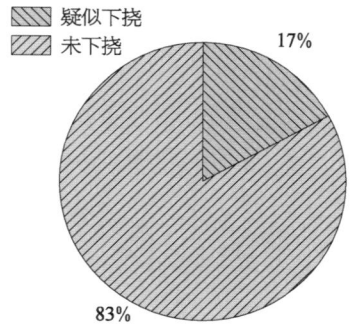

图 2-46 某大桥跨中下挠　　图 2-47 主跨跨中疑似下挠数量统计

下挠过大不仅会破坏桥梁的美观,降低行车的舒适性,也会使养护费用大幅增加,而且在严重的情况下还会改变桥梁的受力体系,使内力重分配,造成桥梁结构安全度的降低。

(4) 钢管混凝土脱空。

钢管混凝土是典型的钢混构件之一,多用于拱桥拱肋构造中。管内混凝土不密实是其常见的问题之一,原因有:① 混凝土微膨胀量不足;② 钢管内排气不良,钢管内存有空气,造成钢管混凝土存在空隙。造成钢管混凝土存在空隙的原因主要有三种:① 钢管排气管堵塞,钢管内空气不能完全排出;② 在混凝土泵送过程中,现场混凝土供应不及时,混凝土输送泵设备故障,泵送过程中出现混凝土间断的现象,混凝土泵送不能连续不断进行,造成钢管内空气排气不畅;③ 混凝土与钢管壁黏结不良,钢管壁与混凝土之间形成空隙。

钢管混凝土拱肋脱空(见图 2-48)。钢管混凝土拱桥的拱肋脱空分为两种类型:一种是成桥后管内核心混凝土不密实或产生空洞,比较常见的有拱脚处混凝土密实度差,拱顶处混凝土产生空洞及拱肋处混凝土密实度不均匀,或者出现分层离析等。它是施工过程中,在泵送管内混凝土时,由于泵送系统泵送混凝土不到位,或者混凝土搅拌量未达到要求而产生的。另一种是钢管与混凝土在交界面处产生裂隙,这是钢管混凝土主要脱空形式。这种形式的脱空分两种情况,一种是钢管与混凝土的径向脱空,另一种是纵向脱空(拱肋钢管分仓浇筑混凝土时,分仓隔板处易发生纵向脱离)。它是桥梁在运营过程中,由于受到轴向压力,混凝土配合比不合适,温度变化(包括升温和降温),或者混凝土收缩、徐变及微膨胀剂失效导致的。

图 2-48　钢管混凝土脱空

图 2-49　某主缆钢丝的锈蚀

2.3.1.2　索

(1) 腐蚀、断丝及防护措施失效。

索构件是钢构件的一种,拱桥吊杆、斜拉桥斜拉索、悬索桥主缆及吊索等都是关键的受力构件,其安全性能至关重要,但也存在钢构件的通病,即腐蚀和疲劳。大面积的腐蚀、断丝是索构件失效的最直接原因,同时也是近年来缆索体系桥梁所面临的最严重的两种耐久性问题。钢丝锈蚀一般有均匀腐蚀、点蚀、应力腐蚀和腐蚀疲劳等,同时会伴随锈水流出、表层涂层起皮脱落等现象。当锈蚀发展到一定程度,会导致整根钢丝断裂(见图 2-49)。

现代斜拉索/吊索防护层基本上采用高密度聚乙烯聚合物材料（HDPE），但由于斜拉索/吊索防护层直接暴露于外界自然环境下，在风、雨、日照、冰雪等因素长期作用下，PE防护层容易老化、损伤、出现裂纹，较为严重时则破坏失效（见图2-50）。

(a) 钢绞线外露

(b) 钢绞线防护层损伤

图2-50　斜拉索/吊索防护层损伤

因此，当防护层处于完好状态时，索内部钢丝（钢绞线）腐蚀状况轻微（见图2-51），基本属于正常完好状态。当防护层发生损伤或者破坏失效后，外界环境中的腐蚀介质进入，将导致索内部钢丝或者钢绞线直接或间接地暴露于腐蚀介质环境中，防护层损伤的索中的钢丝（钢绞线）的腐蚀情况相对于防护层完好的斜拉索/吊索要严重得多，严重情况表现为断丝断索现象。且由于钢丝或钢绞线处于高应力状态，其腐蚀速度将远高于无应力或低应力状态。

(a) 更换下的拉索内钢丝腐蚀情况

(b) 桥上的拉索内钢丝腐蚀情况

图2-51　换索工程中的钢丝腐蚀

除此之外，由于自身材料特性、外部载荷条件作用及所处环境等因素，索锚头也易产生腐蚀现象(见图2-52)。锚头基本上由金属材料制造生成,且长期暴露于大气环境中,不可避免地会遭受环境侵蚀,出现锈蚀现象。此外,在锚头内,锚具由于构造特征,使得外界水分易进难出,水分长期存在于锚头内,从而加速了锚头腐蚀。且由于锚具的布置位置原因,不易于被经常检测,出现问题一般都难以发现。同时,由于斜拉索/吊索的振动、撞击等因素影响,斜拉索/吊索锚头防护罩也容易产生松动、脱落甚至破损,严重的甚至直接破坏。

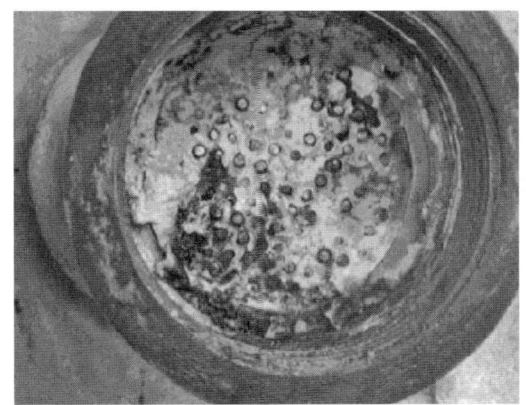 

(a) 锚头内锈蚀　　　　　　　　(b) 锚头缺少油脂

图 2-52　斜拉索锚头腐蚀

主缆是不可更换的构件,其防腐防护措施更为严格。防护层涂层劣化(见图2-53)发展过程一般是:涂层变色褪色,接着粉化、龟裂,继而开裂、爆皮并形成锈斑,最终防护涂层全部开裂、剥落,致使内部缠丝裸露。涂层劣化的因素一般可以分为内部和外部两个部分。内部因素是涂层材料本身的化学结构耐久性较差,导致防护涂层劣化。外部因素包含紫外线、水分、温度、海盐微粒、大气污染物及人为损伤等。主缆涂层是金属

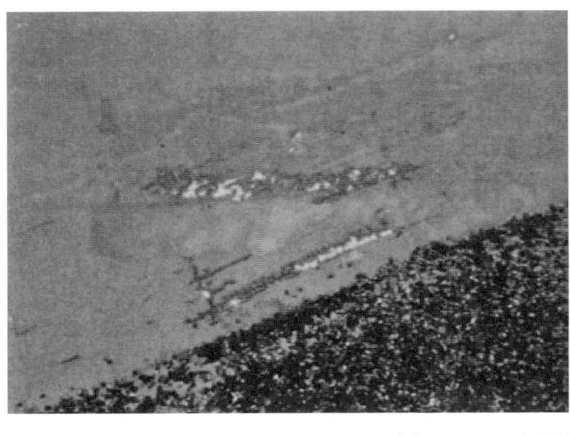 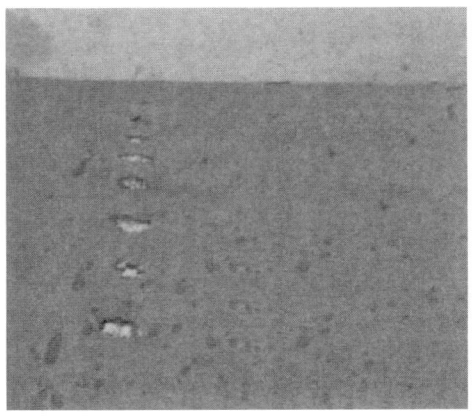

图 2-53　主缆面漆破损

涂层和有机涂层组成的复合涂层。失效过程一般是表层先失效,当局部脱落或全部脱落之后,底层才失效。而且主缆在制造过程中干燥不良可能会导致主缆中存在水分。运输、施工和运营阶段防护层损伤也会导致外界雨水和水汽的不断渗入,而且风的作用可以使缆索下的水加速进入裂缝中,加剧应力腐蚀引起损伤。

(2) 索风致振动问题。

索的长细比小,几何非线性明显,刚度小,自振频率低,其存在也使得结构变得柔性化,对荷载激励更加敏感,在桥梁服役期间产生振动现象,对自身疲劳性能和结构的安全稳定都有着显著的影响。风荷载的发生频率高、影响范围广,已成为索振动问题中的主要控制荷载。但其振动发生的原因也有所不同。斜拉桥拉索发生振动的诱因,主要是外界风载荷结构作用及斜拉桥主梁结构振动。斜拉索最为普遍也是最为剧烈的振动现象一般发生于风雨天气当中,即斜拉桥拉索在适当的雨量和风速共同作用下会产生大幅剧烈振动,振幅较大时甚至有斜拉索间发生相互撞击现象,因此又称风雨激振现象。

而悬索桥长吊索则会在风荷载的作用下,因刚度降低而产生较大的静力变形或者动力响应,从而造成桥梁功能的部分失效。2012 年 8 月,台风"海葵"登陆我国东海岸,引起西堠门大桥长吊索的大幅振动(见图 2-54)。经初步判断,该振动为主缆抖振引起的吊索内共振。明石海峡大桥的吊索在施工期就发生了两种振动,一种是低风速涡振,振幅不大;另一种发生在长索上,当风速超过 12 m/s 后,处于下风的吊索发生大幅振动,最大振幅是直径的 8 倍。丹麦大带东桥在施工尾期就发现了吊索的大幅振动现象,之后该桥吊索的大幅振动现象时有发生,且主要发生在长度超过 100 m 的吊索上。十多年来,该桥在吊索上先后安装了螺旋线、抗风索、调液阻尼器和液压阻尼器等,但仍然难以控制且无法消除。

图 2-54 西堠门大桥长吊索的大幅振动

(3) 平行钢丝斜拉索扭转现象。

斜拉索扭转问题(见图 2-55)给斜拉桥结构带来的危害主要表现为:① 斜拉索加扭及退扭后导致拉索索体内外圈钢丝的应力重新分布,使得部分钢丝应力变大或减小,对斜拉索的受力不利;② 索体中钢丝应力重分布后,斜拉索的钢丝伸长量改变,从而导致斜拉索长度变长或变短,使得张拉端的锚环处的理论锚固位置发生变化,当加扭或者退扭较为严重时,张拉端的锚环可能无法正常锚固。

2.3.1.3 塔

桥塔是缆索承重体系桥梁的典型构件之一,随着桥梁长大化发展,桥塔高度及施工难度也在不断增加,安全与健康问题日益突出。目前桥塔多采用混凝土桥塔或钢桥塔的构造形式。

图 2-55 钢丝索扭转

对于混凝土塔,裂缝是最为常见也是较为严重的病害之一。按照裂缝形式可以分为网状裂缝、水平裂缝和竖向裂缝。混凝土网状裂缝多发生在常水位以上的向阳位置,多是由内部水化热和外部低气温形成的内外温差所产生的温度拉应力拉裂所致。另外,日气温的变化、日照的影响、混凝土的干燥收缩也能形成网状裂缝。网状裂缝一般较浅,一旦形成,应力即得到释放,不会继续开展,因此对桥梁的威胁较小。水平裂缝一般出现在塔柱护面钢筋外侧,主要是由于护面钢筋保护层厚度过小;或是在浇筑完成后终凝前的时间内,护面钢筋受到较大扰动导致钢筋与混凝土脱离形成裂缝。如果混凝土质量不合格,可能导致内部箍筋锈蚀发生锈胀,从而引起外部混凝土产生顺筋裂缝。另外,混凝土塔柱承受巨大轴向力和弯矩作用,如果出现的水平裂缝均布于塔柱受拉侧,则应该考虑为应力产生裂缝。这种裂缝最为严重,意味着桥梁受力结构的改变,应该进行特殊检查并进行维修加固。竖向裂缝是由于表面混凝土碳化或遭到氯离子侵入,导致内部钢筋钝化膜被破坏从而发生表面竖筋锈胀。而在混凝土下横梁底部出现竖向裂缝时,则需考虑为应力所致,需及时处理。

除此之外,对于斜拉桥桥塔而言,锚固区是重点受力部位。索塔锚固区的形状和构造复杂,锚下拉索集中力较大,使索塔锚固区成为一个病害多发区域,且该区域出现病害后,对其维修加固比较困难。锚固区的裂缝主要包括放射状裂缝,锚固区纵、横向裂缝,锚固区混凝土崩裂,锚固区网状裂缝和锚固区锚头局部承压裂缝。在使用过程中,由于风振或车辆荷载作用,斜拉索会产生振动。振动的拉索对拉索索塔锚固区产生作用力。另外,不停变化的索力对索锚固区的混凝土产生一种疲劳作用,使索塔产生疲劳损伤,也会导致索塔锚固区的混凝土过早出现裂纹。

对于钢塔结构而言,由于钢索塔为小偏心弯压构件,以轴向压力为主,内部应力变化不大,在钢结构不出现腐蚀的情况下,结构的使用性能一般较好,寿命也较长。但在某些因素(强风、温度变化、较大的不均匀汽车荷载)作用下,索塔的受力状态会发生改变。从塔顶位移的监测数据来看,引起塔顶偏位的荷载是一种反复的循环作用,会使塔内产生循环的应力。风载、汽车荷载也会导致钢索塔发生振动,从而使索塔钢结构产生应力循环,引起疲劳损伤或螺栓失效,从而降低索塔使用寿命。钢塔同样可出现防腐涂层失效、锈蚀、螺栓缺损等病害。

局部腐蚀是钢索塔最常见的破坏形态,主要包括电耦腐蚀和缝隙腐蚀。电耦腐蚀主要发生在钢索塔不同金属组合或者连接处。产生原因是电位较负的金属腐蚀速度较大,而电位较正的金属受到保护,两种金属构成了腐蚀原电池。经研究表明,接触金属的电位差为电耦腐蚀的驱动力,两种金属的电极电位差愈大,电耦腐蚀愈严重。

桥塔往往高耸、纤细,当塔顶偏位过大即索塔顶部位移过大,有倾斜变形或扭转现象,则会严重影响结构安全。而塔顶偏位多是风荷载、温度荷载和汽车荷载引起的。特别是对于混凝土索塔而言,由于日照的影响,阳面混凝土温度比阴面高,且传热较慢。这一温差导致阳面混凝土膨胀,阴面混凝土收缩,使索塔顶部产生无外力作用下的扭转变形。随着时间推移,这一扭转变形将在 24 h 内呈现周期性变化。较强的风荷载和汽车荷载也可能导致索塔的异常变形,塔顶偏位过大或来回摆动过大会在塔内产生过大的变化应力,进而对主缆、吊索、钢箱梁产生影响,引起索塔内部甚至其他结构的破坏。

2.3.2 下部结构

桥墩、桥台及墩台基础等是桥梁下部结构的重要组成部分,直接关系到桥跨结构在平面和高程上的位置,并将荷载传递给地基。下部结构承载能力不足,或出现下沉、倾斜、位移及转动,将引起上部结构的损坏,严重时甚至会造成整座桥梁的坍塌。下部结构面临的主要安全与健康问题如下。

2.3.2.1 桥墩/桥台

(1) 墩台腐蚀。

桥台腐蚀病害的主要原因是梁和桥台间的横向绞缝的渗漏、破坏(见图 2-56)。桥墩四周是河床冲刷深度最大的部位,若基础埋深不够,存在淘空的可能,造成桥墩台直接受洪水冲蚀,进而使失去混凝土保护的钢筋容易受到腐蚀(见图 2-57)。

图 2-56 桥台氯离子破坏

图 2-57 桥墩腐蚀

(2) 墩身/台身剪切弯曲破坏。

梁桥在服役阶段可能会受到砂土液化、地基下沉、岸坡滑移及地震等的作用,会引起墩身/台身的剪切弯曲破坏,多表现为开裂、混凝土剥落压溃、钢筋裸露和弯曲等,并产生很大的塑性变形(见图 2-58、图 2-59)。

图 2-58　桥墩剪切破坏

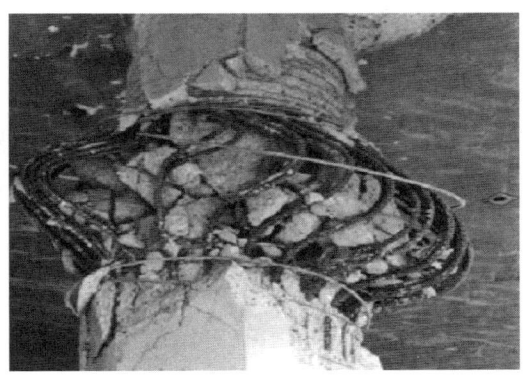

图 2-59　桥墩弯曲破坏

2.3.2.2　墩台基础

(1) 沉降、侧移。

病害原因可能是负摩擦力导致基础沉降、台后路基引起桥台基础沉降、桥梁超载等。或者河水冲刷影响墩基础两侧埋深,进而导致墩基础发生横向偏位并不断积累。2012 年 8 月 8 日,广昌河东大桥发生突然坍塌,桥梁 8 孔,坍塌 6 孔。桥梁处于河流弯道上,水流与桥墩轴线斜交,深槽桥墩局部冲刷严重。由于深槽桥墩冲刷深度超过容许值,导致桥墩埋置深度不足而倾覆(见图 2-60)。

(2) 倾斜变位。

桥梁墩台变位是矫梁墩台主要病害,图 2-61 即为洪期过后桥墩倾斜现象,桥墩倾斜直接破坏上部结构。造成变位的原因有多种,有设计原因、施工原因,如设计或施工时,基础埋置深度不够或地基置于不良地基(如软土地基、浅层卵石)上。但最主要是水

图 2-60　广昌河东大桥垮塌后

图 2-61　洪水过后,桥墩倾斜

流冲刷作用,如设计跨径较小,将极大地压缩河床过水断面,导致桥孔通水不畅,加速基础冲刷;设计时如果合理设定桥梁位置,桥梁跨度,可以有效避免发生严重的冲刷。另外,位于弯道上的桥梁,由于河道改变及水流的长期作用,迎水面处桥面锥坡基础更易被冲空,导致基础变位、脱空,造成墩台下沉、开裂,进而影响主体受力结构。

(3)基础冻害。

土冻结时体积的膨胀作用即冻胀,除土中原有的水分冻结成冰体积膨胀外,主要是土冻结时水分向冻结锋面迁移形成冻结膨胀。土冻结时,冻胀力与土冻结时所产生的切线冻胀力成正比。随着交通运输事业的迅速发展,我国北方寒冷季节性冻土地区修建了大量的桥涵工程。由于工程技术人员在当时没有认识和掌握季节性冻土的自然规律,以及未能相应采取防治冻胀措施,致使许多桥梁基础冻害,表现为基础上抬、倾斜。

冻胀是多年冻土区桥梁基础隆起的主要原因。对于埋置深度较浅、自重较小,而且强度和刚度较大的墩(台)基础,在冻胀力的作用下,本身不会出现裂缝破坏现象,但有可能造成墩(台)基础整体上抬。又因同一地基内的土、水和温度条件不同,其表现冻胀性也不同。由于基土的不均匀冻胀,会导致墩(台)基础倾斜上抬。多年的冻胀变形积累,可使整个结构物破坏。

2.3.2.3 锚碇

(1)变位。

锚碇是悬索桥重要的构件之一,是缆索张力系统能实现大跨度的受力关键,其发生变位必然严重影响结构的整体安全与稳定。其变位形式主要包括水平位移、沉降和转动三种。由于锚碇可以看作刚体,因此一般只需要观测锚碇的水平位移和沉降即可计算锚碇的转动。锚碇建成后,在锚碇自重的作用下,锚碇基础会在附加应力作用下压密而导致地基下沉。除了瞬间变位以外,锚碇还会发生由孔隙水移动、土颗粒错动产生的长期变位,即锚碇大部分的沉降将会在运营期间完成。同时在主缆的拉力作用下,锚碇还可能会产生水平位移和前端下沉后端隆起的刚体转动,且随着主缆拉力的增加,这些变位也会加大。锚碇在沉降和水平位移时都具有一定的延时性,且这个过程一般不可逆。因此,在运营期间应做好锚碇位移的监控工作。

(2)锚室渗水。

锚室的主要作用是提供检修通道,同时为主缆和锚固系统提供遮蔽,防止主缆和锚固系统暴露于雨水和阳光中。由于主缆进入锚室后会去除缠丝,分股锚固,因此需要锚室内保持较低的湿度。多座大桥均在锚室内安装除湿系统以保证锚室干燥。但由于锚室为混凝土结构,在施工和运营过程中会出现混凝土结构常见的表观缺损现象(见图2-62)。大多悬索桥锚室均有不同程度的渗水现象(见图2-63),在连续阴雨天气后更为严重,主要渗水位置为顶板接缝处、墙体与锚固区混凝土接缝处、墙体螺丝孔处等。

 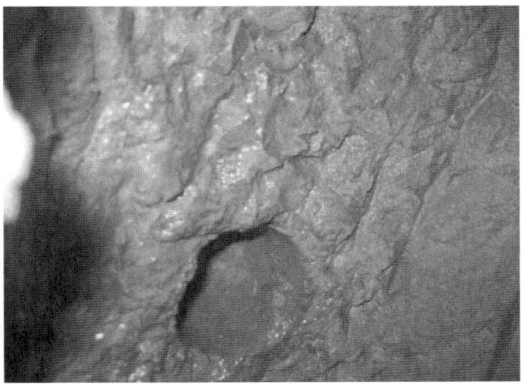

图 2‐62　锚室内散索鞍防锈层脱落　　　　图 2‐63　锚室渗水

（3）锚固系统钢构件锈蚀。

锚固结构位于岩体中，锚杆与土体或岩体进行锚固形成一个整体。但是土壤腐蚀环境复杂，锚固体系自身材料和构造的独特性使得锚固系统的腐蚀过程较为复杂。钢构件的腐蚀将削弱锚固系统截面，甚至造成锚杆与锚碇体握裹力下降，进而松动拔出，影响全桥安全。

2.3.3　支座

支座设置在桥梁的上部结构与墩台之间，其作用是将桥跨结构上的各种荷载反力传递到墩台上，并能够适应活载、温度变化、混凝土收缩与徐变等因素所产生的位移，使上、下部结构的实际受力情况符合设计的计算图式。然而，实际情况是其重要性往往被忽视，形成隐患，造成桥梁运营后的病害和经济损失。其主要病害有：

（1）支座脱空。

这是对桥梁结构受力影响最大的一种支座病害，严重影响着桥梁的使用安全和受力。桥梁结构体系的转换，以及支座垫石不平整、开裂都能造成支座脱空（见图 2‐64）。某一个支座脱空时，其承受的荷载将会分配到其他支座上，造成其他支座的荷载增加，引起其他支座的超压、偏压等病害，使梁体受力不均，对结构产生不利影响。

（2）支座偏位。

这是支座使用中普遍存在的问题，严重的支座偏位（见图 2‐65）将会使支座长期处于剪切状态，影响支座的使用寿命，使桥梁不能正常水平变形，使结构产生附加内力。

（3）支座超压。

由于部分支座的脱空或其他原因，支座传递的力超过支座的设计承载力，支座变形超过支座的最大变形能力。支座超压主要是由支座的出厂质量、安装质量不满足要求造成的。支座本身质量问题是由支座的设计、制造把关不严造成的。

图 2-64 支座脱空　　　　　　　图 2-65 支座偏位

2.3.4　桥面系及附属设施

桥面系直接承受汽车荷载、人群荷载,并承受雨水、阳光等的侵蚀,极易发生病害。桥面系受损不仅会影响行车安全和舒适感,也会损害主梁的耐久性。桥面系及附属设施面临的主要安全与健康问题如下:

(1) 桥面铺装损坏。

桥面铺装层需要直接承受车轮的压力、冲击及剪切荷载,并在汽车和气候环境的反复作用下被磨耗和风化。但在进行桥梁结构设计时,对桥面铺装层一般不作专门的计算分析。这就导致了许多桥梁随着交通量和重型车辆的增加,在短时间内出现较为严重的桥面铺装损坏。常见的桥面铺装病害有变形、开裂等(见图 2-66)。

(a) 桥面变形　　　　　　　　　(b) 桥面开裂

图 2-66　桥面铺装病害

造成桥面铺装病害的原因主要是物流和货运业的发展使得车辆的载重、轴重、轮载都成倍增加,过大的荷载造成桥面局部应力增大,而现行规范只把桥面铺装作为结构层来处理,不进行力学分析,未明确规定铺装层的设计计算方法。另外,由于桥梁结构受力,铺装层会出现较大的局部应力,又由于铺装层刚度较小,所以会出现较大的变形。当桥面开裂以后,雨水或者其他污水很容易进入铺装层内部,滞留在桥面板和铺装层之间,破坏黏结层的黏结作用,使铺装层和桥梁结构脱离。

(2) 伸缩缝。

伸缩缝是桥梁结构中承担最大动力荷载的附件,须承受量值不等的各种复杂动力荷载和冲击。据美国统计数据,桥梁中伸缩缝的平均寿命为 10~15 年,远低于桥梁本身的设计寿命,且伸缩缝是桥梁结构中最易损坏又较难维修的部分。若伸缩缝损坏,就会引起跳车、噪声和漏水等现象,不仅影响行车舒适度,而且对桥梁结构安全不利。部分伸缩装置常见病害(见图 2-67)。对某省 2013 年、2014 年检测的多条高速公路 780 座预应力空心板梁桥检测结果的统计分析表明,有 412 座桥梁存在伸缩缝病害,占桥梁总数的 52.8%。伸缩缝病害问题急需解决。

(a) 橡胶条被拉开

(b) 位移控制弹簧损坏

图 2-67 伸缩装置常见病害

(3) 排水系统堵塞。

桥梁的排水系统会因泄水孔堆积垃圾和沙土而完全堵塞,最终出现桥面积水问题(见图 2-68)。排水系统堵塞的主要原因有:① 桥上的砂石及泥土在雨水的冲刷下汇集于泄水管周围,没有得到及时清除,导致泄水管堵塞;② 养护工人意识不足,将桥面垃圾直接清扫至泄水孔,利用泄水孔排出垃圾,导致泄水孔堵塞;③ 泄水管道设计不合理,采用直径较小又有弯折的泄水管,导致排水不畅,疏通又较为困难,随着时间的推移,泥沙等垃圾结块堵住管道。

(4) 桥头跳车。

按照桥头搭板的形式,桥头跳车可分为两类:一类为桥头无搭板时桥台与路堤接合部位的错台问题;一类是桥头有搭板时由于搭板路基端不均匀沉降引起的桥路过渡段纵坡变化。当上述两类问题的沉降差超过 2 cm 时,搭接处的路面极易发生断裂现象,使车辆的通行受到威胁(见图 2-69)。

图 2-68 桥面积水

图 2-69 桥头跳车

参考文献

[1]《中国公路学报》编辑部. 中国桥梁工程学术研究综述·2014[J]. 中国公路学报,2014,27(5):1-96.
[2] 刘斐. 近期桥梁安全事故深度调查与分析[D]. 长沙:中南大学,2014.
[3] 刘美铭. 桥梁事故分析[D]. 成都:西南交通大学,2013.
[4]《中国公路学报》编辑部. 中国公路交通学术研究综述·2012[J]. 中国公路学报,2012,25(3):2-50.
[5] 陈红梅. 钢筋混凝土桥梁病害分析及其维修加固[D]. 大连:大连理工大学,2011.
[6] 陈峰. 预应力桥梁结构耐久性与剩余寿命研究[D]. 西安:长安大学,2011.
[7] 吉伯海,傅中秋. 近年国内桥梁倒塌事故原因分析[J]. 土木工程学报,2010,43(S1):495-498.
[8] 徐洪涛,郭国忠,蒲焕玲,等. 我国近年来桥梁事故发生的原因与教训[J]. 中国安全科学学报,2007(11):90-95,176.
[9] 耿波. 桥梁船撞安全评估[D]. 上海:同济大学,2007.
[10] 吴海军. 桥梁结构耐久性设计方法研究[D]. 上海:同济大学,2007.
[11] 侯秀丽. 桥梁工程重大坍塌事故调查与分析[D]. 长沙:中南大学,2006.
[12] 金玉泉. 桥梁的病害及灾害[D]. 上海:同济大学,2006.
[13] 阮欣. 桥梁工程风险评估体系及关键问题研究[D]. 上海:同济大学,2006.
[14] 孙晓燕. 服役期及加固后的钢筋混凝土桥梁可靠性研究[D]. 大连:大连理工大学,2004.
[15] 戴彤宇. 船撞桥及其风险分析[D]. 哈尔滨:哈尔滨工程大学,2003.
[16] 王枫,吴华勇,赵荣欣. 国内外近三年桥梁坍塌事故原因与经验教训[J]. 城市道桥与防洪,2020(7):73-76,13.
[17] 彭卫兵,沈佳栋,唐翔,等. 近期典型桥梁事故回顾、分析与启示[J]. 中国公路学报,2019,32(12):132-144.
[18] 陈艾荣,潘玥,王达磊,等. 大数据时代的桥梁维护与安全[J]. 上海公路,2014(1):17-23.
[19] 梁冰. 既有钢结构桥梁检测与加固技术研究[D]. 天津:河北工业大学,2014.
[20] 刘菠. 高速公路桥梁典型病害及建管养对策研究[D]. 重庆:重庆交通大学,2012.
[21] 成丕富. 桥梁结构连续倒塌研究[D]. 长沙:中南大学,2012.
[22] 刘利. 在役公路桥梁板式橡胶支座病害分析及对策研究[D]. 北京:中国铁道科学研究院,2012.
[23] 张莉. 桥梁工程坍塌事故风险分析与对策研究[D]. 长沙:中南大学,2011.

[24] 何宇航. 桥梁事故灾害分析及加固技术研究[D]. 西安：长安大学，2010.
[25] 王诗青. 公路桥梁风险评估关键技术研究[D]. 天津：天津大学，2010.
[26] 余华丽. 既有桥梁的检测与评估[D]. 成都：西南交通大学，2010.
[27] 孙莉，刘钊. 2000—2008年美国桥梁倒塌案例分析与启示[J]. 世界桥梁，2009(3)：46-49.
[28] 刘山洪，刘毅. 桥梁病害种类及处理方法[J]. 重庆交通大学学报(自然科学版)，2008，27(S1)：902-905.
[29] 白兴蓉. 斜拉桥病害及成因分析[D]. 重庆：重庆交通大学，2008.
[30] 耿波，王君杰，汪宏，范立础. 桥梁船撞风险评估系统总体研究[J]. 土木工程学报，2007(5)：34-40.
[31] 龚晓进. 石拱桥病害分析及维修加固方法研究[D]. 成都：西南交通大学，2007.
[32] 张喆. 桥梁安全性评价体系研究[D]. 西安：长安大学，2006.
[33] 刘志斌. 公路桥梁养护管理体系研究[D]. 西安：长安大学，2005.
[34] 宗海. 环氧沥青混凝土钢桥面铺装病害修复技术研究[D]. 广州：东南大学，2005.
[35] 熊文. 桥梁养护管理对策研究[D]. 西安：长安大学，2004.
[36] 肖玉辉，沈立宏. 混凝土桥梁病害成因分析及对策研究[J]. 中外公路，2004(1)：39-42.
[37] 胡汉舟，叶梅新. 桥梁事故及经验教训[J]. 桥梁建设，2002(3)：71-75.

第3章
桥梁学科研究热点与科技成果

我国在役长大桥梁存在体量大、分布广、建设时间长等特点,在荷载作用、材料性能衰退、人为事故或自然灾害等多因素影响下,目前的安全与健康状态复杂多样,科学管养是大势所趋。

《交通运输科技"十三五"发展规划》中提出了桥梁预防性养护、桥梁快速检查评估、快速加固、模式化加固和整体替换的基础设施领域重点研发方向。因此,近年来在桥梁安全与健康领域内涌现了一大批研究热点及新兴课题。接下来,本章将对近年来桥梁学科的科研热点、国家自然科学基金立项、国家奖、学会奖、相关规范标准及最新的工程建设与规范等数据进行统计与整理。

我国的桥梁建设正由"大规模建设"向"建养并重"乃至"管养为主"转变。针对桥梁产生的病害,以往的研究更多地关注与桥梁的维修与加固方面,而对于桥梁的养护与管理重视不足。但是桥梁检测、监测等技术手段和桥梁养护与管理越来越受到关注与重视,各层级标准体系也正在逐步建立与完善。获奖项目也越来越多地关注在役长大桥梁的安全与健康问题,关注的中心逐渐向运营期转移,也反映了未来科研的重点和趋势。

3.1 科研热点与关注度

基于百度引擎和中国知网对桥梁工程学科的社会关注度和学术关注度统计结果(见图3-1)显示,社会公众对桥梁设计、施工等建设相关的话题更为关注,而对桥梁检测监测、运营养护及加固维修等运营期话题的关注热度相对较低(建设期检索条数:运营期检索条数=1.73:1)。在学术领域,虽然运营期相关的关注度可与桥梁施工、桥梁设计分别持平,但也可见桥梁设计、施工等建设期阶段的研究仍占主导地位(建设期检索条数:运营期检索条数=2.70:1)。这是因为我国目前整体上尚处于高速建设阶段的末尾,管养问题虽然受到社会及学者重视,但尚不足以占主导地位,还未进入全面管养阶段。

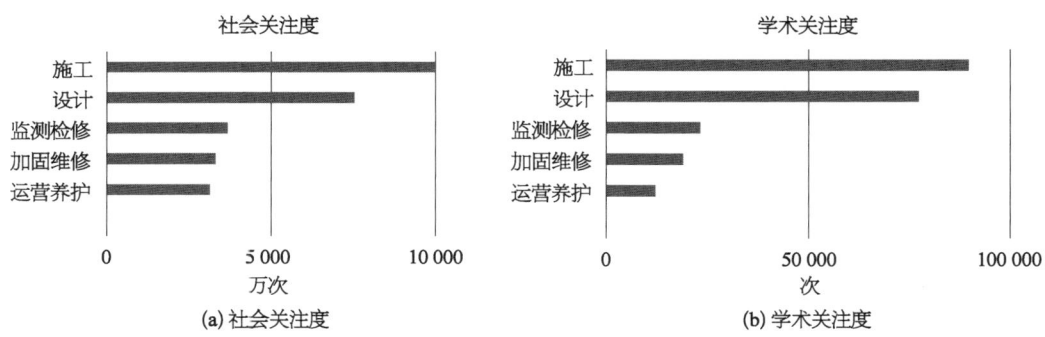

图3-1 对于桥梁的社会关注度和学术关注度

基于中国期刊全文数据库(CNKI)中的论文、专利、标准等数据库,对关于桥梁检测、监测、养护、维修与加固相关论文发文量、专利量进行了统计分析,并绘制了时间序列的统计分析图(见图3-2、图3-3)。

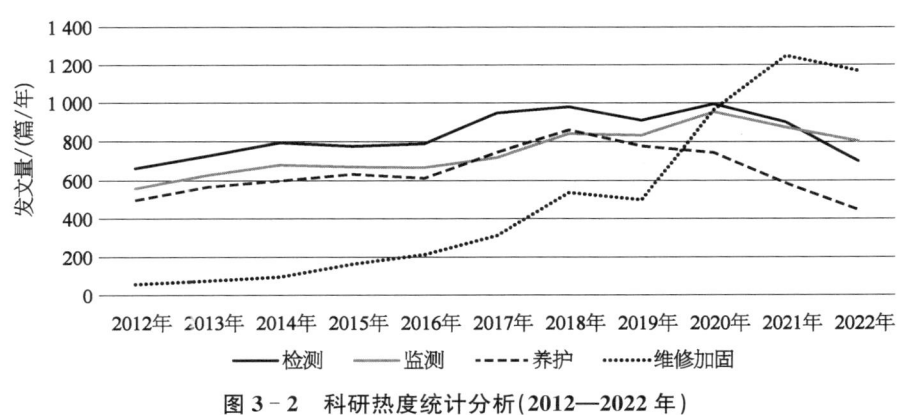

图3-2 科研热度统计分析(2012—2022年)

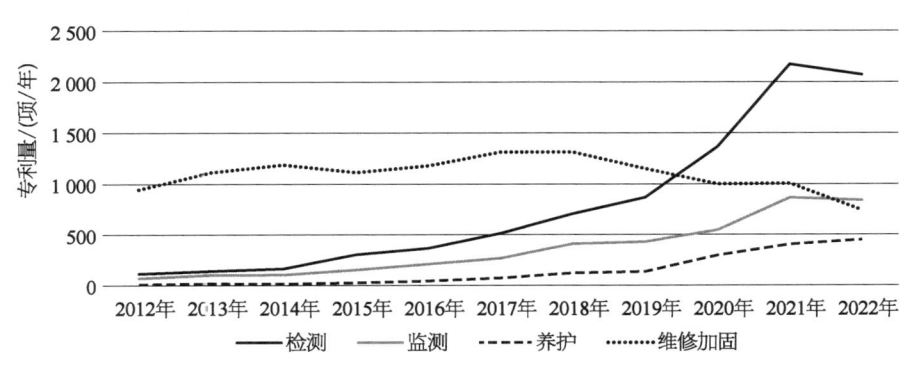

图3-3 桥梁专利统计分析(2012—2022年)

总体上看,近十年间,检测监测领域一直保持在高发文热度,而维修加固领域则呈现快速增长态势,且维修加固领域研究热度自2020年起已超过了检测加固领域的热度。而在专利申请量上,近五年,除养护领域外,各领域的专利数呈现激增态势(检测＞维修加固＞监测＞养护)。因此,检测及维修加固领域将是今后在役桥梁安全与健康技术的两大发展方向。除此之外,在研究高热度的同时,行业内的知识产权的保护意识正在逐渐上升。

3.1.1 研究层级分布

从科研热点的研究层级分布统计数据来看,在桥梁的检测、监测、养护及维修加固四大领域中,最受关注的前三类分别为技术研究、技术开发和应用基础研究。其中,技术研究尤为研究热点,在检测领域占比为 48.46%,在监测领域最高达到 58.04%,在养护领域占比 62.40%,在维修加固领域最低为 53.52%(见图 3-4～图 3-7)。其余的研究板块有开发研究-管理研究、工程与项目管理、实用工程技术等。可见,桥梁的研究在重视基础技术的同时,逐渐向实际应用发展,其相关的管理研究也得到了关注。

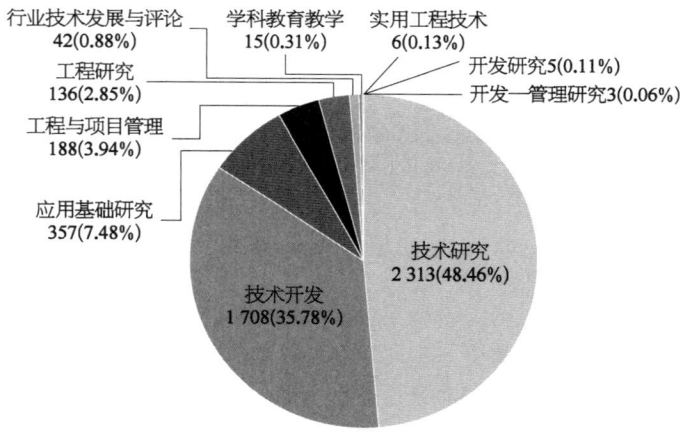

图 3-4 桥梁检测领域前十大研究层级分布(2012—2022 年)

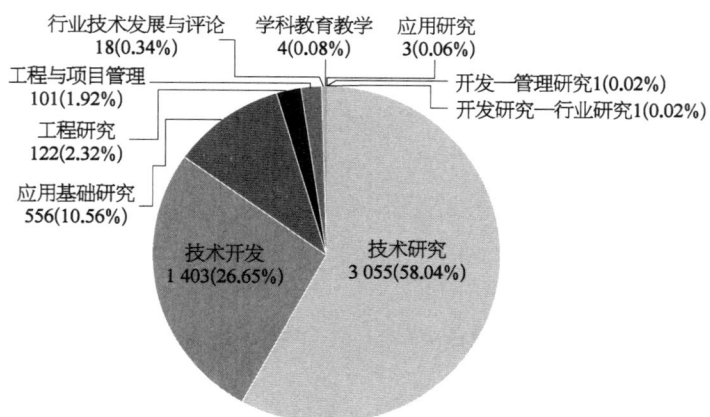

图 3-5 桥梁监测领域前十大研究层级分布(2012—2022 年)

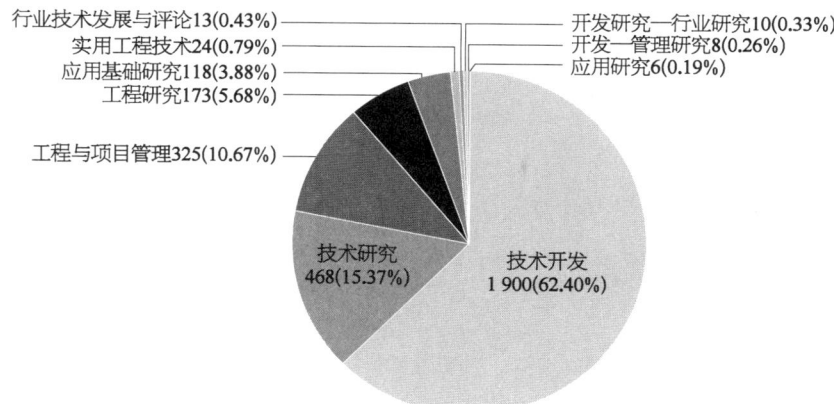

图 3-6　桥梁养护领域前十大研究层级分布(2012—2022 年)

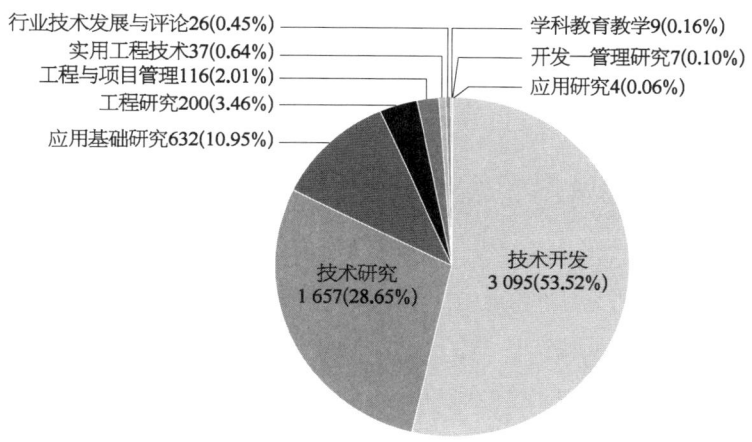

图 3-7　桥梁维修加固领域前十大研究层级分布(2012—2022 年)

3.1.2　热点词分布

基于中国知网检索数据,对检测、监测、养护及维修加固领域的主要及次要热点词汇进行整理、分类,分析结果如下:

3.1.2.1　主要热点词

从统计结果上看,桥梁检测主要关注公路桥梁的检测技术、静载实验及无损检测技术;桥梁监测主要关注施工监控、健康监测技术与系统开发以及损伤识别等,且斜拉桥、连续刚构桥或为检测领域研究重点关注对象;桥梁养护领域主要关注公路桥梁及高速公路桥梁的养护,涉及其施工过程中混凝土养护、养护管理等研究点;维修与加固的研究重点为加固技术与方法的研究,如预应力、体外预应力加固技术等(见图 3-8～图 3-11)。

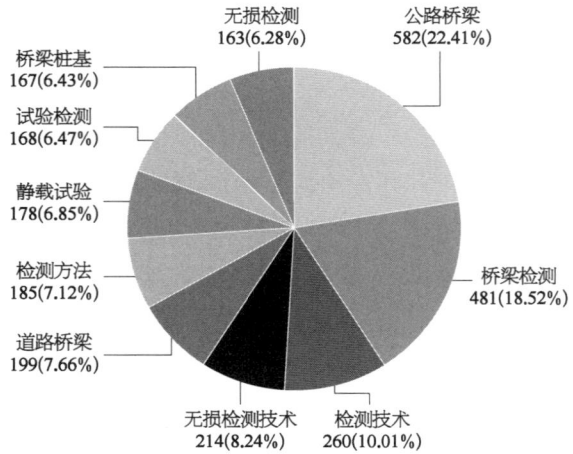

图 3‑8 桥梁检测领域前十大主要主题词分布（2012—2022 年）

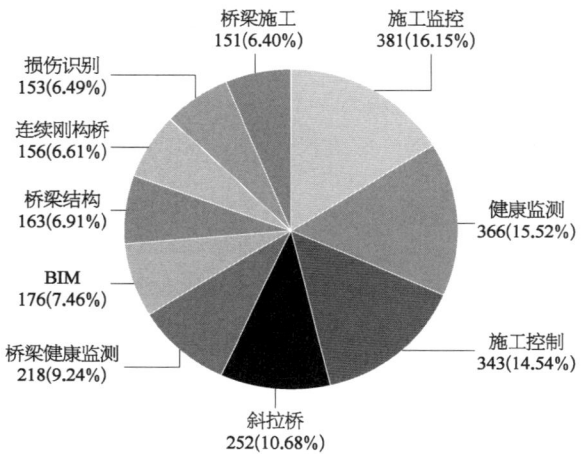

图 3‑9 桥梁监测领域前十大主要主题词分布（2012—2022 年）

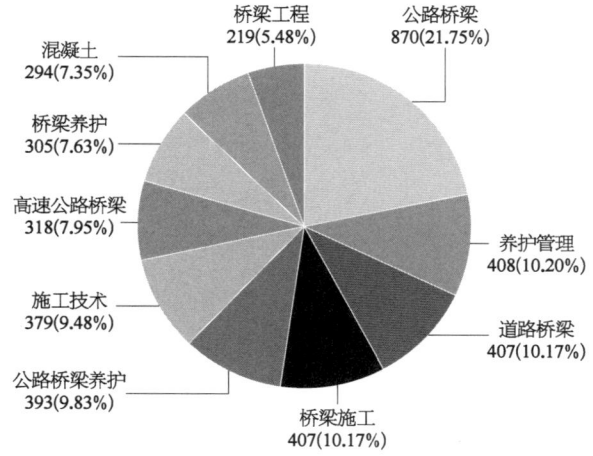

图 3‑10 桥梁养护领域前十大主要主题词分布（2012—2022 年）

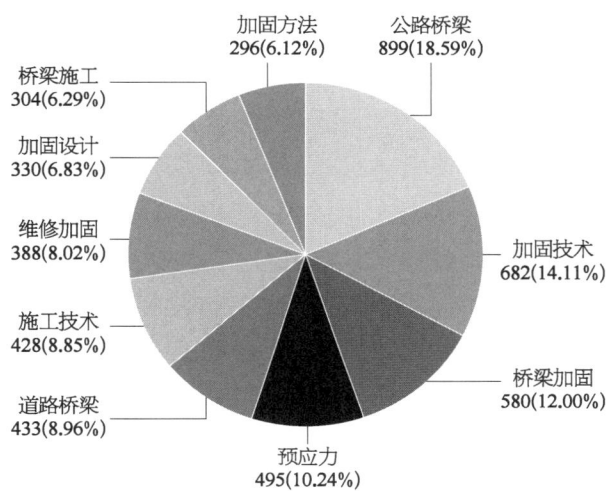

图 3-11 桥梁维修加固领域前十大主要主题词分布（2012—2022 年）

3.1.2.2 次要热点词

相比于前述的主要热点词统计结果，次要热点词汇中，在桥梁的检测、监测领域，桥梁结构均为研究关键，而检测领域更偏向于通过桥梁动静载试验、损伤识别检测技术及无损检测技术；监测领域主要关注桥梁的健康监测系统；养护领域的研究重点也在于养护管理；维修加固的研究重点为桥梁的承载力评定、承载力加固等，如拱桥拱圈的维修加固，对桥梁病害的研究也是重点关注对象（见图 3-12～图 3-15）。

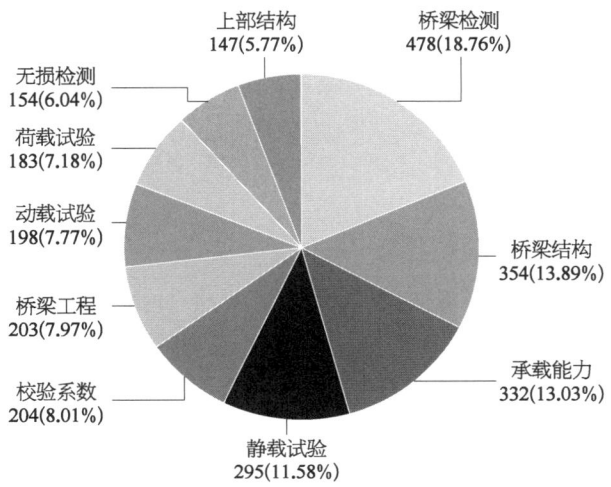

图 3-12 桥梁检测领域前十大次要主题词分布（2012—2022 年）

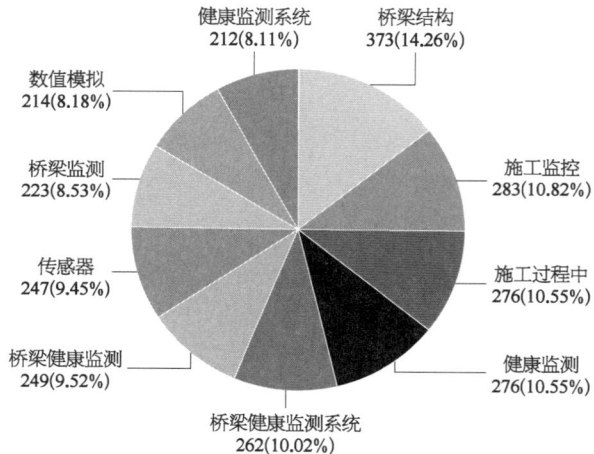

图 3-13　桥梁监测领域前十大次要主题词分布（2012—2022 年）

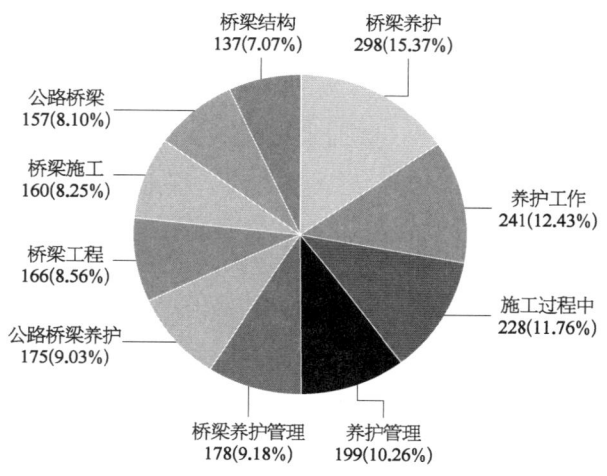

图 3-14　桥梁养护领域前十大次要主题词分布（2012—2022 年）

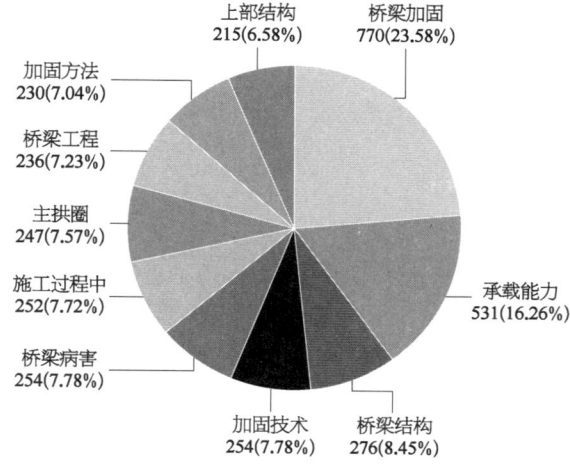

图 3-15　桥梁维修加固领域前十大次要主题词分布（2012—2022 年）

3.1.3 发文机构分布

从桥梁检测、监测、养护及维修加固四大领域的发文机构看,近十年来重庆交通大学在数量上占据领先地位,随后较为突出的机构为长安大学、东南大学和西南交通大学(见图3-16~图3-19)。总体上看,各大机构在桥梁检测、监测与维修加固三大领域的发文量较多。相比较下,养护领域的发文量不足。这说明,我国在桥梁养护领域还有较大的研究空间,需要加大相关科研力度。同时,各大公司及设计院的发文量集中于桥梁养护领域,其表明在实际应用需求上,桥梁养护相关领域或成为当前科研应用热点。

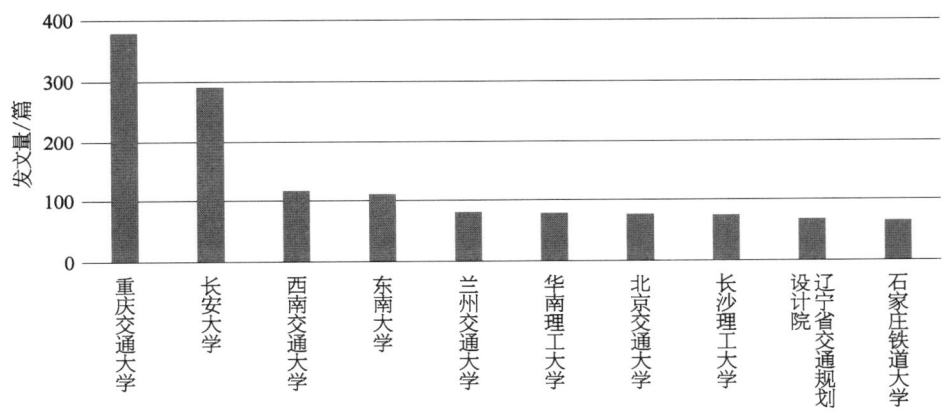

图3-16 桥梁检测领域前十大发文机构(2012—2022年)

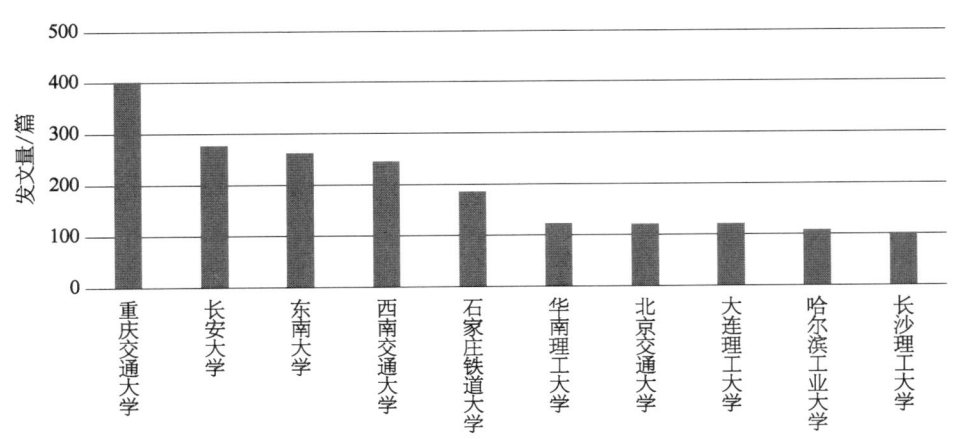

图3-17 桥梁监测领域前十大发文机构(2012—2022年)

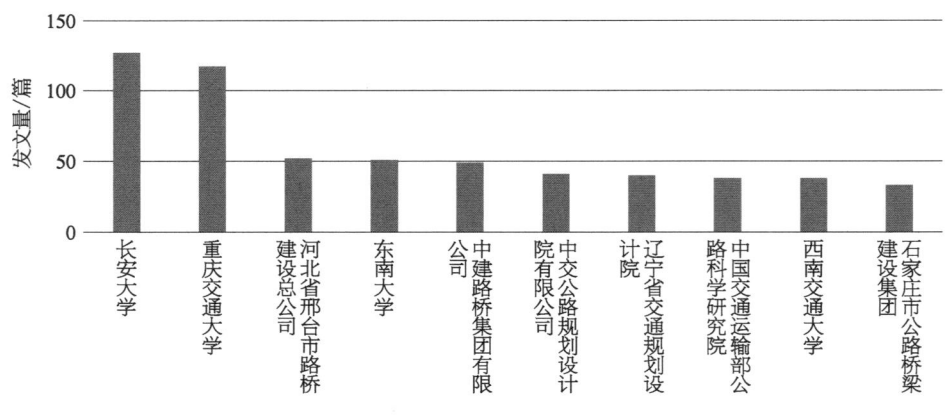

图 3‑18　桥梁养护领域前十大发文机构(2012—2022 年)

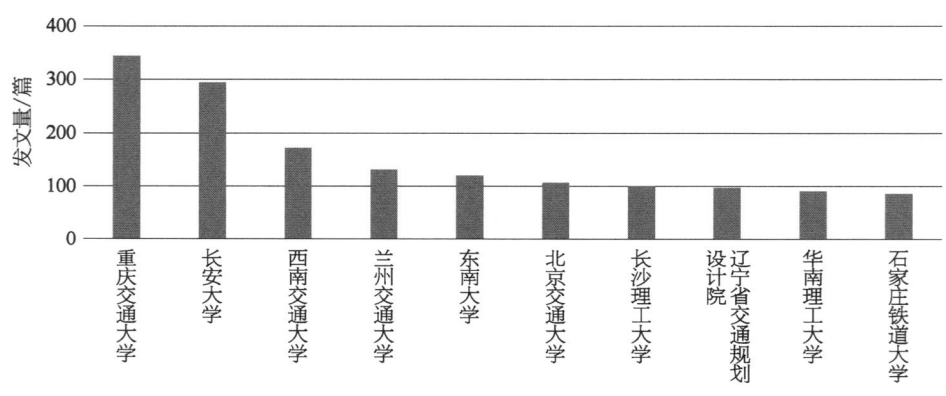

图 3‑19　桥梁维修加固领域前十大发文机构(2012—2022 年)

3.2　国家自然科学基金项目

在近十年国家自然科学基金中,以"桥梁"为关键词进行检索,对资助金额和项目获批数量进行了统计分析(见图 3‑20)。总体来看,总年度资助金额在 2013 年峰值过后,迅速下跌,而后有缓慢增长趋势;而获批项目数量则呈现缓慢增长的趋势,并稍有波动。

根据近十年间(2012—2022 年)总资助金额及项目数量的前二十大单位的统计结果显示(见图 3‑21、图 3‑22),同济大学和西南交通大学领先于国内其余的高校单位,大连理工大学、中南大学、湖南大学、东南大学、哈尔滨工业大学等高校紧随其后,组成了桥梁学科国内科研第一批队的主要力量。

第 3 章 桥梁学科研究热点与科技成果 | 75

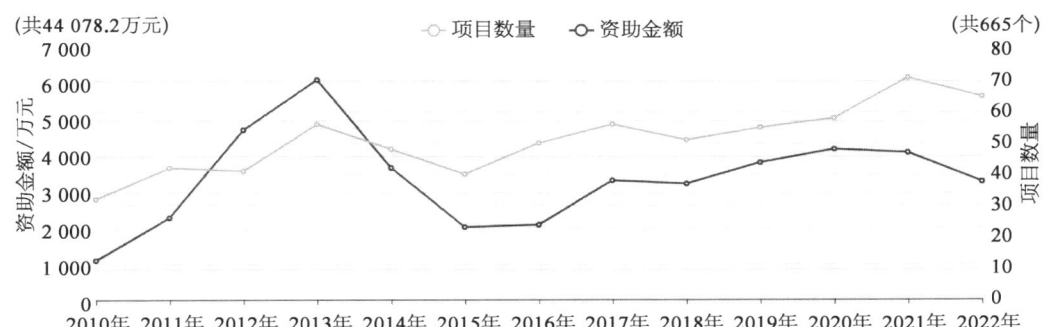

图 3-20 桥梁科研项目统计分析

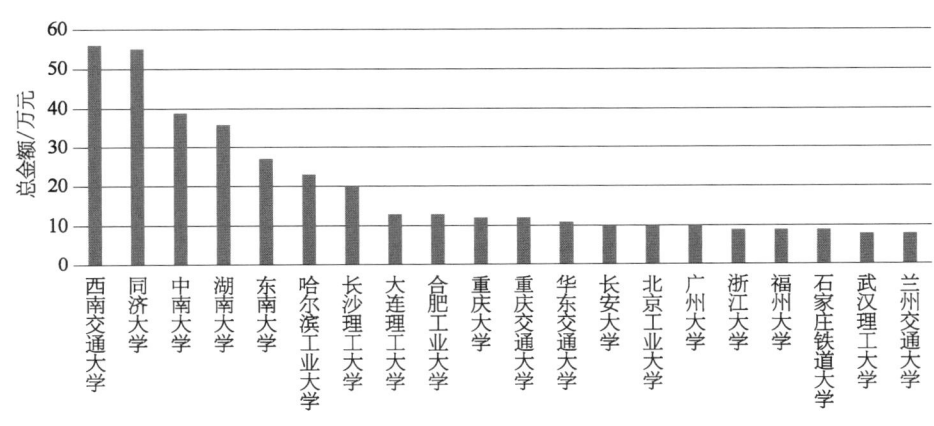

图 3-21 国家自然科学基金资助金额前二十大单位

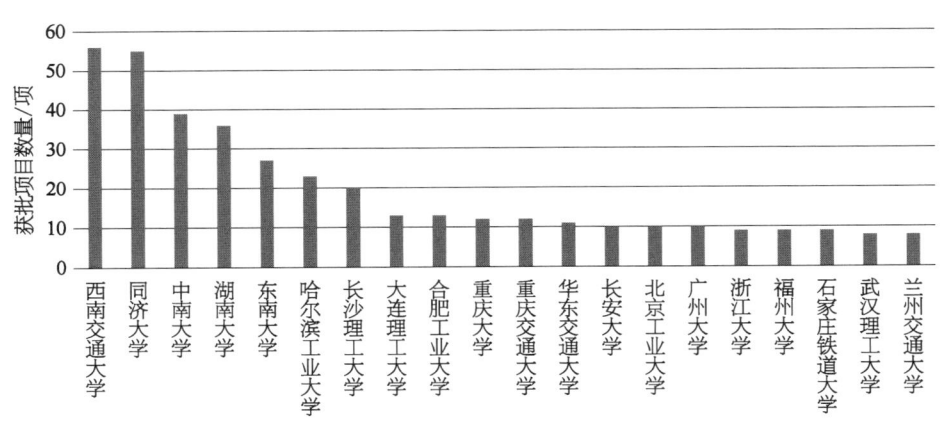

图 3-22 国家自然科学基金项目数量前二十大单位

3.3 国家、学会获奖项目

(1) 科技部桥梁获奖数据统计。

科技部网站查询的结果显示：2009—2020 年，桥梁相关科研项目共获国家级奖项 33 项。其中，与斜拉桥相关的奖项有 17 项，与拱桥相关的奖项有 16 项，与梁桥相关的奖项有 12 项，与悬索桥相关的奖项有 6 项（见表 3-1），总计包括国家科技进步奖 23 项、国家自然科学奖 2 项、国家技术发明奖 8 项。

表 3-1 与桥梁相关的国家级奖项获奖项目列表（2009—2020 年）

序号	项目名称	奖项名称及等级	年份
1	道路与桥梁多源协同智能检测技术与装备开发	科技进步奖二等奖	2020 年
2	高速列车—轨道—桥梁系统随机动力模拟技术及应用	技术发明奖二等奖	2019 年
3	现代混凝土开裂风险评估与收缩裂缝控制关键技术	科技进步奖二等奖	2019 年
4	强风作用下高速铁路桥上行车安全保障关键技术及应用	科技进步奖二等奖	2019 年
5	公路桥梁检测新技术研发与应用	科技进步奖二等奖	2019 年
6	基于全寿命周期的钢管混凝土结构损伤机理与分析理论	自然科学奖二等奖	2019 年
7	混凝土结构非接触式检测评估与高效加固修复关键技术	科技进步奖二等奖	2019 年
8	长大跨桥梁安全诊断评估与区域精准探伤技术	技术发明奖二等奖	2018 年
9	大型桥梁结构健康监测数据挖掘与安全评定关键技术	科技进步奖二等奖	2018 年
10	超 500 m 跨径钢管混凝土拱桥关键技术	技术发明奖二等奖	2018 年
11	土木工程结构区域分布光纤传感与健康监测关键技术	技术发明奖二等奖	2017 年
12	大跨度桥梁结构和行车抗风安全的气动控制技术	技术发明奖二等奖	2015 年
13	长大跨桥梁安全诊断评估与区域精准探伤技术	技术发明奖二等奖	2015 年
14	大跨度漂浮型铁路斜拉桥列车制动响应智能控制新技术	技术发明奖二等奖	2014 年
15	三索面三主桁公铁两用斜拉桥建造技术	科技进步奖一等奖	2013 年
16	长大跨桥梁结构状态评估关键技术与应用	科技进步奖二等奖	2013 年
17	大跨度建筑钢-混凝土组合结构新技术及其应用	技术发明奖一等奖	2012 年
18	短线匹配法节段预制拼装体外预应力桥梁关键技术	科技进步奖二等奖	2012 年
19	大跨径桥梁钢桥面铺装成套关键技术及工程应用	科技进步奖二等奖	2011 年
20	强潮海域跨海大桥建设关键技术	科技进步奖二等奖	2011 年
21	大跨度铁路桥梁钢成套技术开发及应用	科技进步奖二等奖	2011 年
22	复杂钢结构施工过程时变分析及控制关键技术研究与工程应用	科技进步奖二等奖	2011 年
23	混凝土桥梁服役性能与剩余寿命评估方法及应用	科技进步奖二等奖	2011 年
24	复杂地形地质条件下山区高速公路建设成套技术	科技进步奖二等奖	2011 年

续 表

序号	项 目 名 称	奖项名称及等级	年份
25	山区拱桥建设与维护新技术研发及应用	科技进步奖二等奖	2011年
26	特大桥梁颤振和抖振精细化理论	自然科学奖二等奖	2010年
27	千米级斜拉桥结构体系设计及施工控制关键技术	科技进步奖一等奖	2010年
28	耐久型超高强度平行钢丝拉索关键技术及产业化	科技进步奖二等奖	2010年
29	钢管高强混凝土膨胀控制与制备技术及其在大跨度结构的应用	科技进步奖二等奖	2010年
30	大跨、高墩桥梁抗震设计关键技术	科技进步奖一等奖	2009年
31	分阶段施工桥梁的无应力状态控制法与工程实践	科技进步奖二等奖	2009年
32	钢管混凝土拱桥建设成套技术	科技进步奖二等奖	2009年
33	公路在用桥梁检测评定与维修加固成套技术	科技进步奖二等奖	2009年

其中,悬索桥建设期获奖的项目数量要明显多于运营期获奖的项目,侧面反映出我国悬索桥存在重建设、轻管养的现象。与梁桥、拱桥紧密相关的奖项依托于某座具体桥梁的建设,其主体研究内容主要为设计理论、施工方法、施工设备等,有关检测、监测、养护、维修等运营期间的内容涉及不多。斜拉桥作为极具竞争力和发展前景的一种大跨桥型,其研究热度高、重要性强。在获奖项目中多数为斜拉桥设计及建设阶段的技术研究,与运营期的监测与管养相关的较少。但最近两年的获奖项目越来越多地关注于长大桥梁的安全与健康,关注的中心逐渐向运营期转移,可以看出这是近年科研的重点和趋势。

(2) 中国公路学会桥梁获奖数据统计。

通过在中国公路学会网站查询,在 2016—2022 年,与桥梁相关的中国公路学会科学技术奖获奖项目(特等奖、一等奖)共计 69 项,详见表 3-2,其中特等奖 13 项、一等奖 56 项。其中,桥梁运营期安全与健康领域的受关注程度逐年提高,而桥梁设计和施工中关键技术依然是目前需要突破重大难点。

表 3-2 2016—2022 年中国公路学会梁桥获奖项目

序号	项 目 名 称	奖 项	年份
1	深水超大台阶型沉井基础设计施工关键技术与装备及智能监控技术	特等奖	2022年
2	大跨桥梁多因素耦合作用疲劳损伤精细诊断与防治关键技术	特等奖	2022年
3	桥梁深水基础、阻尼与减隔震装置静动力试验系统研发及应用	特等奖	2021年
4	长寿命高性能钢桥结构体系、设计理论与建造关键技术	特等奖	2020年

续表

序号	项目名称	奖项	年份
5	桥梁船撞安全设计理论与防护、预警技术	特等奖	2020年
6	南京长江大桥性能提升关键技术研究	特等奖	2020年
7	虎门二桥建设关键技术研究	特等奖	2020年
8	钢壳-混凝土组合索塔关键技术	特等奖	2019年
9	特大型桥梁风—浪—流耦合作用研究	特等奖	2018年
10	高效耐久大跨径钢桥面浇注式沥青铺装性能保障成套技术	特等奖	2018年
11	复杂荷载与环境下钢桥抗疲劳设计和维护关键技术	特等奖	2017年
12	都格北盘江大跨度钢桁梁斜拉桥建设与养护管理关键技术研究	特等奖	2017年
13	特大型桥梁防灾减灾与安全控制技术	特等奖	2016年
14	大跨径索承桥钢桥面铺装韧性养护成套技术	一等奖	2022年
15	长大桥梁振动控制新理论与新技术	一等奖	2022年
16	非规则公路桥梁抗震减震方法与关键技术及工程应用	一等奖	2022年
17	复杂气象条件下大跨桥梁行车安全协同防控关键技术及应用	一等奖	2022年
18	刚性中塔双层悬索桥建设关键技术	一等奖	2022年
19	桥梁冲刷推演-检测-监测-防控理论方法与关键技术	一等奖	2022年
20	沿海大型桥梁典型危险源识别及致灾风险评估关键技术	一等奖	2022年
21	千米级宽幅重载全漂浮体系斜拉桥建造技术	一等奖	2022年
22	曲面独柱型钢塔与超宽分离式钢箱梁斜拉桥关键技术	一等奖	2022年
23	山区高速公路桥梁隧道检测新技术及装备	一等奖	2022年
24	沿海桥隧工程结构混凝土绿色化创新技术与应用	一等奖	2022年
25	新首钢大桥空间复杂钢结构建造关键技术	一等奖	2022年
26	基于纤维增强复合材料的桥梁结构性能提升关键技术研究与应用	一等奖	2022年
27	港珠澳大桥跨海集群工程运营安全与节能关键技术研究与应用	一等奖	2021年
28	复杂环境下桥梁施工风险智能化感知和管控关键技术及应用	一等奖	2021年
29	严酷服役条件下结构混凝土可预期寿命设计与性能恢复提升技术	一等奖	2021年
30	超大跨径斜拉桥施工全过程受力调控理论及其应用技术研究	一等奖	2021年
31	海量数据驱动的特大型桥梁性能诊断理论方法与关键技术	一等奖	2021年
32	粗骨料活性粉末混凝土钢-混组合梁及快速组拼建造技术	一等奖	2021年
33	基于大数据分析的大跨梁式桥监控监测成套技术及全寿命期挠度控制	一等奖	2021年
34	高烈度复杂风场山区超千米悬索桥建设关键技术	一等奖	2021年
35	滨海环境大跨桥梁缆索减振、防腐与监测预警关键技术	一等奖	2021年
36	桥梁拉、吊索风雨激振与多模态涡激振动理论及控制关键技术	一等奖	2021年

续表

序号	项目名称	奖项	年份
37	桥梁承重缆索防火防腐关键技术研究及应用	一等奖	2021年
38	悬挂纵移开启式钢桁拱桥关键技术研究	一等奖	2021年
39	全预制装配式公路桥梁智能建造关键技术研究与应用	一等奖	2021年
40	梁桥抗倾覆设计与性能提升关键技术	一等奖	2021年
41	公路复杂钢桥塔结构设计建造关键技术及应用	一等奖	2021年
42	舟山至上海跨海大通道战略规划研究	一等奖	2020年
43	大型跨海斜拉桥结构耐久性关键技术研究	一等奖	2020年
44	缆索支承桥梁钢箱梁安全运维成套关键技术及工程应用	一等奖	2020年
45	强/台风环境大跨桥梁抗风关键技术及应用	一等奖	2020年
46	大跨径新型中承式提篮系杆拱桥的关键技术研究	一等奖	2020年
47	大跨缆索承重桥灾变模拟监测控制一体化关键技术及工程应用	一等奖	2020年
48	桥梁结构自适应减隔震控制体系关键技术及其应用	一等奖	2020年
49	复杂风场环境大跨桥梁安全保障关键技术及工程应用	一等奖	2020年
50	超大吨位转体桥建造关键技术及应用	一等奖	2020年
51	塔梁墩固结体系斜拉桥整体顶升关键技术	一等奖	2020年
52	强震区近断层、跨断层桥梁减灾关键技术及工程应用	一等奖	2020年
53	沪通长江大桥大跨钢桁梁柔性拱桥及钢桁梁桥施工关键技术研究	一等奖	2019年
54	芜湖长江公路二桥建设关键技术研究及应用	一等奖	2019年
55	混凝土梁桥长期性能研究（LBBP）	一等奖	2018年
56	桥梁状态监测与维护决策新技术研发与应用	一等奖	2018年
57	大跨重载宽幅钢箱梁斜拉桥建设关键技术研究	一等奖	2018年
58	小半径混凝土弯斜拉桥关键技术研究	一等奖	2018年
59	环氧类钢桥面铺装维养与评价关键技术	一等奖	2018年
60	长大桥梁建设技术系统集成研究	一等奖	2018年
61	特大型桥梁工程BIM＋应用技术研究	一等奖	2017年
62	大跨缆索吊装技术在斜拉桥施工中的应用研究	一等奖	2017年
63	敲击扫描式桥梁损伤快速检测技术及装备	一等奖	2016年
64	钢桁腹PC组合桥梁设计与建造关键技术及应用	一等奖	2016年
65	桥梁结构群协同监测评估先进技术及应用	一等奖	2016年
66	基于无线传感网的大型桥梁结构监测系统建设和关键技术研究	一等奖	2016年

3.4 相关规范标准

经统计,目前桥梁方面的现行标准共计 425 部,其中国家标准 17 项、行业标准 94 项、地方标准 190 项、团体标准 124 项。从现行的各标准实施日期来看,近 3 年新实施的规范各级标准分别有 2 项、0 项、98 项、103 部,共计 203 项,占查询总数的 47.76%。国家、行业标准实施日期基本上较早,在桥梁领域发挥关键的引领作用;地方标准和团体标准数量居多,且近三年新实施规程较多。可见,桥梁行业趋于规范化、标准化。然而,标准的统一化、行业化、国家化仍有待进一步发展,以构建更加完善的国家—行业—地方—团体的标准体系,全面保障桥梁的安全。

3.5 最新工程建设与规划

中国桥梁产业取得的辉煌成就已获得社会的广泛认可。桥梁已成为中国基础设施建设中最重要的品牌之一,中国桥梁的国际认可度正在不断提升。中国桥梁工程的发展已取得了实质性的飞跃,建成了以苏通长江公路大桥、天兴洲长江大桥、卢浦大桥等为代表的许多结构新颖、设计施工难度大并采用复杂高科技材料和工艺的特大型桥梁。而且,中国积极参与国际竞争,参建了马来西亚槟城二桥、巴拿马运河三桥和奥克兰新海湾大桥等许多国际知名桥梁工程。这些工程荣获了国际咨询工程师联合会(FIDIC)"百年重大土木工程项目杰出奖"、美国土木工程师学会(ASCE)"杰出土木工程成就奖"和国际桥梁与结构工程协会(IABSE)"杰出结构工程奖"等 34 项著名国际大奖。这些奖项标志着中国桥梁产业的快速发展。同时中国桥梁产业也赢得了国际桥梁界的尊重和认可,中国桥梁工程已逐渐走向世界舞台中心。

近年来国内外环境的不断发展与变化,使中国桥梁产业又站在了一个新的起点上,中国"基建狂魔"的称号屹立不倒,中国桥梁正处于高速建设与运维养护并重的历史时期。最新工程建设与规划的大跨度桥梁请见表 3-3～表 3-5。

表 3-3 拱桥在建与规划

桥 名	国家/地区	主跨/m	计划开通
龙滩天湖大桥	中国广西壮族自治区天峨县	600	2023 年
西宁河大桥	中国四川省屏山县	510	2022 年
文家店乌江大桥	中国贵州省思南县	504	2023 年
川藏铁路金沙江大桥	中国四川省白玉县—西藏自治区贡觉县	500	2031 年

续　表

桥　　名	国家/地区	主跨/m	计划开通
沙坝大渡河大桥	中国四川省泸定县	466	2023 年
田湾大渡河大桥	中国四川省泸定县—石棉县	466	2023 年
草街嘉陵江大桥	中国重庆市合川区—北碚区	450	2024 年
赵庄马岭河大桥	中国贵州省兴义市	410	2023 年
株洲清水塘大桥	中国湖南省株洲市	408	2022 年
双堡大桥	中国重庆市武隆区	405	2026 年
川藏铁路东久曲大桥	中国西藏自治区林芝市	400	2031 年
常泰长江大桥天星洲航道桥	中国江苏省泰兴市	388	2024 年
常泰长江大桥录安洲航道桥	中国江苏省常州市	388	2024 年
甘沟大桥	中国四川省九寨沟县	375	2022 年
苏坝大桥	中国四川省马边彝族自治县	370.5	2023 年
大河坝大桥	中国四川省金阳县	360	2022 年
沙尾左江大桥	中国广西壮族自治区扶绥县	360	2023 年
白水河大桥	中国贵州省纳雍县	340	2024 年
叠溪岷江大桥	中国四川省九寨沟县	340	2024 年
水落河大桥	中国四川省古蔺县	335	2024 年
白水江大桥	中国云南省彝良县	330	2022 年
川藏铁路易贡藏布大桥	中国西藏自治区波密县	330	2031 年
金钗红水河大桥	中国广西马山县	310	2022 年
溇水河大桥	中国湖北鹤峰县	310	2023 年
东溪河大桥	中国重庆巫溪县	310	2023 年
溜筒河大桥	中国四川雷波县	300	2022 年

表 3-4　部分斜拉桥在建与规划

桥　　名	国家/地区	主跨/m	计划开通
黄茅海大桥	中国广东省珠海市—台山市	720×2	2024 年
马鞍山长江公铁大桥左汊桥	中国安徽省和县—当涂县	1 120×2	2025 年
常泰长江大桥主桥	中国江苏省泰兴市—常州市	1 176	2024 年
琼州海峡公铁大桥	中国广东省徐闻县—海南省海口市	1 056	规划
虎门公铁两用大桥	中国广东省东莞市—广州市	980	2024 年
簰洲湾长江大桥	中国湖北省武汉市—嘉鱼县	950	2025 年
南盘江普者黑大桥	中国云南省丘北县	930	2023 年
巴丹—甲米地跨海大桥南航道桥	菲律宾甲米地省	900	2026 年

续 表

桥　　名	国家/地区	主跨/m	计划开通
香山大桥	中国广东省中山市	880	2024 年
戈迪·豪国际大桥	美国—加拿大底特律—温莎	853	2024 年
池州长江公铁大桥	中国安徽省池州市—枞阳县	812	
青龙门一号大桥	中国浙江省舟山市	756	2023 年
高栏港大桥	中国广东省珠海市	700	2024 年
特隆赫姆大桥	挪威特隆赫姆—里萨	700	2022 年
土湾嘉陵江大桥	中国重庆市江北区—沙坪坝区	690	2026 年
新市金沙江大桥	中国四川省屏山县—云南省绥江县	680	2024 年
黑惠江大桥	中国云南省昌宁县	670	2025 年
桃夭门公铁大桥	中国浙江省舟山市	666	2025 年
白居寺长江大桥	中国重庆市大渡口区—巴南区	660	2022 年
杨梅洲大桥	中国湖南省湘潭市	658	2023 年
大溪河大桥	中国重庆市奉节县—巫山县	650	2025 年
顺德大桥	中国广东省佛山市	626	2024 年
白沙洲长江公铁大桥	中国湖北省武汉市	618	
盘江大桥	中国贵州省盘州市	606	
富龙西江大桥	中国广东省佛山市	580	2023 年
红莲大桥	中国广东省广州市	580	2022 年
姆斯卡巴大桥	南非东开普省	580	2022 年
深中通道中山大桥	中国广东省中山市	580	2024 年
赤水河大桥	中国四川省古蔺县—贵州省金沙县	575	2024 年
巴拿马运河四桥	巴拿马巴拿马城	540	2023 年
塔霍河三桥	葡萄牙里斯本—巴雷鲁	540	
石沱长江大桥	中国重庆市涪陵区	532	
榕山长江大桥	中国四川省合江县	530	2024 年
川崎港东扇岛至水江町大桥	日本神奈川县川崎市	525	2023 年
临港长江大桥	中国四川省宜宾市	522	2023 年
安罗高速黄河大桥	中国河南省原阳县—中牟县	520	2025 年
合江白沙长江大桥	中国四川省合江县	520	2023 年
河东长江大桥	中国四川省泸州市	520	2023 年
洪奇门大桥	中国广东省广州市	520	2024 年
新科珀斯克里斯蒂港大桥	美国科珀斯克里斯蒂	506.4	2023 年
马路口资水大桥	中国湖南省安化县	500	2023 年

表 3-5 悬索桥在建与规划

名　　称	国家/地区	主跨/m	计划开通
直布罗陀海峡大桥	西班牙塔里法—摩洛哥塞吉尔堡	5 000	规划
叙拉峡湾大桥	挪威叙拉—哈雷德	4 000	规划
津轻海峡大桥主桥	日本函馆市—下北郡	4 000	规划
松恩大桥	挪威松恩峡湾	3 700	规划
墨西拿海峡大桥	意大利西西里岛—卡拉布里亚	3 330	规划
巽他海峡大桥	印度尼西亚爪哇岛—苏门答腊岛	3 000	规划
丰予海峡大桥主桥	日本大分市—西宇和郡	3 000	规划
号角之桥	也门塔伊兹省—吉布提奥博克州	2 700	规划
马六甲海峡大桥	马来西亚马六甲市—印度尼西亚鲁帕岛	2 600	规划
爱尔兰海大桥	英国邓弗里斯-加洛韦—拉恩	2 500	规划
张皋过江通道主桥	中国江苏省张家港市—靖江市	2 300	规划
斯图尔峡湾大桥	挪威奥勒松—叙许尔文	2 300	规划
东京湾口大桥	日本横须贺市—富津市	2 250	规划
贝坦索斯河口大桥	西班牙萨达—阿雷斯	2 198	规划
狮子洋大桥	中国广东省广州市—东莞市	2 180	规划
纪淡海峡大桥	日本淡路岛—友岛	2 100	规划
伊势湾口大桥东桥	日本神岛—田原市	2 100	规划
拉科鲁尼亚河口大桥	西班牙拉科鲁尼亚—塞兰特斯	2 016	规划
爱德华·格里格大桥	挪威哈尔萨峡湾	2 000	规划
莲花山过江通道	中国广东省广州市—东莞市	1 800	规划
仙新路长江大桥	中国江苏省南京市	1 760	2023 年
双屿门大桥	中国浙江省舟山市	1 708	规划
深中通道伶仃洋大桥	中国广东省深圳市—广州市	1 666	2024 年
燕矶长江大桥	中国湖北省黄冈市—鄂州市	1 650	2024 年
尤尔桑德大桥	挪威莫尔德	1 625	规划
龙潭长江大桥	中国江苏省南京市	1 560	2024 年
大东金沙江大桥	中国云南省丽江市	1 520	2026 年
西堠门公铁大桥	中国浙江省舟山市	1 488	规划
花江峡谷大桥(六安高速)	中国贵州省关岭县—贞丰县	1 420	规划
永昌澜沧江大桥	中国云南省永平县—昌宁县	1 416	规划
琼州海峡公铁大桥	中国广东省徐闻县—海南省海口市	1 408	规划
伊势湾口大桥西桥	日本大筑海岛—神岛	1 400	规划
双柳长江大桥	中国湖北省武汉市—鄂州市	1 360	规划
卧罗河大桥(都香高速)	中国四川省盐源县	1 330	规划
大河大桥	中国贵州省六盘水市	1 250	2022 年
张皋过江通道中汊桥	中国江苏省靖江市—如皋市	1 208	规划

第4章

在役长大桥梁安全与健康技术发展分析

在智能化、信息化的全球科技创新潮流下,中国桥梁工程产业化、现代化发展局面已然形成,设计建造水平等已达到国际领先水平行列。随着桥龄增长、存量增加,如何应对存量需求、管理需求变化带来的挑战,是在役桥梁安全与健康领域的核心内容。伴随着桥梁长大化发展趋势,围绕桥梁服役全寿命周期中安全长寿与健康运维等关键技术难题,重点企业、知名高校、科研院所以及桥梁和相关领域的国家和行业重点实验室与技术中心等通过协作合作,持续探索保障桥梁安全耐久的新技术、新材料、新工艺和新方法,取得了一批创新性成果,形成了在役长大桥梁的安全与健康技术内多学科、多领域交叉融合的创新发展态势。本章梳理了在役长大桥梁安全与健康领域内"检测与监测""机理、仿真与性能评估""维修加固与养护管理"三大方面的技术发展状况,以期能帮助桥梁从业者更好地了解当前桥梁安全与健康技术的发展脉络。

4.1 检测与监测

桥梁的检测通常可分为表观病害检测、结构变位检测、内部缺损检测、材料性能检测、周边环境检测等。其中,内部缺损检测及材料性能检测,针对不同结构类型桥梁的共性和特性,有不同的检测内容。对于桥梁混凝土结构而言,地上部分的结构损伤可以通过表观病害检测或结构变位检测判断;而地下基础由于被周围土体掩盖,检测难度较大,一直是桥梁检测中需要重点关注的对象,需要定期对地下基础的完整性及强度进行检测。在所有的检测内容中,基于梁桥、拱桥、缆索体系桥等受力体系的特点,为确保桥梁安全性,对承力结构的内部缺损、材料性能进行的检测,如梁桥的梁体有效预应力检测、拱桥的钢管混凝土拱肋脱空检测、缆索体系桥的索体腐蚀断丝检测、索力测试等,是检测技术中最为关心的项目。此外,桥梁周边环境检测中环境因素的检测大多数是作为辅助手段,其对结构的影响是潜移默化的,能够在桥梁构件的检测和监测中反映出来。然而,水下基础冲刷引起的基础失稳是迅速的、极其危险的,因此需要对基础冲刷实行定期检测，根据冲刷趋势预测，在未来一定时间内，水下基础冲刷是否会影响结构安全。因此，本节将对上述重点病害常用的检测方法做出简要介绍，并阐述各领域现阶段较热门的研究方向，供读者了解在役桥梁检测的相关方法。

4.1.1 检测

4.1.1.1 桥梁表观病害与结构变位检测

桥梁检测技术历来是国内外学者关注的热点。在桥梁检测的实际应用中，从最初的人工目视检测，到各种结构的无损检测，一直到现在的智能化检测，都是在应用与实践中，逐步地发现问题、探究对策，最后提出新方法、新思路以期能够解决问题。

1) 借助无损检测技术，水下结构表观病害检测向三维立体化、全覆盖化发展

水下结构检测目前主要是通过目视判断墩台表面是否存在明显缺陷。现用于水下结构损伤检测的方法较多，尤以人工潜水检测法应用最为广泛。随着科技的发展，近年来提出了立体视觉检测法、水下声呐成像检测法等新兴病害检测技术。各项水下结构病害检测方法的优缺点及其适用范围见表4-1。

表4-1 水下结构病害检测方法

检测方法	优缺点	适用范围
人工潜水检测法	优点：对水质要求较低，检测全面，可对一些缺陷进行及时修补； 缺点：检测速度较慢，检测费用较高，较危险	适用于一般的桥梁河床以上的水下结构的病害检测，不适用于检测在过深水域中的桥梁水下结构
水下摄像检测法	优点：检测速度快、成本低，检测人员较安全； 缺点：只有在水质较清、基础表面无水生物覆盖且基础在水中部分深度不超过5m的环境下检测效果较好	适用于检测山区桥梁及平原地区中小跨径的桥梁河床以上的水下结构病害检测，不适用于平原地区大跨径的桥梁水下结构检测
水下声呐成像检测法	优点：效率较高，测量精度高，分辨率高，检测更为全面、系统； 缺点：系统的有效探测距离有限	适用于桥墩的病害检测

（1）立体视觉检测法，相较于原水下摄像检测法，减少了工作量，但其深度评定准确度有待提高。

立体视觉是计算机视觉领域的重要课题，目的在于重构场景的三维几何信息。鉴于目前在基础表观检测领域广泛应用的人工潜水检测法只能大概估计缺陷的尺寸范围，精确度不高，而水下摄像检测法需要在测量前进行标定，测量工作量较大的

现状，近年来有研究者提出了立体视觉检测法评定拱桥水下结构的表观缺陷。立体视觉检测系统可以据同一测点在不同场景中的视差来恢复测点的三维坐标，利用 SIFT 算法通过对图像特征的提取匹配完成表观缺陷评定，能够较快地输出检测结果，实现快读识别的目标。但是该方法在表观缺陷的长度与宽度评定的准确率要略高于深度评定，因此还需要在后续研究中改进，以提高水下结构表观缺陷评定精确度。

（2）三维成像声呐系统，可提供水下结构更为清晰的表观细节，具有较好的应用前景。

水下声呐成像按照功能和扫描方式，可分为多波束测深系统、侧扫声呐及三维成像声呐。多波束是近代发展起来的一种探测新技术，具有高效率、高精度、高分辨率、全覆盖的明显特点。三维成像声呐系统工作时，首先通过声呐头发射脉冲信号，形成一个扇形扫描区域。系统接收到目标物反射的信号后，结合波束形成、波束指向、振幅及相位检测等技术，得到扇形区域若干个点与换能器的位置信息，生成 2D 图像，再通过计算机控制云台在水平方向上 360°旋转，实现检测目标物不同部位的位置信息，最终形成如图 4-1 所示的 3D 结构图像。该方法借助三维显示技术，可提供水下目标外形轮廓的更多细节描述，是目前水下细部结构检测比较先进的手段，在水下结构损伤检测中具有较好的应用前景。

图 4-1 三维声学图像

2）依托于无人机、桥检机器人等设备，新型桥梁表观图像的获取技术向无人化、智能化发展

道路与隧道结构表面视野开阔，标高较为一致、少有自然障碍，视频系统易到达且容易进行连续拍摄。但是桥梁梁体位于路线下方，较为隐蔽，而且有桥墩等自然障碍阻断。另外，桥梁结构不仅有桥墩与梁体等低空构件，而且有桥塔、主拱等高耸构件；不仅有梁体、锚碇等面状或块状构件，还有拉索或支座等线状或点状构件，想要获取完整的桥梁表观图像，难度很大。因此，研究人员针对不同需求甚至桥梁上不同类型构件，开发了多种桥梁表观图像的获取技术。这里主要介绍近年来发展迅速的无人机和桥检机器人技术。

（1）桥检无人机发展快，现阶段面临较多技术瓶颈，但优势仍旧突出。

完整的无人机桥梁检测系统由无人机、数据传输系统、任务荷载系统、地面站系统、分析处理系统等组成。相比于传统桥梁检测手段，无人机构造比较简单，运输和维护比较容易，机动性能好，可替代检测人员进行高空作业，能到达传统设备难以到达的盲区，且检测成本普遍低于检测车大概 20%。同时，其检测过程无须封闭交通，不影响现有行车秩序。

目前，装备摄像头的无人机（UAV）在桥梁、建筑和其他民用基础设施系统的视觉监控建设和运行方面的应用呈指数级增长。为充分发挥无人机的检测能力，研究人员不断拓展无人机的感知能力，通过为无人机增加不同功能的装置或传感设备，如相机、红外热成像和激光雷达等，以满足不同检测需求。Xu 等为桥梁检测和管理开发了一个新颖的系统框架，即通过搭载相机的无人机系统采集图像，基于计算机视觉算法收集和处理检测数据，采用桥梁信息模型（BIM）来存储和管理所有相关信息。Morgenthal 等采用配备相机的无人机采集桥梁结构高清图像数据，其飞行路径通过 3D 模型自动计算，并基于机器学习实现典型损坏模式的识别，实现了对大型基础设施的智能安全评估。钟新谷等采用无人机和三点激光测距仪对桥梁结构进行图像采集，构建基于支持向量机（SVM）的裂缝形态智能提取训练模型，实现桥梁裂缝宽度的智能识别。梁亚斌等根据桥梁结构特点和桥索分布形式设计了利用无人机搭载高清云台相机的方案，批量密集地采集桥索的表观图像，通过图像处理提取有效信息，并依照相关规范对桥索的健康状况作出全面综合评价。Lin 等设计了一种结合实时综合图像处理法的桥梁裂缝自动检测系统，将该系统装配在无人机上，可实现实时数据采集和处理。与其他检测方法相比，该系统能够以较高的精度和速度有效地检测桥梁裂纹。此外，也有国外学者以无人机为主力设备，辅助以桥梁监测系统、轨道检测车、爬行机器人、蛇形机器人、爬壁机器人，构建了完整的桥梁检测系统，利用各类设备之间的功能互补，实现了桥梁结构的半自动检测（见图 4-2）。

在技术流程方面，美国明尼苏达州交通运输厅于 2017 年发布了无人机桥梁检测技术规程，将无人机桥梁检测划分为 5 个步骤：桥梁信息分析、场地风险评估、无人机准备、无人机检测实施、损伤识别。同时，该运输厅还提出了基于无人机影像数据的损伤量化技术规程，用以快速有效地评估桥梁病害程度。韩国交通运输部将无人机桥梁检测作业分为 3 个阶段（见图 4-3）。两国对于无人机桥梁检测实施流程的阶段划分不同，但所包含的内容基本一致。

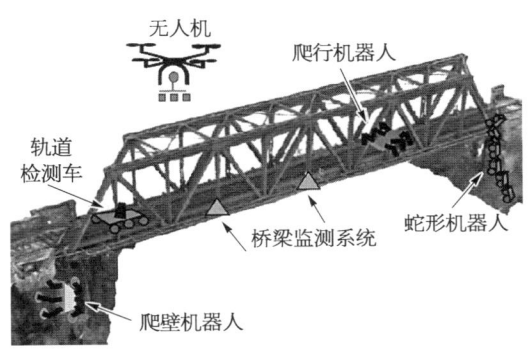

图 4-2　国外多元检测手段联合检测技术

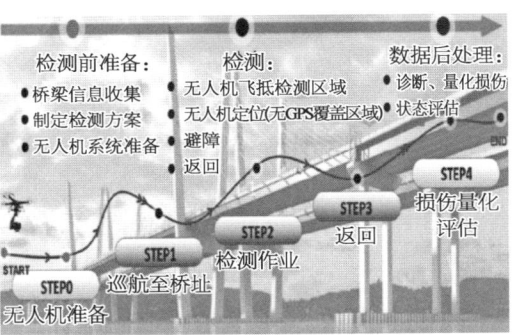

图 4-3　韩国无人机桥梁检测作业流程

目前无人机桥梁检测技术发展仍面临较多的瓶颈问题,例如:

① 桥下定位能力:对于桥梁检测无人机,由于桥梁结构的遮挡,特别是当无人机在桥下检测时,易导致无人机 GPS 设备在检测中通信失联,无法收到信号,导航系统瘫痪。再者,桥梁多采用钢筋混凝土结构或钢结构,结构内钢筋网架产生的强磁场严重影响无人机磁罗盘性能,也会导致导航系统的准确性及鲁棒性降低,因此传统无人机技术很难适用于桥梁检测作业。

这类问题的当前主流解决方案是采用视觉导航技术,以摄像机进行图像采集,以计算机为控制站进行图像处理,从而得到导航信息。其优点是不需要外界信息,独立性强,但由于涉及光学、图像、模式识别等多学科的交叉领域,技术路径复杂,实现难度较大。

② 复杂环境下巡航能力:在复杂环境下,特别是大风条件下,桥梁附近的风场易对无人机桥梁检测作业产生较大干扰,不但降低了无人机的检测效率,也增加了无人机碰壁风险。

理论上,解决这类问题最直接的方法是提升无人机续航能力和气动功率。续航能力的提升有助于无人机在环境干扰下有充足的时间调整姿态,再进行后续的检测作业,而较高气动功率则可部分抵消复杂环境的干扰,但这两类方法均需无人机挂载大容量的电池组。目前,受锂电池能效较低的限制,为提升无人机功率或续航能力而增加挂载的电池组重量,对机架和电子设备来说压力不小,因此无人机的续航能力在短时间内无法实现显著提升。基于此,部分学者将解决此类问题的重点聚焦于如何提升无人机检测作业效率,如在强风条件下,通过合理的路径规划来降低风场影响,但由于其复杂性,多尚处于实验室研究阶段,特别是在复杂环境下,其在桥梁检测中实际应用效果尚有待进一步检验。

③ 避障能力:由于无人机摄像系统采集的影像数据只能被处理为二维信息,在复杂桥梁结构形式,特别是钢桁架桥等空间结构下,通过这类信息高精度推断出障碍物的相对位置误差较大,对桥梁检测无人机的避障能力提出了更高的要求。因此,只能靠增加无人机的感知维度来解决此类问题。

目前无人机主流的避障手段多采用机载超声波测距技术,大量研究采用全方位超声波传感器测量无人机机架结构与周围物体间的距离,设备如图 4-4 所示,进而判断空间的可通过性并进行姿态调整。已有报道显示,这类技术在无人机正常巡航下的最小误差可达 4 cm。但由于这类技术的测量准确性依赖于被测物体方位,无人机仍存在较大的碰撞风

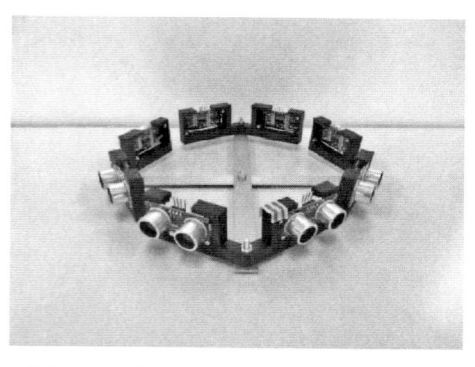

图 4-4　全方位超声波传感器测距设备

险。同时,这类技术对机架平面内的距离判断较准,而对平面外距离的估计相对较差。

④ 病害诊断的鲁棒性:通过对采集图像的分析来量化结构损伤程度是无人机桥梁检测的主要任务之一。桥址处的复杂环境对无人机稳定性与拍摄光线产生较大干扰,严重影响了图像成像质量,无人机采集图像的清晰度和图像信息的有效性常常难以保障。清晰度不足会导致结构病害诊断的误差较大,而受无效信息干扰的图像则可能造成病害识别的误判。

部分学者研究了风场对拍摄清晰度的影响,基于机器视觉算法对比了高清晰度和模糊条件下结构裂缝量化诊断的准确性,在低清晰度下,识别结果的准确率难以保证。目前,针对低清晰度下裂缝识别问题,最有效的方法是通过识别无人机飞行性能指标、风场参数这两大类因素的发现概率,对采集信息进行重组,进而获得理想的图像质量。但该算法目前也仅处于测试阶段,未见实际工程应用报道。图像有效性是影响桥梁损伤识别准确性的首要因素。但在现场检测过程中,由于环境因素复杂,受摄影角度变化、光线过暗及结构表面附着物干扰等的影响,自适应算法对桥梁结构损伤误判的概率较高。桥梁结构体系自身的复杂性对于摄像角度的限制,也会对损伤识别的正确率产生较大影响。针对这类问题,有学者正在尝试整合影像、激光热成像和红外成像技术,构建混合图像扫描系统来提供多维成像信息,进而降低损伤识别误判的概率。但这类技术需依靠增加无人机挂载硬件设备的方式来增强检测诊断的鲁棒性,因此增加了无人机的载重负担,会导致无人机续航能力下降,降低无人机桥梁检测系统对长大桥梁的适用性。

(2) 智能桥检机器人研发种类多样,有效弥补无人机的不足。

除了无人机外,对各种检测机器人的研究也是近年来的研究热点。桥梁检测机器人是一种能够半自主或全自主完成桥梁检测的智能机器,包括用于缆索检测的缆索检测机器人(见图 4-5)、用于桥梁裂缝检测的攀爬机器人(见图 4-6)、用于桥梁水下墩台等检测的水下机器人等(见图 4-7)。本质上,无人机桥检装备也可以认为是桥梁检测机器人的一类。桥梁检测机器人的研发同样有力地推动了智能桥梁的发展,使得检测手段更全面,检测范围更广,弥补了传统人工检测和无人机检测的不足,实现了对桥梁结构近距离甚至结构内部健康状况的检测评估,在工作空间狭窄的环境中更方便。

图 4-5 缆索机器人

图 4-6　攀爬机器人　　　　　　　图 4-7　水下机器人

目前,勾红叶等研发了携带超声波探头的正交异性钢桥面板(OSD)疲劳裂纹智能检测机器人,基于超声波相控阵成像技术和神经网络技术,可实现裂纹缺陷的定位和智能识别。该机器人能在狭窄的箱梁内部对结构进行不间断全覆盖检测,检测范围广,操作灵活,检测结果可靠。Phillips 等研发了地面机器人来配合移动检测机器人的使用。该地面机器人解决了传统的数据搜集平台需要人工操作的弊端,实现了数据采集与传输的全自动化。与无人机技术相比,地面机器人近距离无线传输信号更稳定,信息更及时、更精确。Xu 等分别通过静动力分析和拉格朗日力学分析研究了攀爬机器人主动轮和从动轮的动态障碍物攀爬过程,设计了一种双侧爬电缆机器人,提高了传统攀爬机器人的障碍物超越能力,对复杂结构的检测能够减少人工参与,提高检测效率。Hirai 等开发了一种水下检测机器人,具备视频捕捉、激光间接测距、稳定保持深度和航向等功能,已在实际桥梁、大坝巡检中验证了其有效性,为中国众多深水大跨桥梁的水下结构检测提供了保障。此外,美国开发了 RABITTM 桥面检测机器人,其集成了 GPS(全球定位系统)、GPR(地质雷达)、激光扫描(避障)、电阻率测量(混凝土侵蚀)、USW/IE(超声波表面波/冲击回波)、高清相机、全景相机等多种无损检测技术于一体,提高了结构检测效率。

就目前来看,桥梁检测机器人在功能上仍比较单一,研发出的机器人尚只能针对特定的桥梁部位或病害。此外,受制于本体负载,其搭载的检测单元体积重量都较小,一般在 1 kg 以内,因此设备的升级和扩展性能均不足。并且由于相关本体结构和控制技术的不成熟,桥梁检测机器人的稳定性和可靠性都得不到充分保证。

虽然上述的无人机及桥检机器人技术均已成功应用于工程实际,并取得了一定的成果,但由于实际工程问题的复杂性,为了获取更精确的结果,目前较为常用的方法是结合两种或多种获取技术以得到完整的高质量桥梁表观图像。而如何使用单一技术获取远距离、高质量、无盲区的桥梁表观图像技术仍需进一步研究。此外,现阶段无人机/桥检机器人的桥梁检测应用尚未形成从图像采集到基于图像的桥梁病害分析的自动化检测系统,效率有待提高,识别效果亦有提升的空间。

3)基于计算机图像识别技术,图像病害的识别向精细化、准确化发展

基于机器视觉的图像病害识别方法主要是运用计算机处理后自动识别出裂缝等病害及结构变位图像,并从背景中分离出来,然后进行参数计算的方法。它具有便捷、直观、精确、非接触、再现性好、适应性强、灵活性高、成本低廉的优点,能解放劳动力,排除人为干扰,是目前最受人们关注的桥梁检测法,具有很好的应用前景。

无人机、桥检机器人等所采集的数字图像数据高度相似,若通过人工逐一查看,往往会产生眩晕感甚至发生遗漏,且存在效率不高等问题。因此,借助计算机图像识别技术,对采集图像中的病害(目前主要是裂纹)进行自动高精度识别的必要性愈加强烈。

(1)经典图像处理技术研究较为成熟,而新兴的深度学习技术有更好的表现。

理论上讲,利用图像识别技术对桥梁裂缝进行识别在技术上已较为成熟,但是在实际环境中,桥梁下部光照、目标部位污染、渗水、表层脱落等因素的影响,使得图像识别的背景图像变得非常复杂,常常需要多种算法综合应用予以识别。目前,针对桥梁裂缝等病害的图像识别技术手段主要有经典图像处理技术与深度学习图像处理技术两个进展方向。

经典图像处理技术主要有基于灰度阈值分割、边缘检测和结合特定工具等方法。在基于灰度阈值分割的处理技术方面,卫军等利用阈值化分割技术提取混凝土裂缝几何特征。东南大学尹兰对梯度阈值法进行改进,并结合 SFC(sharp filter contrast)的图像预处理方法增强裂缝图像,使裂缝与背景更易于分离,可以较精确地实现亚像素级的裂缝识别。在基于边缘检测的处理技术方面,日本 Takafumi Nishikawa 等通过通用编程方法反复使用图像滤波算子对裂缝区域进行消噪处理,用于预测裂缝宽度。Cho 等考虑图像拍摄距离的影响,对常用的五种边缘检测算法(Sobel 算法、Prewitt 算法、Robert 算法、Canny 算法和 LoG 算法)进行了裂缝检测对比实验,分析了各种算法对裂缝检测的适用性。许薛军在研究图像预处理算法与边缘检测算法的基础上开发了基于视频(或图像)桥梁裂缝检测系统。在结合特定工具的处理技术方面,陈晋音等提出基于聚类分析和概率松弛的桥梁病害检测方法,利用 k-means 聚类分析收敛较快的特点,对裂缝图像进行快速粗分类,然后通过概率松弛算法将粗分类图像细化分离出裂缝。董安国将 k-means 聚类算法与谱聚类算法结合,实现了混凝土表面裂缝的多级聚类检测。这些结合聚类分析改进的算法与单一边缘检测算法相比,能有效抑制图像噪点,更加精细地识别裂缝。

随着计算机硬件技术和深度学习理论的发展,卷积神经网络的结构不断优化,运行效率大幅提高,基于深度学习的图像处理技术应用被相应提出。加拿大 Cha 等利用 4 万张裂缝照片训练深度学习网络,从而表现出相较于传统的 Canny 和 Sobel 边缘检测算法,卷积神经网络在裂缝识别方面拥有更高的准确率,对复杂环境有更好的适应性。

同济大学黄宏伟等将一种新颖的深度学习图像识别技术应用于隧道渗漏病害的定位识别，相比于传统图像检测方法，该检测方法能有效避免拼缝、管线等干扰物对识别精度的影响，具有更高的检测精度和速度。王艳等针对混凝土桥梁裂缝对比度低、图像噪声干扰强等难题，将 PCNN 和遗传算法相结合，提出了 GA-PCNN 的裂缝识别方法。GA-PCNN 方法具有更好裂缝的图像分割与去噪能力，能更准确地提取桥梁裂缝特征。李楠等采用 caffe 深度学习框架，基于改进的 LeNet-5 神经网络对路面裂缝进行了目标检测及分类识别。

综上，现阶段结构表观病害识别技术已取得了较大进步，但仍存在以下问题：① 经典图像处理技术的识别效果和发展速度已经不能满足复杂的工程应用需求，急需可拓展、可进化的图像处理技术应对工程问题；② 基于深度学习的病害识别方法能够取得较高的精度，但是结构的病害数据集较为单一，很难在实际工程中取得较好的识别效果；③ 历史检测图像数据集质量参差不齐，缺乏筛选和整理，深度学习训练效果一般；④ 专为实际工程优化的病害定量识别算法仍然较少。

（2）针对机器视觉的桥梁结构变位识别技术研究较少，但已引起学者关注。

随着计算机技术和视频设备的发展，基于机器视觉的位移识别方法展现出巨大的发展潜力。Wang 等提出了一种相移图像匹配算法用来处理干涉图像以进行结构位移测量。Fukuta 等提出了一种通过追踪结构上已存在的特征信息的鲁棒性目标搜索算法，来保证位移测量的准确性。Busca 等通过对一个桥梁上的多个测点的振动试验，对比了三种不同的图像处理技术（模板识别、边缘检测和数字图像相关）在动态位移测量中各自的特点，并给出了三种技术的应用建议。Lee 等提出了一种路径图优化位移估计方法，用于减小视觉配对伺服结构光系统进行位移监测时的估计误差。Chan 等将像素识别和后续边缘检测的图像处理技术融合到基于 CCD 相机的监测方法中，实现了对桥梁竖向挠度的监测，并提出这套方法可以与光纤光栅传感（FBG）位移测量方法互为补充。郝晓辉等提出了一种基于机器视觉的桥梁挠度测量方法，运用粒子群算法对图像进行搜索，双三次插值法对像素位移进行搜索，提高了位移识别的速度和识别的精度。

而此前，学者针对桥梁结构变位检测技术的研究大多基于实验室的小环境中，在真实桥梁基础设施测量应用中，桥梁结构尺寸大且形式复杂，检测图像的质量很容易受到拍摄距离、光照和分辨率等因素的影响，进一步影响检测数据的准确性。因此，提高检测设备性能、改进检测技术手段、开发新的图像识别算法仍是未来的发展趋势。

综上，针对水下结构表观病害的检测提出的立体视觉、三维成像声呐系统等方法可以有效替代人工潜水，向检测人员展现立体三维的水下结构状况，便于评估。无人机、机器人等桥梁智能检测技术不断提高了检测工作的数据搜集能力，以及计算机视觉、大数据深度学习等人工智能技术，实现了对信息处理分析能力的极大提升。它们的大量研究和工程应用，逐渐丰富了桥梁维护过程中检测、分析和评价的手段，提高了结果的准确性和可靠性,促进了桥梁智能化的进一步提升,但目前还存在一些不足:① 单个智能检测设备的功能较少,难以满足多种需求的检测任务,对于一座桥梁的检测还需多种检测设备和分析技术的配合使用,虽然提高了检测结果的精度,但浪费了时间,降低了效率;② 尚未充分挖掘已获数据的潜在科学价值,难以为基于数据的科学决策提供有效支撑。桥梁检测数据种类多、数量大、复杂程度高,目前的分析技术尚不能完全适应桥梁检测的需求,只能对较规整数据进行处理分析,方法也还难以推广,这对数据本身及数据所包含的信息价值是一种浪费;③ 智能识别评估理论体系尚未完全适用于新智能检测技术。当前的评估理论体系比较单一,不具有统一性,尚不能基于大数据信息从多维度进行客观的综合评价。

4.1.1.2　地下基础的完整性及强度检测

桥梁基础在受力机制中处于重要的一环,其质量将严重影响全桥的安全性及耐久性。由于地下环境湿度大、地基受有害介质侵入、基础材质不合格、使用管理不善、相邻基础的影响、设计考虑不周等原因,地下基础常会发生侵蚀、倾斜、开裂等损伤。为了确保在役桥梁的安全性与稳定性,需要定期对基础的完整性及强度进行检测。

(1) 目前桥梁地下基础的完整性及强度检测方法主要有钻孔取芯法、超声脉冲法和低应变反射波法,以后两种为代表的无损检测方法发展迅速。

在进行在役桥梁地下基础的完整性及强度检测时,主要可以分为有损检测和无损检测。其中,钻孔取芯法为一种典型的有损检测方法,该方法由于结果直观准确而应用较多。但该方法对地下基础会造成一定破坏,因而无损检测方法得到迅速发展,且在工程中的应用不断增多。表4-2列举了目前应用较多的桩基完整性及强度检测方法的优缺点及适用范围。

表 4-2　桩基完整性及强度检测方法

检测方法	优缺点	适用范围
钻孔取芯法	优点:直观、准确、代表性强; 缺点:对结构构件有局部破损,费时、费力、费用高	适用于浅水区桥梁的地下基础强度检测
超声脉冲法	优点:穿透能力强、检测设备简单、操作使用方便; 缺点:检测结果易受混凝土中的钢筋和水分的影响	适用于对直径0.6~1.0 m桩的桩身进行完整性检测
低应变反射波法	优点:检测速度快,判断较准确; 缺点:波形判读较复杂,需检测人员经验丰富,桩身上部严重缺陷将掩盖下部缺陷,许多缺陷难以定量分析	适用于检测桩身混凝土的完整性,推定缺陷类型及其在桩身中的位置

(2) 探地雷达作为新型无损检测方法对桥梁地下基础的检测切实可行,且应用逐步增多。

探地雷达(GPR)是一种新型有效的目标探测方法。它是通过发射天线发射高频宽带电磁波,电磁波在传播过程中遇到存在电性差异的目标体时,便会发生反射,利用接收天线接收来自目标物的回波,最后根据所接收波的返回时间、幅度、相位信息及频谱特性、反射波同相轴形态特征,可推断介质的结构和性质等。

国外电磁波勘探技术起步较早,经过长时间的发展,现已十分成熟,在混凝土介质中的管道、钢筋探测和道路安全检测方面都已有许多成功的案例。国内虽然起步较晚,但发展十分迅速,在桥梁质量检测和缺陷诊断方面都有不错的进展,广泛应用于钢筋混凝土桥梁钢筋分布情况调查、梁板内部充水裂缝检测、预应力管道灌浆密实性判断、钢筋保护层厚度评估等桥梁检测。近年来,将探地雷达应用于地下基础检测领域,通过分析雷达记录资料中反射信号形成同相轴的时间、形态、强弱、方向反正等差异,来判定桥梁地下基础的状态及其病害出现的精确方位。

正常地下基础的检测原理如图4-8(a)中O表示发射天线,紧贴桥墩放置,G1～G4表示接收天线,得到的正演结果如图4-8(b)所示。图4-9(a)是出现裂缝的地下基础模型,测线布置方式与图4-8中相同,其中O表示发射天线,G1～G4表示接收天线。图4-9(b)所示为有病害的地下基础的正演结果。通过对比可以发现,同相轴1～7大致相同,而图4-9(b)多生成了一个同相轴8。由异常出现的水平位置和传播时间可以判断出同相轴8是电磁波在裂缝处产生的反射波,如图4-9(a)中折线8所示。同时也注意到由于裂缝的宽度较小,低频信号可能对这种略显细微的结构不敏感,导致同相轴8所携带的信息多为高频信息。因此,同相轴8的宽度较窄,而且强度也相对较弱。在图4-9(b)中足以据此判断出桥梁地下基础出现裂缝的信息。

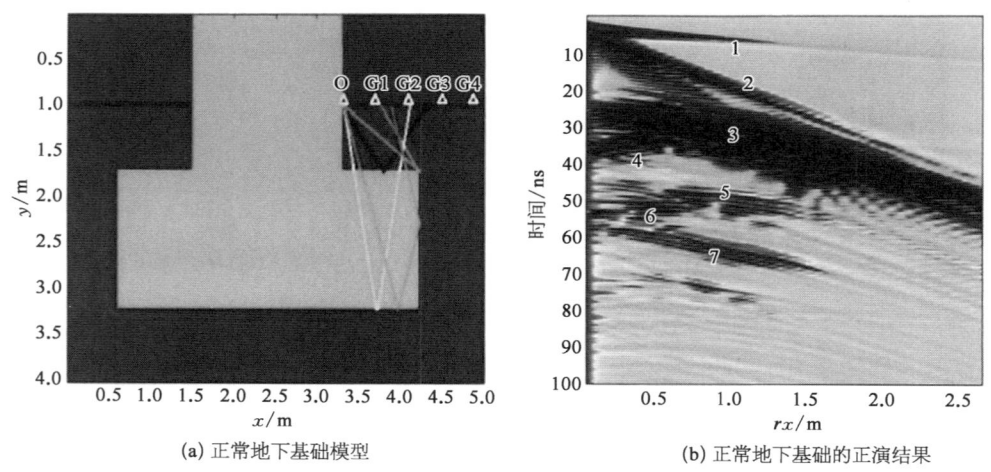

(a) 正常地下基础模型　　(b) 正常地下基础的正演结果

图4-8　正常地下基础的监测原理及正演结果

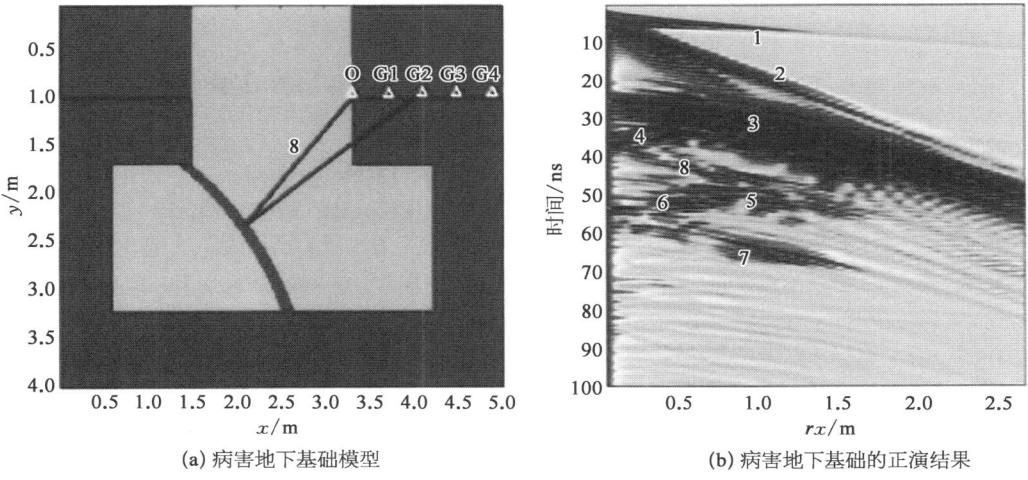

图 4-9 病害地下基础的监测原理及正演结果

通过对病害模型与正常模型所得正演结果进行比较可以看到,地下基础出现病害的区域产生了较为明显的异常信号。由此证明了在检测桥梁地下基础病害方面,探地雷达是切实可行的有效探测方法。

综上所述,桥梁地下基础的完整性及强度检测主要分为有损检测和无损检测两类,以超声脉冲法和低应变反射波法为代表的无损检测方法发展迅速,并且探地雷达技术通过分析反射信号形成同相轴的形态差异,可以有效地判定桥梁地下基础的状态及其病害出现的精确方位,在实际工程中的应用逐步增多。

4.1.1.3 钢管混凝土拱肋脱空检测

钢管混凝土在拱桥结构中得到了广泛应用,其充分发挥了钢材的高强度与核心混凝土的支撑作用,具有刚度大、稳定性高、抗震性能优良、自重轻、施工周期短、工业化程度高和环境效果佳等一系列优点。但是钢管混凝土存在的"在泵送过程中排气不畅将引起气孔缺陷""混凝土本身的质量问题""外界温度以及钢管混凝土材料间的温差影响拱肋的质量"等问题,会给实际工程带来安全隐患,所以亟须可靠的检测技术来确定钢管混凝土内是否存在脱空现象。

目前钢管混凝土的现代损伤检测技术的两大分支是有损检测和无损检测。有损检测可能会破坏组件,因为它需要分割释放组件应力,以钻芯取样为代表。这种破坏往往是不可逆的,对结构的性能造成了很大的影响。而无损检测利用,如声、光、热、波和电磁等物理方法来测试,不损坏结构。由于钢管混凝土构件中混凝土的状态,缺陷具有隐蔽性,并且其缺陷发生具有随机性,在检测过程中容易发生测量数据的遗漏,因此定量检测的技术难度很大。目前应用于实际工程项目的检测方法主要是人工敲击法和超声波法。除此之外,还有光纤传感法、冲击回波法、脉冲响应法,以及面波频谱分析等新兴的检测方法,见表 4-3。

表 4-3 拱肋脱空检测技术优缺点对比

检测技术	具体分类	优 点	缺 点
有损检测	钻芯取样法	表观直接	破坏组件,对结构的性能造成了很大的影响
无损检测	人工敲击法、超声波法、光纤传感法、冲击回波法、脉冲响应法、面波频谱分析	不损坏结构	检测过程中容易发生测量数据的遗漏

(1) 人工敲击法是目前钢管混凝土拱肋脱空最常用的检测手段,利用声音特征识别,可解决人工检测难以客观、定量地评估脱空状况的难题。

人工敲击法是依靠技术人员通过对钢管混凝土拱肋的敲击,然后根据经验判断出缺陷位置及种类的方法。敲击法完全凭借技术人员的技术及经验,缺乏理论依据和可供存档的资料,是一种比较粗略的检测方法。无论是判断缺陷的种类还是判断的精度,都得不到保证。因此,人工敲击法既不便于施工技术管理,也不适合质量检测技术管理,只能作为一种辅助检测手段。

基于人工敲击法,梁辰等提出了将敲击所得的音频信号通过数据采集和分析系统,转化为时域图或频谱图,根据图形信息对钢管混凝土脱空状况进行判别,并通过模型试验对有缺陷和无缺陷位置的声信号时域图、频域图进行了简单比较,认为根据图形中钢管壁的振幅大小或者振幅衰减速率的快慢,可以准确判断钢管混凝土是否脱粘,同时可利用接收到声波的首度到达时间差等对脱粘位置及程度进行推算。声波作为一种机械波,拥有频率、波长等波的共有特征,不同的声波具有不同的时域、频域曲线。通过采集人工敲击后钢管混凝土拱肋的反馈声音信息,并经信号处理,并与机器学习相结合,可以高效、定量判断拱肋脱空状况。该方法可以弥补传统敲击法检测精度不足、对检测人员的经验依赖性较强等缺点。

(2) 超声波法无损检测已趋成熟,综合声学参数更加有效,但检测效率较低。

超声波在两种不同阻抗介质中传播时,在介质面上的传播规律、能量的分配会发生变化。而当超声波在均匀介质中传播时,其传播速度稳定在一个定值。当介质存在缺陷时,其传播的波速会衰减,故比均匀时测得的波速小,传播速度增大、波幅衰减幅度较大。并且超声波从钢管中射入空气或者其他介质中时,由于传播介质改变,波形会发生畸变。所以,通过比较缺陷区和密实区声时波速、波形等相关参数的变化,可以推断出缺陷的有无、位置和形状。周先雁等在 2006 年利用超声波对钢管混凝土的质量进行了检测研究,提出了采用首波声时法来作为检测和评价钢管混凝土质量的判别方法。之后又综合首波声时法、波形识别法和首波频率法作为综合判别标准,提高了对缺陷类型和严重程度判断的准确性。其研究结果显示,用提出的综合方法比只采用首波声时法判断钢管混凝土质量更加有效。周茗如等利用超声波法对大型钢管混凝土缺陷进行了检测研究,研究结果表明,无论是钢管混凝土内部空洞缺陷,还是表层脱空缺陷,超声波法都是可行的。但是超声波法检测速度较低,评判结果易受检测人员的主观判断影响,对检测人员的要求较高,目前尚难以用于钢管混凝土脱空及内部缺陷的快速排查。

(3) 冲击回波法检测钢管混凝土质量可行,但定量检测出钢管混凝土脱空厚度需要进一步研究。

冲击回波法无损检测的应用原理是在钢管或者混凝土表面施加一个瞬间冲击(即产生应力波),应力波在传播的过程中如果遇到缺陷或者边界,就会在界面处发生反射或者散射,反射的应力波到达表面之后又将被反射回混凝土,从而形成多次反射,通过传感器接收冲击弹性波信息,通过分析密实区和缺陷区冲击弹性波的波形和频谱图可以对钢管混凝土的质量进行评定(见图 4-10)。

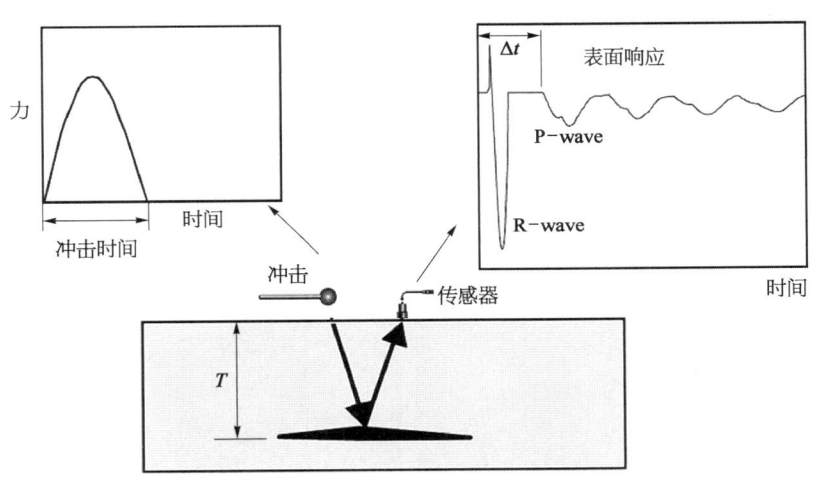

图 4-10 冲击回波法检测原理

周先雁等运用冲击回波法对钢管混凝土缺陷进行检测,总结了冲击回波法检测圆形截面钢管混凝土的规律。张东方等采用冲击回波法对钢管混凝土拱桥的质量进行了检测研究,通过模型试验和工程实测分析表明,与超声法相比,冲击回波法可以直接获得缺陷明确的反射信号,并可根据信号波形图和频谱图直观地分析确定缺陷类型和大致位置。

冲击回波法检测钢管混凝土的质量是可行的,但定量检测出钢管混凝土脱空厚度需要进一步研究。从研究现状看,对冲击弹性波的振动法和波形、频谱分析法未在该领域研究。因此,采用这两种方法检测钢管混凝土质量有一定的研究价值。

（4）红外热像检测新兴热门技术，但钢管混凝土脱空检测领域仍需开拓。

图 4-11　被动式检测

红外热像损伤检测是近年来发展起来的一种非接触无损检测方法，具有快速、图像直观、不受场地限制等优点。红外热成像技术检测物体缺陷的基本原理是利用物体内部缺陷区和密实区热传导系数不同，导致物体在相同的环境下表面温度产生局部差异，从而引起物体表面向外红外辐射能力不同。这种差异可以利用红外热像检测设备进行处理分析。根据检测方式的不同，红外热像无损检测可以分为主动式和被动式两类（见图4-11、图 4-12）。

(a) 加热以及采集视频过程

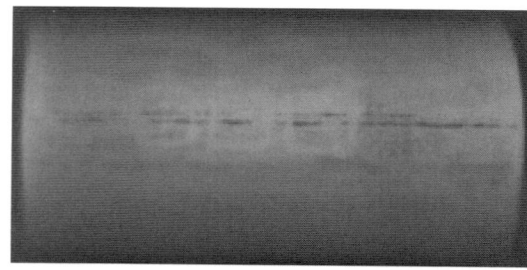

(b) 加热处理前

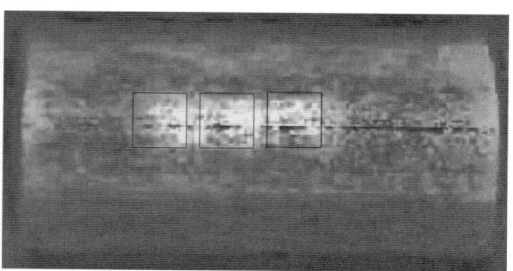

(c) 加热处理后

图 4-12　主动式检测

2001 年，Titman 对于混凝土结构内部缺陷在不同的检测情况下应用了红外热像无损检测，并且进行了相应的应用研究。同时对红外热像检测法在不同工况下的最佳检测时间、条件和视角，以及检测的局限性给出了指导意见。2005 年，高翔用红外热像技术对混凝土路面脱空进行检测，通过对数值模拟和实验结果的比较研究，得到了红外热像技术可以检测的最大厚度，以及脱空形状与表面温度分布的初步关系。2013 年，张永健和张川对红外热成像法在路面检测中的应用进行了研究，针对混凝土路面板底是否存在脱空进行了红外热像分析和现场钻孔检测。事实证明：混凝土路面板底结构状况确实不良，通过红外热像图可以分析出：当存在脱空时，该部位会在红外热像图上会出现温度差异。所以，根据现有资料推断采用红外热像法检测建筑物的表层脱空缺陷是可行的。

综上所述，从国内外研究现状来看，目前对钢管混凝土脱空缺陷的无损检测还是以人工敲击法和超声波为主，但是当存在缺陷时，人工敲击法大量依赖经验，且难以对脱空深度进行定量，也较难以发现混凝土内部缺陷；超声波在钢管混凝土中的传播途径比较复杂，无法判断缺陷的位置；冲击回波法不能准确地判断出钢管混凝土缺陷存在的具体位置及尺寸，多腔钢管混凝土及比较复杂的构件无法使用该方法；红外热像检测法对气温、日照条件要求高，昼夜温差小、阴天及背阴面等检测非常困难，且当钢管混凝土直径较大时，难以反映钢管中混凝土的缺陷。未来这些检测方法仍需继续完善，或取长补短，综合各技术以准确检测混凝土缺陷。

4.1.1.4 索体腐蚀断丝检测

由于自然环境影响和长期损伤积累，缆索体系桥梁的索体不可避免地会发生不同程度的锈蚀、断裂。索体腐蚀及断丝具有隐蔽性，难以检测，因此索体腐蚀断丝检测一直是桥梁检测领域的难题之一。

经多年发展，现有检测手段已逐渐脱离传统开窗检查等有损检测手段，向无损检测手段及新技术的开发与应用方向转变，逐步实现便捷化、智能化、信息化。目前可以有效实现索体腐蚀断丝检测的方法主要有漏磁检测法、磁致伸缩导波法、缆索机器人等手段。

（1）漏磁检测法颇具潜力，但目前仍处于初级阶段。

漏磁检测技术原理（见图4-13），使用永磁体或通电线圈对钢丝进行励磁使之趋近磁化饱和，当钢丝因局部锈蚀或断丝产生钢丝截面的突变时，附近位置将产生显著漏磁场，可用磁敏元件测得，进而识别出钢丝的损伤情况（见图4-14）。

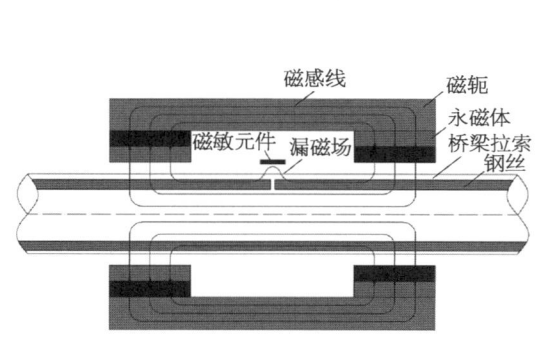

图4-13 漏磁检测原理

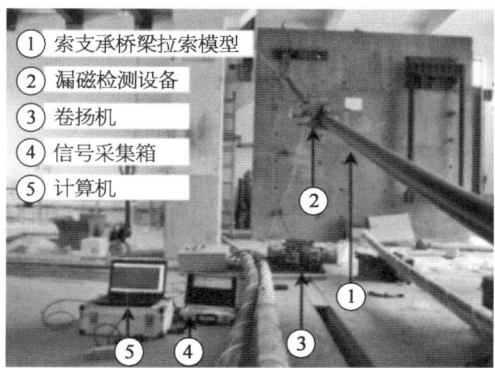

图4-14 漏磁检测试验实物

近年来,针对硬件的设计与优化以适应构件构造、损伤的存在性判别、缺陷的定量识别三方面开展了大量研究。研制出单通道漏磁检测传感器、多通道漏磁检测传感器、圆环阵列传感器等装置,实现了斜拉索的漏磁扫查成像,并检测出斜拉索中周向和轴向位置不同的多处断丝缺陷,形成了差分超限数法、三层反向传播神经网络、事例推理及数据比对、信号错位自相关函数、短时能量法等损伤判别理论。

但拉索外部的护套增大了磁敏元件与钢丝表面的距离,降低了漏磁场信号的信噪比,使得内层钢丝缺陷的定性判别难以实现。因此,实际测量中,漏磁信号的信噪比低,使得局部小缺陷难以定性判别。而且全索长的检测需要通过自动化设备沿拉索逐步爬升来实现,检测效率较为低下。所以,目前在斜拉索中的应用处于起步或初级阶段。

(2) 磁致伸缩导波法,实现锚固区探伤,大幅提升检测效率。

虽然漏磁检测技术实现了全周向检测,以及成像和定位技术的突破,但是其检测效率仍然较低,需要不断移动漏磁检测仪完成整根索的测量及全桥测量,对混凝土锚固区内部斜拉索的检测也只能望而却步。

磁致伸缩导波检测方法是近年来新出现的技术之一,是利用铁磁性材料的磁致伸缩效应及其逆效应(见图4-15)实施检测的一种方法。磁致伸缩导波法由于具有单点激励即可实现长距离检测的优点得到了广泛而深入的研究,具有检测效率高、非接触式、可以检测传统检测技术难以到达的区域、安装方便等优势。对于锚固区斜拉索的探伤,磁致伸缩导波法的发展也提供了解决的可能,其未来也将逐渐成为应用广泛的新型缆索无损检测方法。

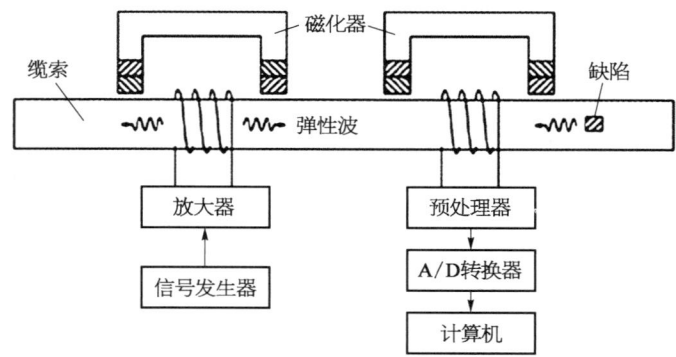

图4-15 磁致伸缩导波检测原理示意图

国内外多位学者已致力于磁致伸缩导波检测方法,如今已实现了较全面的检测设备的研制、信号识别方法改进、检测精度及灵敏度的改善、锚固区探伤试验及多频激励信号发生等技术突破,在军山长江大桥、西湖大桥、大型游乐设施摩天轮、石油天然气管道等工程中有所应用。华中科技大学团队自主研发检测仪器,并对在役20多座桥梁进行了实地数据测试和分析研究,苏交科集团参与了其中部分工作(见图 4-16)。

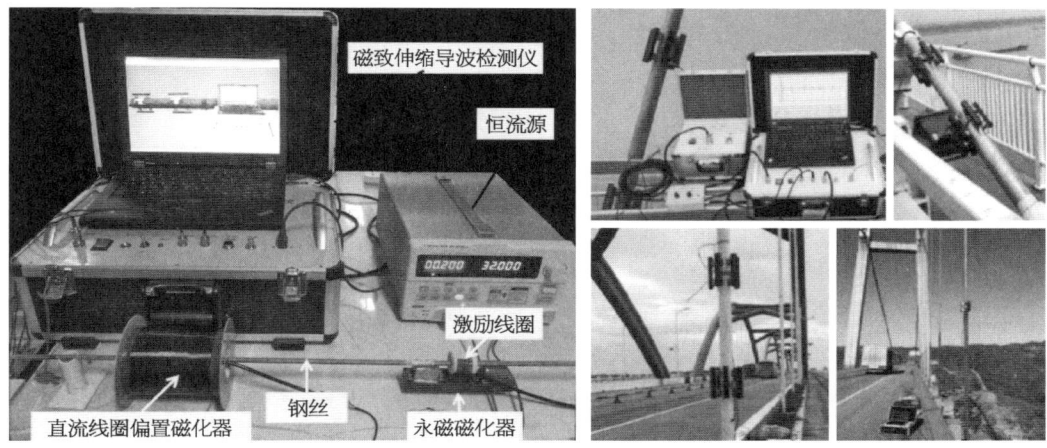

(a) 检测仪器　　　　　　　　　　　　(b) 实桥应用

图 4-16　华中科技大学团队开发的磁致伸缩导波检测仪器及典型应用

但磁致伸缩导波的传感器由于不通过缺陷部位,是远距离检测出缺陷并定位,检测精度与缺陷和传感器之间的相对距离有关,在磁致伸缩导波检测有效范围内,传感器离缺陷越近,检测的精度就越高,所以在定量判断上还不是非常稳定。因此,其未来发展也须完成远距离检测精度改善、缺陷的环向分布识别、高效的信号激励与接收等技术的突破。

同时,如能将磁致伸缩与磁弹一体化,磁致伸缩和漏磁结合,综合多种缆索无损检测方法的优势,通过不断完善检测传感器和检测仪器稳定性、通用性和易用性,将给缆索的无损检测带来更加全面细致的检测手段。

(3) 缆索机器人成为实现自动化、智能化检测的重要手段。

缆索机器人,又称爬索机器人、检索机器人,在顺应自动化、智能化的工业发展趋势中,逐步取代传统的人工作业、高空作业等方式,在检测精度、检测范围、检测效率上均有显著提升,在降低检测成本、提高检测质量上发挥了关键作用,未来也将具有极大的发展空间。

21 世纪初,研制的缆索机器人构造复杂,夹紧结构和攀爬结构形式单一;而近年,从外观、结构设计,以及附着和爬索机理上呈现多样化趋势。通过搭载红外、电磁、超声波、摄像头等传感器或检测设备,已可实现中小索径、远距离、低速平稳移动、非人工式检测,且已有不少的应用,如福州琅岐闽江大桥、福州淮安大桥、龙海跨海大桥、上海闵浦二桥、象山港大桥、杭州湾跨海大桥等(见图 4-17)。

目前常见的缆索机器人爬行方式主要包括夹紧蠕动式、螺旋爬升式、多足行走式、履带式及轮式等,其运动方式优缺点对比见表 4-4。

(a) 福州琅岐闽江大桥

(b) 福州淮安大桥

(c) 龙海跨海大桥

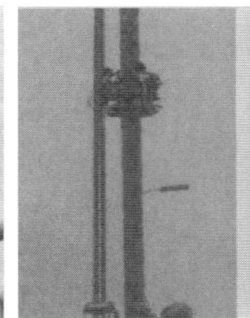
(d) 上海闵浦二桥

图 4-17 缆索机器人工程应用

表 4-4 缆索机器人运动方式比较

运动方式	优　点	缺　点
夹紧蠕动式	1. 夹紧力具有缓冲性，对缆索上的障碍物有很好的适应能力； 2. 使用备用储气罐可以使机器人在高空中遇到突发状况时进行安全回收； 3. 通过设置节流阀开口的大小，可以调节机器人爬行的速度	1. 设备复杂笨重、轮廓尺寸大，安装、拆卸及搬运不便； 2. 造价高； 3. 气压装置对设备及环境的要求比较高，容易发生泄漏致使机器人不能正常工作； 4. 气压装置效率低，检测较高的缆索时会有较大的沿程损失
螺旋爬升式	1. 体积轻便； 2. 有较强的适应性； 3. 关节灵活，越障能力好； 4. 效率高	1. 移动控制难度高； 2. 不利于传感器采集到平稳规律的缆索表面图像

续 表

运动方式	优 点	缺 点
多足行走式	1. 强大的运动能力,理论上能适应各种状况的爬行条件; 2. 早先应用在军事运输、星球探测、矿山开采等,现在也逐渐应用于复杂的杆类结构	1. 机械结构与控制方法都比较复杂; 2. 运动缓慢; 3. 造价较高; 4. 不适合高空作业
履带式	1. 支撑面积大,滚动阻力小,机动性好; 2. 可适应表面粗糙不平的缆索; 3. 稳定性、越障性均较好	1. 结构复杂; 2. 不易小型化; 3. 容易发生倾覆现象
轮式	1. 结构简单,控制相对方便; 2. 成本低廉; 3. 运动连续平稳,效率高; 4. 可靠性好,速度快	1. 越障能力差; 2. 高空断电无法回收

另外,近年来也有一些新型爬行方式的缆索机器人得到研究与开发,如蛇形机器人、磁吸附式攀爬机器人等。其中,蛇形机器人以仿生原理攀附于缆索表面,体积轻便,对不同索径的斜拉索有较强的适应性,而且关节灵活、越障能力好、检测效率高,目前已脱离室内试验研究,成功应用于大直径桥梁缆索的检测,并搭载摄像头、漏磁传感器等,完成对桥梁缆索表面和缆索断丝的检测(见图 4-18)。其关节设计、步态控制、算法优化等已成为近年来的研究重点。

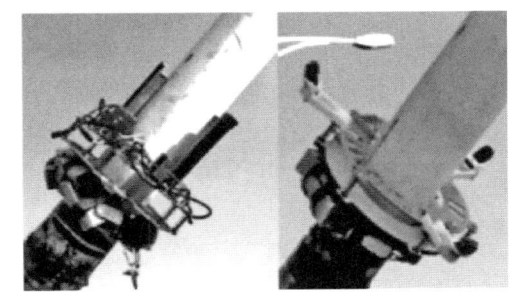

图 4-18 蛇形机器人缆索检测

以磁吸附为原理的缆索机器人,一改传统的机械原理附着方式,采用磁吸附的方式克服重力,虽有一定的局限性,但不需要使用外加动力克服重力,节能环保。目前,已有学者提出了一种磁吸附履带式攀爬钢缆机器人的总体设计方案,并采用直流电机驱动,结构轻巧,可靠性好,运动平稳,可适用于不同直径的管道和钢缆,是一种具有普遍应用价值的机器人。在未来的发展中,此类机器人将会受到人们的更多关注。但该设计方案正在实体样机制作,有关实物试验暂未见到报道。

由此可见,缆索机器人发展迅速,已有不少工程应用,但距广泛应用还有一定距离。需要突破一系列的关键问题,如姿态稳定及自动越障问题、末端执行机构的精确度问题、对于不同索面表面特征的适应问题、对于不同索径的适应问题、远距离的通信问题、远距离无线图传问题、缆索内部钢丝无损检测及缺陷特征识别问题、缆索自动化修复技术等。可喜的是,目前研究已有向智能精确化控制、更好的适应性等方向的发展趋势。

综上所述,缆索体系桥梁的索体腐蚀断丝检测呈现多样化、自动化、智能化的发展趋势。但锚固区探伤、远距离探伤的精度及效率仍有不足,而且缆索机器人负载能力、姿态稳定、自动越障、爬行速度上均有限制。未来需要进一步提高检测精度、缺陷定量判断与识别能力,研发精确化控制的智能缆索机器人,实现快速可靠的缆索检测工作。同时基于检测结果的索体延寿评估手段研究亟须开展。

4.1.1.5 梁体有效预应力检测

预应力混凝土梁中有效预应力是反映结构工作状态的重要指标。能否准确判定梁体有效预应力的大小,关乎结构的安全性和使用性,一旦预应力损失过大,就会使结构存在安全事故的风险。有效预应力检测方法分为两类:一类是基于各种物理、力学等原理,将光纤光栅应变传感器等贴附或者埋置于构件内外部,然后通过传感器得到构件某些物理特性的变化,从而算出构件混凝土内剩余有效预应力值的大小,主要包括应变检测法、敲击测振锚下应力测定法等;另一类是对结构进行局部破坏,将破损区域内的应力释放掉,从而反识别出结构内部现存的有效预应力大小,主要包括开裂弯矩法、局部应力释放法等。

(1) 敲击测振锚下应力测定法简单易行,但精准度还须进一步提高。

对于第一类方法,由于应变检测法需要在施工期就预埋应变传感器,成本高,因此近年来其更多停留在理论和实验室研究阶段,工程实际应用较少;而敲击测振锚下应力测定法成本低且操作简易,故适用性更广。

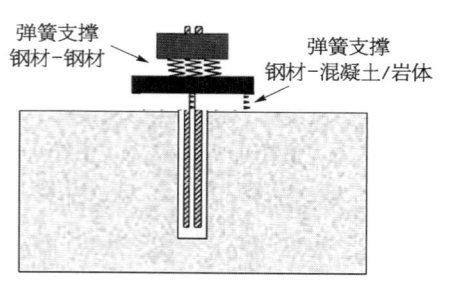

图 4-19 测试原理图

该方法的基本原理是根据预应力索的自由振动频率和所受轴力的关系检测有效预应力,由于无法对埋入混凝土的预应力束施加自由振动,只能通过对锚头或露出锚索激振。因此,单纯依靠频率的测试方法有非常大的缺陷,严重影响了测试范围和测试精度。为此,可将锚头、垫板等简化为如图 4-19 所示的模型,即将锚头与垫板、垫板与后面的混凝土或岩体的接触面模型简化为弹簧支撑体系。该弹簧体系的刚性 K 与张力(有效预应力)有关,张力越大,K 也越大。另外,在锚头激振诱发的系统基础自振频率 f 可以简化表示为:

$$f = \frac{1}{2\pi}\sqrt{\frac{K}{M}}$$

在上式中,如果 M 为一常值,那么根据测试的基频 f 即可较容易地测出张力。然而,通过实验发现,埋入式锚索在锚头激振时,其诱发的振动体系并非固定不变,而是会随着锚固力的变化而变化。锚固力越大,参与自由振动的质量也就越大。

在此基础上,便有了基于"等效质量"原理的有效张力测试理论和测试方法(见图 4-20)。利用激振锤(力锤)敲击锚头,并通过粘贴在锚头上的传感器拾取锚头的振动响应,从而能够快速、简单地测试钢束的有效预应力。该方法物理概念清晰,便于操作,但受混凝土强度、钢筋强度和混凝土裂缝影响较大,适用于粗略检测,精准度还需要进一步提高。

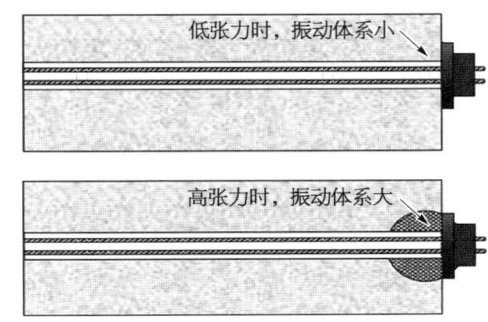

图 4-20 等效质量法基本概念

(2) 局部应力释放法前景广阔,但仍需进一步研究。

对于第二类方法,开裂弯矩法对原结构的破坏过大,且操作难度高,故近年来研究较多集中于局部应力释放法,只需轻微破坏结构即可完成检测过程,因此更应用更加广泛。

局部应力释放法主要分为混凝土应力释放法和钢筋应力释放法两种。针对混凝土应力释放的方法主要有套孔法、钻孔法、盲孔法和开槽法,针对钢筋应力释放的方法主要有切断普通受力钢筋法和打磨削减普通受力钢筋法。局部应力释放法因对结构破坏程度较小、精确度较高、原理简单且操作方便,以及成本较低而更有工程价值。

局部应力释放法的原理是基于理想下无限大带孔平板,根据弹性力学可推导出残余应力与释放应变之间的关系。从研究来看,局部应力释放法已经结合试验、模型计算、简化方法等进行了系列研究,但主要还是局限于简支梁的研究。

为了验证该方法的有效性,有研究成果通过借助 ANSYS 软件模拟简支梁和连续梁的应力释放,并将其与开槽法的结果进行对比,证实了其有效预应力识别的误差可以控制在 10% 以内,该方法具有一定的适用性。同时,探索了联合加载对应力释放过程及零点应力释放深度的影响,表明加载到一定值之后有利于开槽深度的减小。但是目前尚未形成一套行之有效的技术手段,也没有可指导具体实施的规范标准。因此,有必要进一步扩展其研究范围,推进其未来用于指导具体工程实施。

(3) 混凝土桥梁预应力束有效应力检测新技术。

预应力混凝土结构由于能够利用材料的高强度性能、有效防止混凝土裂缝、减轻结构自重、增大桥梁跨径、刚度大、行车舒适等优点,在公路桥梁中得到普遍应用。尤其在大跨径和使用过程中不允许开裂的结构中广泛应用。例如目前采用预应力混凝土连续梁的跨度一般能做到 200 m 左右。据不完全统计,采用预应力混凝土材料的桥梁占桥梁总数的 90% 以上。然而,预应力混凝土桥梁因为设计缺陷、施工过程出现不利因素等容易出现安全隐患,如混凝土开裂、钢筋锈蚀、主梁下挠、预应力损失、变形过大等,导致对结构安全造成重大灾害,甚至造成结构坍塌等。

造成预应力混凝土桥梁性能衰退的一个重要因素是预应力损失。预应力损失到一定程度,就会造成混凝土开裂、刚度降低、荷载作用下变形加大,严重者甚至出现坍塌事故。随着桥梁数量的增加,每年也会花费大量的人力、物力、财力对桥梁的健康状况进行评估,并根据评估的结果采取相应的加固措施。由于梁体有效预应力对桥梁安全至关重要,因此能够准确得到剩余预应力值就变得十分重要。如果预应力过低,会影响结构的使用性能,甚至可能造成安全事故;如果预应力过高,则会增加施工难度,并造成施工成本增加。

目前,对斜拉桥、拱桥等索结构及采用体外预应力体系桥梁的钢束索力检测技术较为成熟,测试方法主要分为振动测试法、液压测试法、锚下传感器测试法、静态应变测试法、磁通量测试法及光纤传感器法等,但是这些方法均不适合于预应力混凝土结构体内钢束有效预应力的测试。桥梁外观检测、桥梁静动载试验虽然能对桥梁健康状况做出评价,但是要准确得到梁体内剩余有效预应力大小,在工程中仍然是一个难题。

针对如何精确计算梁体内预应力钢束剩余有效预应力大小的问题,相关研究人员提出了一种张力仪方法。其基本原理是利用张紧弦的静力平衡关系,同时考虑到钢绞线抗弯刚度的贡献及实际工程中局部开槽混凝土的模拟边界状况,建立张紧弦受力与张紧钢绞线受力两方面的关系(见图 4-21)。

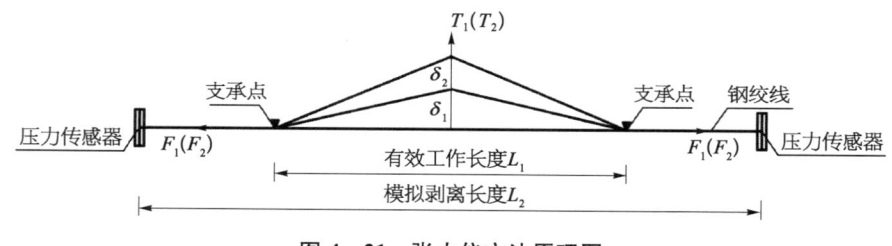

图 4-21 张力仪方法原理图

建立起钢绞线有效预应力和已知参数的关系式:

$$F = K\frac{\Delta T}{\Delta \delta} + F_0$$

以检查某根预应力筋有效预应力为例,图 4-22、图 4-23 为张力仪实物图和测量现场,可以通过采用张力仪方法来测钢束有效预应力。但是在采用该方法进行测试时,需要开槽和剥离混凝土保护层以达到裸露钢束的目的。但是这样做难免会对结构产生一定的损伤,更不能采用该方法得到整个桥梁结构中所有钢束的有效预应力。并且由于各种条件限制,只能同时只能抽测部分钢束中 1~3 股钢绞线。针对该方法的适用性和准确性而言,需要进一步在工程应用中检验。

图 4‑22　张力仪实物图

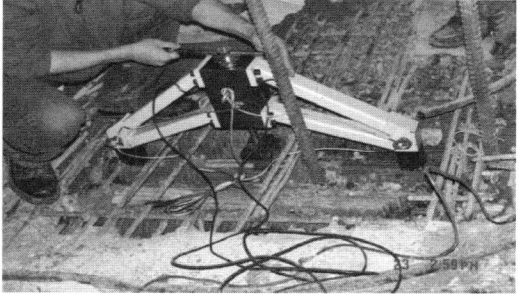

图 4‑23　现场测量工作

综上所述,敲击测振锚下应力测定法由于工程实践中简便易行,应用较为广泛,但仅限于初步检测,准确度不够;而局部应力释放法虽目前缺少系统的实验研究,尤其是连续梁桥的应力释放研究,但精准度高、成本较低,将是以后预应力损失检测研究的热点。

4.1.1.6　索力测试

对于具有拉索的桥梁结构,如拱桥、悬索桥、斜拉桥等而言,索力是反映桥梁状态极其重要的参数之一,其大小直接影响着整个桥梁结构的健康状况,关系到桥梁的使用寿命。因而,索力成为桥梁健康监测的关键指标参数,为运营期的状态评估及养护管理提供参考依据,对桥梁的健康状况评价有着重要意义。目前,在测量方法、理论模型等方面实现了较大的发展。

(1) 索力测量方法多样化,频率法仍是主要方法。

现今常用的索力测量方法主要有千斤顶油压表法、压力传感器法、光纤光栅法(FBG法)、频率法及磁通量法(EM法)等(见表 4‑5),其中频率法应用最为广泛。

表 4‑5　斜拉桥常用索力测量方法

测 量 方 法	原　理	示　意　图
千斤顶油压表法	在拉索预应力施工过程中,通过标定过的油压表直接读取油压进而换算拉索索力,适用于拉索预应力施工阶段的索力测量和施工控制	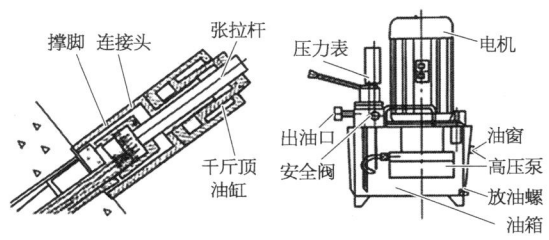

续 表

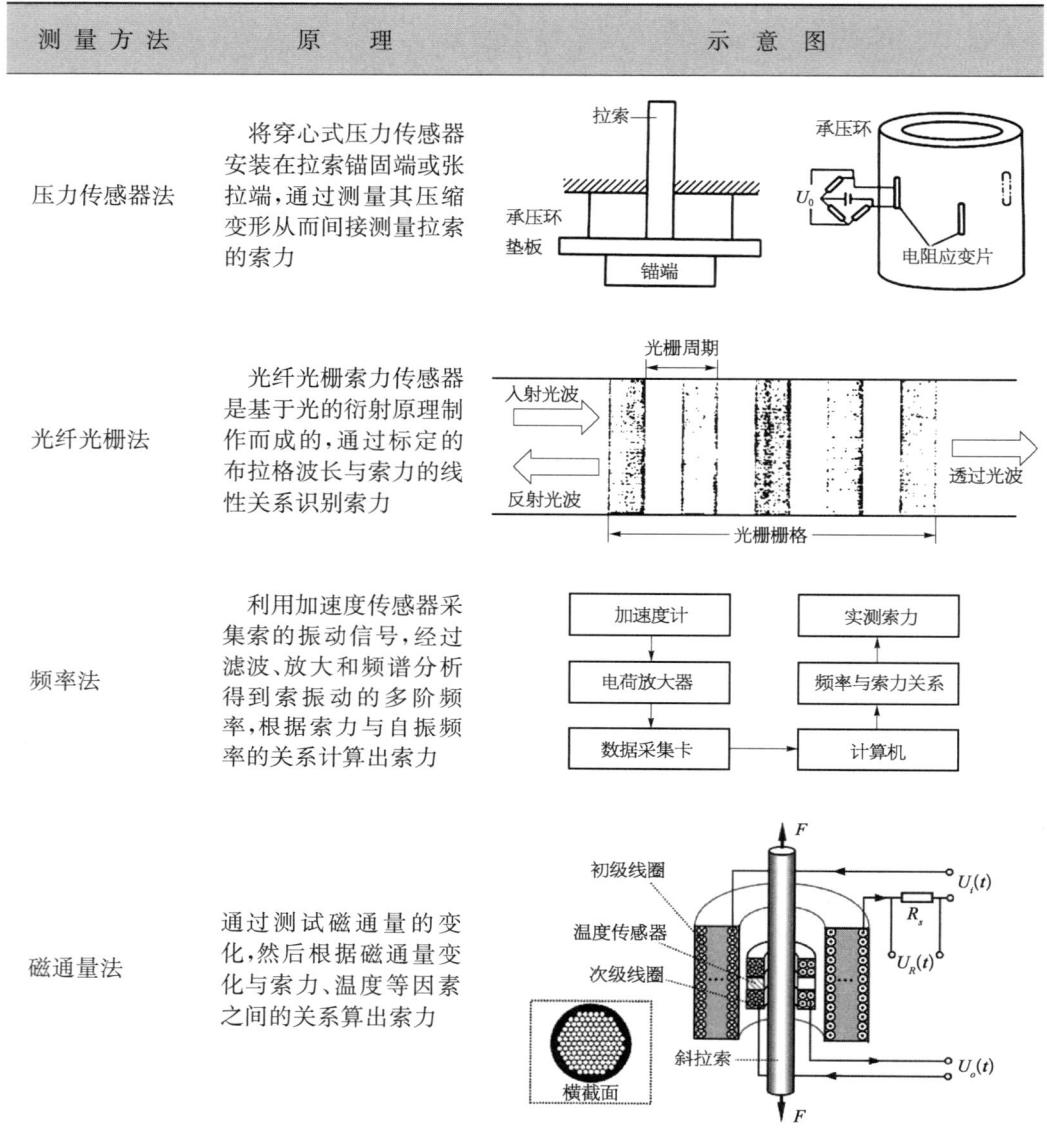

（2）光纤光栅法：智能拉索助力智慧桥梁建设。

光纤光栅法在桥梁健康监测领域受到越来越多的关注，最早使用光纤光栅传感器进行测量的桥梁是加拿大 Bodding tons Trail 大桥（1993 年）。传统的方法是将光纤光栅传感器通过环箍内置于拉索的一根单丝上（见图 4-24）。传感器的安装和保护都具有一定的困难。荆岳长江大桥在其健康监测系统中采用了该种方法进行斜拉索的索力监测。近年来，基于光纤光栅的斜拉索索力测试技术主要有光纤光栅测力环（见图 4-25）和光纤光栅智能拉索（见图 4-26）。智能拉索在平行钢丝束拉索和钢绞线拉索中都有应用,前者是用 FRP 筋封装光纤光栅传感器,制成光纤光栅—纤维增强塑料(FRP-FBG)复合筋,然后将其布设到拉索中,形成平行钢丝智能拉索,后者是利用 FRP-FBG 复合智能筋取代 7ϕ5 钢绞线的中丝,使智能筋和钢绞线成为一个整体(智能钢绞线),天津永和大桥维修加固时将其中 11 根斜拉索采用智能拉索方案进行索力检测。

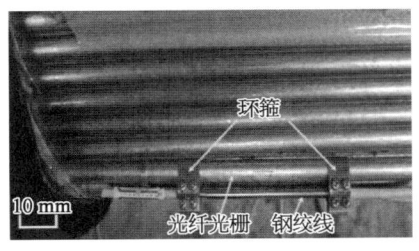

图 4-24 用环箍固定的内置光纤光栅传感器

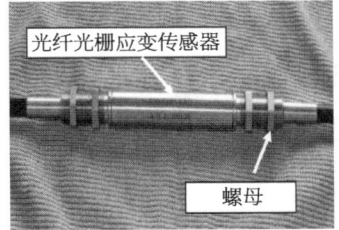

图 4-25 光纤光栅测力环的组成成分

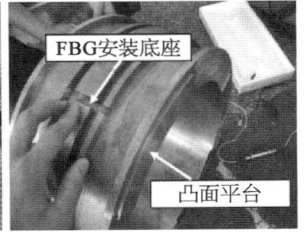

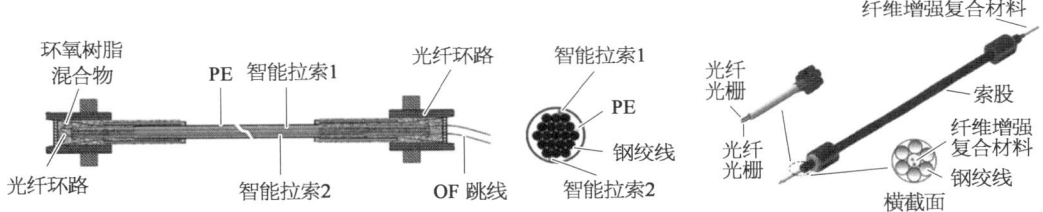

图 4-26 FRP-FBG 智能拉索(左)与智能钢绞线(右)示意图

(3) 频率法:非接触测量发展迅猛,实时索频算法与精细化模型理论不断发展。

传统的频率法是通过加速度传感器获得拉索的振动信号。一般加速度传感器只能安装在拉索端部区域,很难准确得到拉索的低阶振动频率。近年来,出现了一些新型拉索振动信号的非接触测试方法。比如,有学者提出采用形变雷达监测拉索的振动位移,进而获得振动基频(见图 4-27)。另外,也有学者提出采用摄影测量和数字图像处理(机器视觉)的方法获得拉索的振动位移信号。如图 4-28 所示,在拉索上布置目标测点,通过摄像机获取振动图像序列,进而获得拉索目标测点的振动位移时程曲线,最后利用频率法求解拉索索力。

此外,常规时频谱分解方法无法同时获得高时间分辨率和高频率分辨率,传统频率法为了获得高频率分辨率,需要采集一段时间的拉索振动信号通过 FFT 获得拉索各阶模态,导致频率法实际获得的索力是一段时间内的平均状况,并不能反映实时索力,重载车辆经过导致的拉索索力峰值可能不容易被频率法监测到。为了使频率法能获得实时索力,有学者提出采用同步压缩变换(SST)算法和基于盲源分离(BSS)技术的复杂度追踪(CP)算法等方法,实现时变索频的识别,进而获得时变索力,其中 CP 方法需要至少两个信道的加速度信息。这些方法可以将传统频率法的时间分辨率从分钟级提高至数秒级(3~6 s)。图4-29是拉伸试验时拉伸力与通过加速度数据计算出的索力对比,计算方法分别为传统傅立叶变换和同步压缩变换。

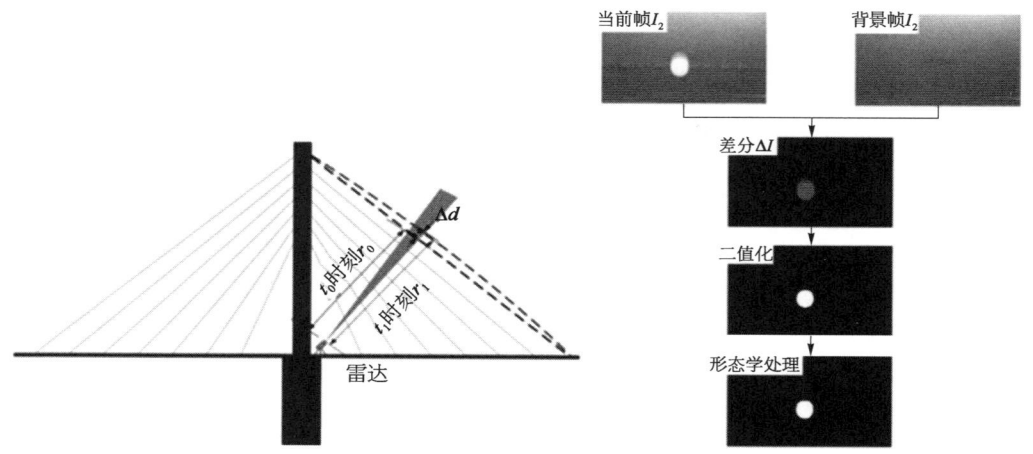

图4-27 形变雷达测试拉索振动位移示意图　　图4-28 基于摄影测量的索运动检测

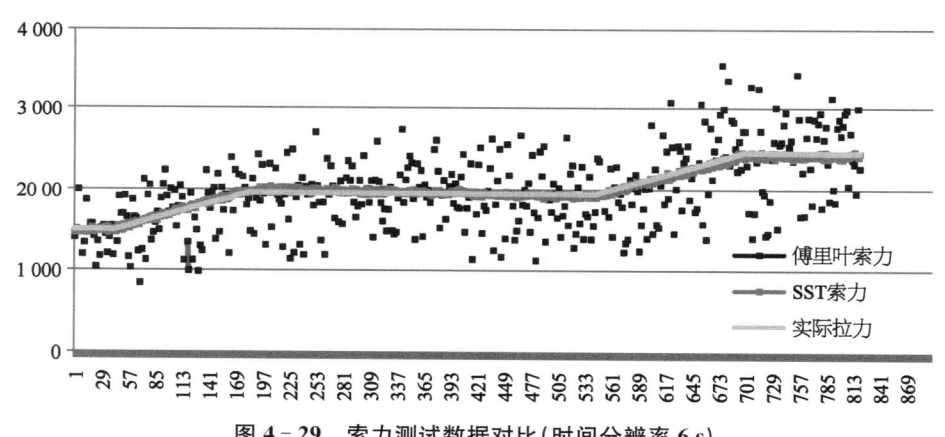

图4-29 索力测试数据对比(时间分辨率6 s)

虽然拉索振动频率的测试精度可以达到很高的精度,但是频率法索力测试精度在很大程度上取决于拉索计算模型的可靠性及索自身参数的可靠性。工程中常用的拉索模型主要是张紧弦模型和铰接轴拉梁模型。这些模型在拉索自身的倾角、垂度、抗弯刚度及复杂边界等因素对拉索动力特性的影响方面缺乏完善考虑。

为了消除拉索复杂边界给索力测试带来的困难,有学者提出一种基于振型的索力测量方法。如图4-30所示,在拉索上安装若干加速度传感器同时测量拉索的振动情况,然后选取某一阶模态任意两个驻点之间的索段建立两端铰接的等效模型。同时,也有学者致力于建立精确考虑拉索倾角、垂度、抗弯刚度和复杂边界的精细化拉索模型,并采用粒子群算法等优化算法根据实测的多阶频率同步识别拉索的索力、抗弯刚度和边界刚度等参数。影响频率法测索力的因素主要有索的线密度、倾角、计算长度、抗弯刚度、轴向刚度、边界条件、温度及阻尼器等,并且其中大部分参数都很难通过测量手段精确确定。未来建立精确考虑这些参数的拉索精细化动力模型,以及提出更加精确高效的拉索多参数识别算法,将有利于进一步提升频率法的测

图 4-30 基于拉索振型的索力测试

试精度和频率法理论对各种复杂情况拉索的普适性。

在工程应用中,前述方法都有其各自的特点。千斤顶压力表法一般只能应用于施工阶段的索力控制。压力传感器测试法需要在拉索施工阶段预埋传感器,但压力传感器价格昂贵,且存在松弛问题,无法大范围使用。磁通量法(EM法)一般需要在拉索施工阶段预装磁通量传感器,对于已建成斜拉桥的拉索,可以将磁通量传感器设计成哈弗式结构(见图4-31),直接在运营中的拉索上制作(现场绕线),夷陵长江大桥、宜宾长江大桥及湛江海湾大桥采用了磁通量法进行拉索索力监测。光纤光栅法是一种应变方法,造价适中,不受电磁干扰,可以实现信号远距离传输,拉索全寿命周期监测,但是光纤光栅智能索存在传感器损坏后不便更换的问题。频率法是确定斜拉桥索力最为广泛使用的一种方法,对施工阶段和运营期间的索力测试都有很好的适用性。形变监测雷达和摄影测量方法可实现多索同步测量,提高索力测量的效率,不需要在拉索上面安装传感器。基于拉索振型的频率法在准确获得拉索振动模态的基础上才能获得较好的索

图 4-31 现场制作哈弗式磁通量传感器

力测试精度,这就需要在拉索上安装较多传感器。基于同步压缩变换(SST)和复杂度追踪(CP)算法的频率法可以获得实时索频和实时索力,虽然其时间分辨率可以达到数秒级,但是为对拉索进行疲劳分析,可能还需要将频率法时间分辨率进一步提高。靠近桥塔处的钢绞线拉索还存在散振现象,即拉索内各根钢绞线及护套各自独立振动,无法获得拉索整体的实际振动频率。

综上所述,索力测试的主要方法仍然是频率法,且出现了实时、非接触、智能化、规模化、同步化和计算模型精细化等特征和趋势,但是还存在拉索计算模型不够完善、频率法索力时间分辨率不足等问题。未来需要在建立拉索精细化动力模型和提出更加精确高效的拉索多参数识别算法,以及研究高时频分辨率且聚焦性好的谱分解方法等方面进一步探索。

4.1.1.7 水下基础冲刷检测

桥梁水下基础迎水面和两侧土体受到流水冲刷,会导致桩基与桩周土接触面积的改变,破坏原有力学平衡,有可能在无警告的小破坏之前造成桥梁的瞬间坍塌、崩倒。因此,基础冲刷检测在桥梁的健康评估中占有着极其重要的地位。

(1) 基础冲刷状况检测领域的GPS结合水深仪的技术方法已较为成熟,随着技术发展,又提出了诸多新的检测方法。

目前在进行水下基础冲刷状况检测时,传统的检测方式是利用GPS结合水深仪法。该方法已较为成熟,但是识别速度较慢,效率低下。随着成像技术的发展,在进行桥梁水下基础冲刷状况检测时,可结合不同的成像技术完成水下地形的复现,后进行基础冲刷状况的识别,出现了三维激光扫描法、水下声呐三维全景成像法等检测手段。此外,还提出了基于实测模态变化对桥梁水下基础冲刷状态进行检测的动力识别法。表4-6整理了这些方法的优缺点及其适用范围。其中,水下声呐全景成像法在基础表观检测中已有提及,在此不予赘述。

表4-6 水下基础冲刷状况检测方法

检测方法	优缺点	适用范围
GPS结合水深仪法	优点:技术较成熟、实时性、全天候、精度高; 缺点:识别速度较慢,效率较低	适用于能见度较高、水面较平静、行船较少的河段桥梁基础冲刷状态检测
三维激光扫描法	优点:直观、操作方便; 缺点:后期处理复杂	适用于浅水区桥墩的基础冲刷三维形态精细化识别
水下声呐三维全景成像法	优点:快速、高效、分辨率高、具有针对性,对天气和水文环境要求较低; 缺点:系统的有效探测距离有限	适用于基础冲刷形态的三维尺寸和分布信息的识别

续 表

检测方法	优 缺 点	适用范围
动力识别法	优点：简单便捷，无需进行水下作业；缺点：计算精度有限，且易受结构所受环境影响	适用于在役桥梁基础冲刷状态的快速检测

（2）三维激光扫描技术，利用激光测距原理检测基础冲刷状况，但其数据处理部分存在一定难题。

三维激光扫描技术又被称为"实景复制技术"，采用激光测距原理。三维激光扫描仪由高速精确激光测距仪和可引导激光以均匀角速度扫描的反射棱镜组成。激光测距仪通过先发射激光再接受目标物表面反射信号，测量得到仪器至目标物表面的距离。对于每个扫描点，首先通过激光测距仪测量得到测站点到扫描点的直线距离，再根据扫描方向的角度得到扫描点相对于测站的空间相对坐标。如果已知测站的空间三维坐标，则可得到扫描点的三维坐标。该方法在地貌观测领域应用广泛，云南农业大学的王建雄等曾用该方法观测水槽和实地环境中浸没砾石河岸的变化情况，证明了该方法应用于水下地形观测的可行性。但是，该方法还存在着以下问题：① 扫描设备的内部结构系统复杂，且是个黑箱系统，一般的工程技术人员难以对其进行检验和校正。② 后期数据处理复杂，处理数据量大。扫描得到的点云数据存在测量误差与噪声，点模型的大规模压缩会降低模型精度并生成大量的噪声，对大量点云数据的后期处理是一项复杂耗时的工程。③ 存在扫描系统软件配套不全等问题。目前随着数据处理及计算机技术的发展，预测目前这些问题应能在不久的将来得到解决。

（3）动力识别法具有操作简单、安全的优势，由于桥梁自身及环境的各项因素影响，还需进行更为深入的优化方可投入应用。

动力识别法是基于实测模态变化对桥梁水下基础冲刷状态进行检测识别的。目前提出的动力识别法是指通过跟踪上部结构动力特性来反映桥梁基础的冲刷状态。在使用该方法时，在不同时间对桥梁进行环境振动，对上部结构加速度数据进行采集及模态分析，得到对应的结构自振频率与振型，同时建立上、下部结构的数值模型。首先利用冲刷非敏感模态的实测自振频率对数值模型中的桩侧等效弹簧刚度进行模型更新，直至得到与实际相符的桩土边界条件，进而利用冲刷敏感模态自振频率的实测变化值，对数值模型中基础冲刷深度进行模型更新，直至数值模拟变化与实测变化值一致，从而定量识别出基础冲刷深度的发展。

由于桥梁结构的力学行为具有随机性、模糊性和典型性特征，以及结构所处环境的影响，该方法的精确度有待考证。但是动力识别法有着操作简单、无需下水检测等优势，可通过优化与其他技术手段相结合。通过长期的经验积累将原理与实际结合，推进其在基础冲刷深度检测的应用。

综上所述,检测基础冲刷状况的技术手段中,传统的 GPS 结合水深仪法效率较低,随着水下地形成像技术的发展,三维激光扫描法、水下声呐三维全景成像法等检测手段在基础冲刷检测中的应用越来越多,且发展趋势较好;动力识别法目前的精确度还不够,普及较难,但经过进一步的优化,将大大推动基础冲刷状况检测领域的发展。

4.1.2 监测

结构健康监测技术的概念于 20 世纪 30 年代开始被提出,并被普遍认为是提高工程结构健康与安全及实现结构长寿命和可持续管理的最有效途径之一。结构健康监测技术的基本思想是通过测量结构的响应来推断结构特性的变化,进而探测和评价结构的损伤及安全状况。一般来说,结构健康监测系统包括传感与采集、信号传输与存储、结构状态参数与损伤识别,以及结构性能评估等。

4.1.2.1 传感技术

(1) 传感系统如神经末梢,感知桥梁运行环境和响应特征。

传感器系统位于桥梁健康监测系统的最前端,是整个监测系统的"眼睛",负责将荷载作用及结构响应的物理量转化为可供采集的光、电信号。传感器系统的设计不仅制约着健康监测的内容,而且直接决定了监测系统的可靠性和准确性。同时,由于传感器系统所处的工作环境复杂,传感器的使用寿命也决定了整个系统的使用寿命。

桥梁健康监测系统的目的和功能决定了监测内容和项目。由确定的监测项目,根据适应性和经济性的要求选取技术成熟、性能可靠的传感器。规范中监测项目可以分为作用监测和响应监测。作用监测传感器的主要内容是外部荷载作用,主要包括风速风向监测、环境温湿度监测、结构温度监测、交通荷载监测和偶然荷载监测。响应监测传感器的主要内容是结构整体响应和局部响应。其中,整体响应包括结构空间位移、主梁下挠、结构振动等,局部响应主要是结构局部应力。

(2) 新型传感技术如雨后春笋般出现并迅速推广。

传感技术是实现结构健康监测的前提条件,其性能直接决定了监测效果的优劣。传感器要求具有高度感受结构力学状态的能力,能够将应变、位移、加速度等测量参数直接转换成采集信号输出。最早开发的传感器技术是电子式传感技术。随着力学、信息、网络等学科的研究发展及实际工程应用的需求,越来越多的诸如光纤传感技术、智能化无线传感技术、动态称重系统等新型传感技术得到了广泛应用。

在结构检测和监测项目中,加速度响应是一种常见的测量对象,技术发展已经相当成熟,目前在结构健康监测系统中常见的加速度计类型有伺服加速仪、压电式加速度计、电容式加速度计、应变片式加速度计、微电机系统(MEMS)加速度计、光纤光栅加速度计、激光测振仪。伺服加速仪又称力平衡式加速度计,是一种具有零频率响应的高精度传感器,具有优异的频率特性,非线性影响低于 0.1%,被广泛应用在强震观测、低频和超低频工程振动测量领域。压电式加速度传感器基于压电晶体的压电效应工作,最常用的如 PCB 公司生产的 ICP 加速度传感器,将传统的压电加速度传感器与电荷放大器集于一体,提高了测试精度和可靠性。光纤光栅加速度计通常是利用惯性原理,通过感知惯性力所产生的位移或者应变来测得相应的加速度,具有更高的稳定性和抗干扰能力。微机电系统(MEMS)加速度计主要由传感元件和包括信号增幅、调整和输出的微电路组成,采集处理速度很快,可以在短时间内进行多次测量,得到比较平稳准确的平均值,配合无线数据传输技术可以实现大型结构的多点测量。

在结构健康监测、检测及静载试验中,桥梁挠度是评价结构安全的关键参数,因此结构在一定荷载作用下的位移是桥梁健康状态的重要指标。目前新型位移传感技术主要包括:① 基于激光测量系统。系统由激光发射源和 PSD 或 CCD 探测器组成,根据激光定向直线传播原理,通过测量发射端和受信端的光程差实现位移测量,是一种非接触式测量,测量精度和分辨率都很高,但其动态测量对环境要求高,激光在传播过程中容易受环境湿度及气流影响。② 数字图像相关性解析(DIC)。这是一种基于现代数字图像处理和分析技术的非接触式全场光学测试方法,其测试基本原理是分析加载变形前后被测物体表面的数字图像,通过一定的相关算法对相应数字图像的散斑特征点进行匹配跟踪,进而获取加载前后被测物体表面的位移变化信息,可实现可视化实时监测且无电磁干扰,但观测范围受设备性能影响,监测准确性受环境随机因素影响。③ 微波雷达。微波雷达设备主要包括雷达信号处理机和监控单元两大部分。通过改变雷达波束照射位置获得区域内目标全程各点的径向微变形数据,基于微波雷达侧位移设备可非接触式、多点同时监测桥梁振动位移,有望成为一种新的监测技术。④ 遥感技术。通过飞行器等不同搭载平台,利用合成孔径雷达或光学成像设备获得遥感图像,比较相同区域内在不同时段内的图像差异求得位移变化,实现自动化、智能化、专用化快速获取空间信息,目前存在分辨率不够的问题。

4.1.2.2 采集与传输

(1)现有采集与传输系统过程烦琐,涉及多个处理流程。

数据采集和传输子系统主要完成对传感器信号的调制、采集,以及将采集到的传感器信号进行初步的预处理,并将经初步预处理后的数据传输到后台计算机进行桥梁健康分析与评估。子系统的硬件部分通常由数据采集工作站和数据传输网络组成。除此以外,子系统还包括数据采集与传输软件。

数据采集系统由传感器输出信号、信号调理硬件、数据采集设备及相关配套软件组成。传感器输出信号特征直接决定数据采集设备的选择。传感器输出信号主要分为模拟信号和数字信号。由于传感器输出的模拟信号通常极其微弱,无法被数据采集系统直接采样,而且由于受周围环境的干扰会产生很多噪声,所以必须对传感器输出信号进行调理。信号调理器可以将传感器产生的模拟量信号进行放大、隔离、滤波等处理,从而获得标准化信号。模数转换器主要是对经过调理后的信号进行模拟量转换成数字量(A/D)转换,将调理过的模拟量信号转换为计算机可识别、处理的数字信号。

数据传输网络负责传输各个数据采集单元的数据至数据处理和控制系统。数据传输离不开对网络框架的依赖。目前计算机网络应用主要采用物理层、数据链路层、网络层、传输层和应用层的五层结构框架,此框架中的每一层都有协议或者方法的选择。

大型的桥梁健康监测系统一般包含多个数据采集单元,将各个数据采集单元的大量数据实时地传送到数据处理和控制中心是重要的一步。数据传输系统包括通信网络和通信协议。本章中的通信网络对应相对底层的物理层和数据链路层内容,通信协议对应网络中网络层、传输层、应用层相对高层的内容。

(2) 无线传输技术或成新热门研究方向。

近年来出现的无线传感技术在国内外都受到了高度重视,但目前还属于实验和发展阶段。此研究最初来自美国军方和自然科学界。无线传感网络技术由于自身的组织性、成本低、高容错性及灵活性等优点,在军事、医疗健康、环境科学、空间探索等领域都有着非常广泛而深远的应用前景。一开始,无线传感技术在结构健康监测系统的传感器上安装无线的通信器件,从而实现无线传输,这样就可以降低成本。在我国,某些高校和科研所已把该技术应用于土木结构健康监测,可以将无线传感技术与无线局域网和网络技术互相结合,来实现数据的无线远程传输、管理以及存储,从而达到对结构通过远程来监测的目的。

4.1.2.3 结构状态参数与损伤识别

(1) 信号分析手段为自然环境下桥梁状态参数识别提供可能性。

基于环境随机激励的结构健康监测技术以行车荷载、风载、地震等自然环境激励作为系统输入,经动力测试得到动力响应信息(加速度、应变等响应)进行结构模态参数识别。基于环境振动的加速度模态识别理论发展历史悠久。早在 1977 年,Abdel-Ghaffar 和 Housner 等便首次在金门大桥上进行环境振动测试分析得出结构的动力特性。在随后的 40 年里,大量的环境振动下利用加速度响应对结构参数进行识别的方法被研究出来。S. R. Ibrahim(1977)利用 ITD 法构造自由响应采样数据的增广矩阵识别系统模态参数。美国 Langley 中心的 Juang 和 Pappa(1984)利用特征系统实现算法(ERA)通过奇异值分解得到系统参数。Peeters(2004)利用 PolyMAX 进行结构模态参数识别。BrownJohn 等利用 NExT、SSI 和 p-LSCF 3 种模态参数识别方法对 Humber Bridge 的频率、阻尼和振型进行了识别与比较。Catbas 等基于环境振动测试数据,结合随机减量法和 CMIF 方法识别布鲁克林桥的基本模态参数(频率、阻尼和振型)等。随着监测数据及系统复杂性的不断增加,环境振动加速度数据的采集也由传统的有线测量向无线传感网络过渡,且随着数据采集硬件的不断发展,监测数据的长度和质量都得到提升,保证了采集数据的可靠性。此外,利用识别的结构模态参数(自振频率、频响函数及位移模态、模态柔度等),可进行结构有限元模型修正,基于修正后的精确有限元模型可很好地进行结构的安全评估和长期性能预测。

(2) 传统动力学指标精准度不够,难以实现结构损伤识别。

尽管加速度模态识别理论已发展得如此成熟,但将环境振动加速度模态识别方法用于工程实践中仍有很大的局限性。因为即使得到非常精确的有限元模型,利用环境振动频响函数也只能识别出结构的基本模态参数(如固有频率、阻尼比和位移模态振型),这些参数并不能有效地进行结构长期性能评估。因为从环境振动中识别的频响函数和真实频响函数只是形状相同而幅值并不同,而结构的基本模态参数识别与频响函数的绝对幅值无关,所以当前很少有人对环境振动数据计算频响函数的幅值进行研究。但是环境振动频响函数的幅值却对结构柔度识别至关重要。笔者团队研究了从仅有输出数据的环境振动测试中识别结构未缩放位移柔度的方法,并从理论上揭示出环境振动下频响与理论频响之间的关系:形状相似但是频响幅值不同。

利用环境振动位移频响用模态参数识别算法(如 PolyMAX 法)可以识别出基本模态参数,根据所识别基本模态参数、结构模态质量与频响函数的关系计算得出结构模态质量,进而由已识别出的各类参数推导得出结构非缩放位移柔度矩阵。该矩阵具有工程意义,可以用其了解所研究结构的相对刚度分布和预测静力荷载下的结构变形。但是由于环境激励力的强度未知,得不到结构真实位移柔度,仍无法得到结构深层次信息。基于加速度测量的位移模态结构损伤识别方法已进行了充分的研究,包括频率法、模态振型方法,以及延伸出的模态曲率法、模态柔度法、应变能法等。但是研究表明,这些指标对损伤并不敏感。例如,损伤不能导致频率的显著改变,且受温度因素影响,模态曲率法、应变能法、柔度差法在有噪声情况下可能发生误判。因此,基于加速度模态这一宏观特征所衍生出来的各个指标对结构的微观损伤并不敏感,难以满足实际工程的需求。

(3) 新技术、新方法为桥梁损伤识别提供可能性。

基于加速度测量的模态理论发展较为成熟,但是在应用过程中还存在诸多局限性,特别是对结构微小损伤的识别无法有效实现。基于点式应变测量的应变模态理论虽有一定发展,但远不如基于加速度的模态分析理论发展成熟。究其原因,传统的点式应变对结构局部信息(如局部小孔、切槽)敏感,因此它不适合进行以结构宏观信息识别为目的的模态分析。长标距传感技术所输出的是一定标距长度内的平均应变,因此在反映结构局部信息的同时,具有能够反映结构宏观模态信息的特点。基于此,吴智深团队进行了一系列的基于长标距应变的应变模态理论分析,创新性地扩展了传统的应变模态理论。

通过调研发现：① 长标距应变 FRF 是个更类似位移 FRF，而不同于速度或加速度 FRF 的物理量，因此对低频响应更为敏感，更适用于高柔度结构（高层建筑、大跨桥梁和缆索）的监测和模态识别；② 基于位移 FRF 和基于长标距应变 FRF 提取结构固有频率和阻尼比等价有效；③ 与位移 FRF 相比，长标距应变 FRF 实部、虚部的模态常量与之不同，但是相位相同，因此结构区域分布应变模态分析理论，能够从频率、振型、阻尼、相位角等各方面全面代替传统的加速度模态体系，解决了其只反映宏观而不能精确反映局部特性的问题。

基于区域分布的长标距应变模态理论解决了传统点式应变的不足，建立了应变与转角的关系，实现了宏观与微观相结合，且通过改进的共轭梁法进行挠度计算可以准确反演位移模态，不存在传统点式应变模态计算位移模态时误差被放大的问题。基于区域分布的长标距应变能够反映结构的裂纹宽度和微小损伤的特性，许多基于应变模态的损伤指标被提出，如长标距应变模态振型曲率差、长标距应变模态振型平方差、长标距应变能、长标距应变柔度等。因其包含了损伤的直接信息，故能很好地识别复杂损伤，且根据模态参数构建的灵敏度方程可以进一步实现结构的损伤定量。

4.1.2.4　结构性能评估

（1）结构安全性评估方法百花齐放，各有所长。

结构状态评估是指通过各种可能的、结构允许的测试手段，测试出能够反映其当前的工作状态的内部信息（损伤等），在此基础上运用某种状态评估理论，对构件及结构整体的施工、运营等工作状态进行评估，以确定结构的安全性、耐久性。因此，桥梁结构的状态评估包括结构安全性、耐久性两方面的含义。目前，桥梁安全性评估方法所采用的理论主要有可靠度理论、层次分析法、模糊理论、神经网络及专家系统等。

采用可靠度理论对桥梁结构物进行安全性分析时，首先要找出赖以进行分析的极限状态。为此就要分析结构系统或构件的失效模式，然后按所定义的极限状态确定极值荷载和临界强度，并求得相应的失效概率、可靠度及可靠性指标等。

层次分析是美国运筹学家 A.L.Satty 在 20 世纪 70 年代提出的。AHP 法是多指标综合评价的一种定量方法，它通过确定同一层次中各评估指标的初始权重，从而将定性因素定量化，在一定程度上检验和减少了主观的影响，使评价更趋于科学化，权重的计算方法可用乘积方根法、求和平均法。

模糊综合评估法是借助模糊数学的一些概念，对实际问题进行评估的方法。它是以模糊数学为基础，应用模糊关系合成的原理，将一些边界不清、不易定量的因素定量化进行评估的方法。如果客观事物对象本身不明确，事物的分类没有明显的界限，即事物既可以属于这类也可以不属于，则可以考虑采用这种方法。

遗传算法最早于 20 世纪 70 年代由美国密执安大学的 John Holland 提出。它是基于自然遗传和自然选择的思想，类似于达尔文"适者生存"理论方式的寻优方法。它主要是通过编码、进化、选择、交叉和变异五种操作来实现。遗传算法的强大寻优功能可以较好地满足可靠性计算与分析的要求。

模糊神经网络法采用神经网络的结构和模糊逻辑的推理机制,将神经网络和模糊系统有机地结合在一起,可以有效地发挥各自的优势并且弥补各自的不足。神经网络是一类模拟生物神经系统结构、由大量处理单元组成的非线性自适应动态系统。它具有学习能力、记忆能力、计算能力及智能处理功能,能在不同程度和层次上模仿大脑的信息处理机理,具有非线性、非局域性、非定常性和非凸性等特点。其研究成果广泛用于模式识别、自动控制、图像处理、语言识别等领域。

(2) 结构安全性评估方法仍有局限性,仍需完善。

Engelun 等采用抽样统计方法和蒙特卡罗法计算桥梁结构系统可靠度。Reddy 等将结构的失效概率作为模糊随机事件的概率模型,从而建立了结构可靠度统一分析模型。Enright 和 Frangopol 基于贝叶斯原理来预测桥梁结构的承载力和可靠度的时变特性,同时结合检测数据预测桥梁的运营状态。Frangopol 等基于监测数据评估了一座桥的弦杆和桁梁,其监测的荷载效应标准差由理论计算得到。

Akgul 和 Frangopol 探索了桥梁的全生命周期内性能分析的一般性方法,其研究成果已应用于多座处于运营期的混凝土桥梁中。Stewart 和 Mullardl 提出了一种时空相关的可靠度分析方法,研究和预测处于侵蚀环境中的混凝土桥梁裂纹发生的可能性和损伤程度。未来的研究方式趋向于利用现有桥梁实时监测数据(挠度、加速度、应变、位移,以及风、温湿度等),分析桥梁结构局部和整体的性能。同时可利用监测数据与概率知识相结合,建立桥梁安全性评估的概率模型,提供更为准确的评估信息。

目前桥梁健康监测对运营状态评估等方面的研究还不够深入和完善。综合国内外现状来看,不同类型的大跨径桥梁,结构失效形式情况多而复杂。针对不同跨径的桥梁选择那些失效形式对应的结构可靠度仍需具体研究。同时,缺少对处于运营阶段现有损伤状态的桥梁可靠性评估。

4.2 机理、仿真与性能评估

桥梁结构在服役期间面临的结构受损、性能退化等问题对桥梁结构的使用性和安全性造成了严重的影响,对桥梁结构性、功能性、耐久性损伤机理进行深入研究有助于从根本上了解桥梁劣化的原因与条件,为下一步的评估养护提供依据。

桥梁结构分析经历了从平面计算到空间计算、从线性计算到非线性计算、从静力计算到动力计算、从铰连接杆计算到刚性或半刚性连接梁计算、从局部模型计算到全桥模型计算的过渡,其背后离不开随着计算机仿真模拟技术的进步。随着 MADIS 和桥梁博士等软件的出现与发展,相关技术人员能更加科学合理地对桥梁结构进行设计。

桥梁结构状态评估是指通过各种可能的、结构允许的测试手段测试出能够反映桥梁当前的工作状态的内部信息，并在此基础上运用某种状态评估理论，对构件及结构整体的施工、运营等工作状态进行评估，以确定结构的安全性和耐久性。基于此，本节对通过安全状态评估标准体系、长期性能评估体系、损伤识别、剩余承载力评定、抗震抗撞性能评估做出简要介绍，供读者了解在役桥梁有关评估方法。

4.2.1 机理与仿真

（1）针对结构性、功能性、耐久性损伤的机理研究有待进一步提升和完善。

在基本理论与方法体系方面，国外已在开展 200 年使用寿命超级桥梁工程的基础研究工作。我国全寿命设计理论方法、基于性能的设计理论方法和多灾害作用下防灾减灾理论方法的系统深入研究仍需加强，指标和规范体系有待完善和建立。

从结构性损伤机理来看：裂缝是混凝土桥梁损伤的主要表征，但其机理研究目前仍不充分，影响了结构损伤的准确判断与后期合理处治。传统的基于 S-N 曲线和 Palmgren-Miner 线性累积损伤准则的疲劳研究取得了较多进展，但应用于焊接钢桥时如何获得复杂构造细节的 S-N 曲线和相关部位的应力历程仍存在较多难点，且由于其本质上是基于经验的设计方法，所以难以解释疲劳发生的机理问题。近年来研究较热的基于断裂力学和损伤力学的思路和方法，致力于描述具有初始裂纹缺陷的结构在交变载荷作用下，裂纹处于亚临界状态下的扩展规律。然而，应用断裂力学获得裂纹的全寿命计算模型仍然是其一大难点，损伤力学则尚未形成成熟的和公认的理论体系，因此相关研究仍处于初级阶段。

从功能性损伤机理来看：在国内高温重载使用条件下，钢桥面铺装破坏机理的研究是当前钢桥面铺装技术研究的重点和难点。

从耐久性损伤机理来看：国内外对材料层次的耐久性影响因素、劣化机理等研究已较为深入，并已取得了众多研究成果，如对氯离子侵蚀和碱集料反应的腐蚀机理已较清晰，但从构件、结构等宏观层次上看，由于影响结构耐久性的因素众多，目前还难以准确表达结构抗力的随机衰减过程，对结构性能劣化的模拟和使用寿命的预测还需进一步提升和完善。因此，混凝土结构的耐久性设计，以及运营过程中的耐久性养护，都还缺少统一有效的模式。尤其是桥梁运营期的耐久性养护，目前还缺少较系统的研究，对耐久性病害的防治也往往停留在治标不治本的低级阶段。积极开展环境长期时变作用模型、材料—构件—结构整体损伤演化规律，以及结构构件—结构整体安全性能退化规律研究，已是当务之急。

（2）仿真分析技术与桥梁结合日益紧密，为设计、养护、管理等提供新途径。

20 世纪 60 年代计算机的出现，为桥梁结构分析提供了腾飞的翅膀。用计算机进行桥梁结构有限元分析，是计算机最早应用的领域之一。半个多世纪以来，桥梁结构分析软件的发展随着计算机水平的发展而不断进步,处理问题的能力越来越强、图形显示的效果越来越好、计算速度也越来越快,使得日趋大跨、轻柔和复杂的现代长大桥梁的建造成为可能。近年来,桥梁博士、MADIS 等桥梁计算软件正在向空间梁格、板壳、实体单元仿真建模、非线性分析动力特性计算等方向发展,并且在加强计算数据与 CAD 绘图软件的联系,形成分析、设计、绘图、文档一体化等方面取得了显著进步。但目前仿真分析软件仍主要是针对新桥设计,在面向旧桥检测加固分析的特殊需求方面,如考虑初始损伤的建模技术方面考虑较少,检测与监测中发现的结构损伤尚难以较方便地在技术模型中体现。在可预见的未来,为实现全寿命桥梁管理、损伤发展趋势推演、事故反演等功能,多尺度建模技术与 BIM 技术及虚拟现实技术相结合的仿真分析技术将是主要研究热点。

4.2.2 安全状态评估标准体系

合理的桥梁技术状况评估是科学管养的前提和指导,对检测—评估—养护一体化的构建有着举足轻重的影响。在役桥梁的技术状况评估是一项多学科交叉的基础性研究工作,涉及不同因素作用下材料性能劣化机理及变化趋势研究、桥梁累计损伤机理及规律研究、表观病害与结构力学状态作用关系、风险不确定性分析等方面的内容。近年来,随着相关方向研究的逐渐深入,我国的桥梁安全状态评估也实现了创新与突破。

(1) 多标准相继出台,推动在役桥梁评估的标准体系建设。

我国在引进、学习发达国家的相关经验技术基础上,已逐渐步入结合我国桥梁特点的吸收、提升、创新阶段,且部分技术已达到国际领先标准。先后颁布《公路桥涵养护规范》(JTG 5120—2021)、《公路桥梁技术状况评定标准》(JTG/T H21—2011)、《公路桥梁承载能力检测评定规程》(JTG/T J21—2011)等相关标准,有力推动了我国服役公路桥梁可靠性评估的标准体系建设。

(2) 现行规范尚存不足,相关研究继续开展,孕育新规范。

《公路桥梁技术状况评定标准》(JTG/T H21—2011)是当前公路桥梁中广泛使用的评估类规范的代表之一,但其主要面向中小跨径桥梁,对于斜拉桥等大跨径桥梁的评估,在指标体系和评定标准方面存在一定局限。同时,评定标准中采用的是分层综合评定与单项指标控制相结合的方法,概念清晰,计算简单。但是评估中也常出现对结构影响小的病害因数量多致使评分结果偏严重等现象,与实际桥梁状态存在较大偏差。不仅如此,层次分析法无法解决各类评估信息表现的模糊、不完全等特性。因此,在长大跨桥梁的安全评估中,也常采用专家打分等方式,但主观性较大,也易造成评估结果的偏差。

(3) 多源信息融合技术成为桥梁状态评估的新途径。

现阶段的多数桥梁的评估信息仍主要来源于以人工检查为主的桥梁养护管理系统和以传感器监测为主的桥梁长期监测系统。而它们都有各自的弊端,前者主观性大,检测存在盲点；后者受限于传感器精度及寿命，监测数据存在一定程度失真，而且在损伤识别上存在一定的困难，都难以独立成为桥梁状态评估的理想数据源。

多源信息融合的方法应用于桥梁的状态评估上，筛选、整合两大系统的数据及信息，通过数据自交融合、互交融合、特征抽取等方法，有望获取一致性、可靠性结果，提供更为科学合理的养护方案及决策依据。

当前，已有学者将多源信息融合技术应用于桥梁状态评估工作中，建立基于架构的层次化的指标体系，提出集数据库管理、数据处理、检查监测、综合评估、病害诊断、维修管理等多种功能为一体的综合性桥梁养护管理系统的概念。

未来有待建立更为完善的架构方式，实现检查、检测、模型计算值等数据深度挖掘和融合处理，实现智能化、自动化的评估决策。

(4) 桥梁可靠性内涵逐渐丰富，但距离科学评估与管养尚有距离。

应当意识到，桥梁安全状态评估仅是可靠性评估的一部分。而且近年来，由于多发的桥梁安全事故，结构的鲁棒性、冗余度、易损性等理念越来越深入人心，使得可靠性内涵逐渐丰富起来。

相比发达国家，我国还有很大的进步空间。美国在役公路桥梁评估分为结构状况评估、综合性能评估、健全性评估和承载能力评估四类。欧洲桥梁管理系统的桥梁可靠性评估体系，主要包括缺损状况、承载能力和耐久性评价，同时综合考虑桥梁安全性、耐久性、服务性和经济性。日本将桥梁的性能划分为安全性能、使用性能和行人安全性，其评估也分为缺损状况评估、耐荷能力评估和中性化评估（耐久性评估）。而我国在役公路桥梁可靠性评估方面仅有技术状况和承载能力评定两项内容，未完全涵盖安全性、适用性、耐久性的相关内容，与国外发达国家评估体系相比还存在一定差异，严重制约了我国桥梁基础设施的可持续发展。鉴于我国既有服役公路桥梁可靠性评估体系尚不完善、部分评估内容缺失，评估方法有待进一步改进。有学者探索性地提出了一套可靠性评估体系框架(见图4-32)，取得了一定的成效。

综上所述，尽管我国相继出台了不少桥梁评估标准，但距离完善的评估养护的标准体系尚有距离。实际应用仍多是技术状况评定，信息来源较为单一，因而多源信息融合技术成为桥梁状态评估的新途径。同时可靠性评估内涵丰富，远不止安全性评估，未来发展应当全面涵盖安全性、适用性、耐久性等相关内容。

4.2.3 长期性能评估体系

随着桥梁建设高峰期的过去，桥梁结构的养护管理已经逐渐成为各国桥梁工作的重心。管养经验表明，传统的纠正式养护方法，已经不再适应时代发展的需求。基于桥梁性能随时间的变化规律开展的预防性养护工作，能够有效提高桥梁管养效率和质量。因此，长期性能研究正成为全世界桥梁技术的研究热点。

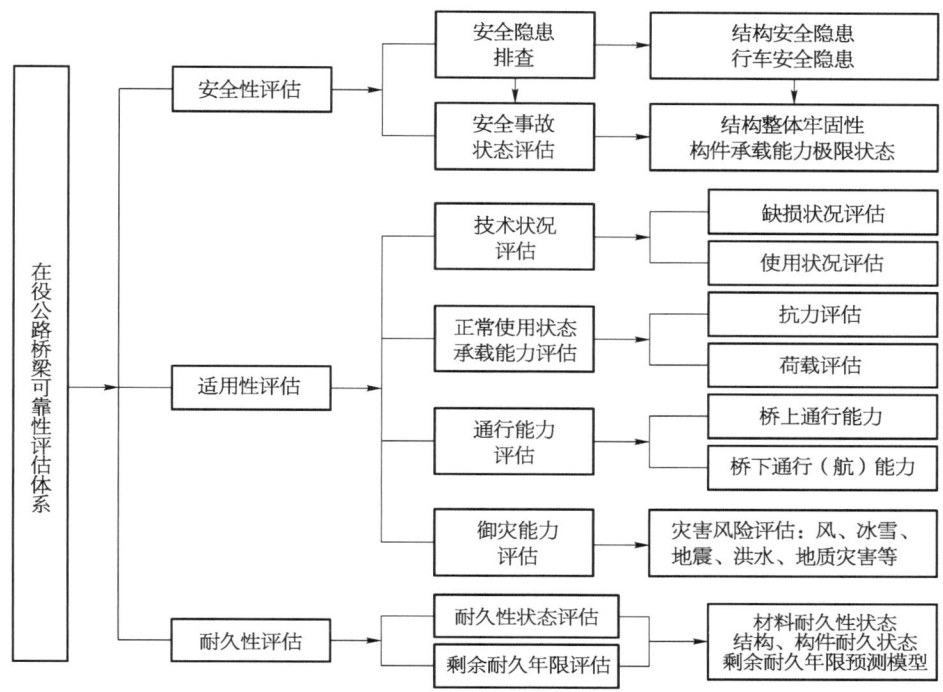

图 4-32　在役公路桥梁可靠性评估体系框架

(1) 国外梁桥性能评估的研究如火如荼。

1966 年和 1988 年,日本分别制定了《道路养护维修要领》和《桥梁检测要领》,统一全国桥梁的检查标准和周期,并制定检测结果的标准处理规定。美国通过开展"国家桥梁检测计划",建立国家桥梁档案库(NBI),颁布《国家桥梁检测规范》(NBIS)等系列规范,以及开发 BRIDGIT 和 PONTIS 桥梁管理系统,逐步发展了桥梁检测与管养体系。2010 年 6 月,欧盟发布了"2020 战略",以引领欧盟经济走出债务危机。在考虑环境影响和经济限制的前提下,评估老旧交通基础设施的服役性能和寿命,维护和更换部分基础设施及设备被提上议事日程。2011 年 10 月,欧盟联合英、法、瑞、德等国,启动了为期 3 年的"MainLine Project(主线计划)"。通过研究新型检测和监测技术,对欧洲运输系统进行全面的安全性和寿命周期评估,研究延长桥、隧、轨道等老旧基础设施使用寿命或更换设施的方法,最终提升欧洲运输能力。

(2) 中国的长期性能综合评价体系正在逐步建立。

为保障桥梁安全、适用与耐久,急需采用有效手段,对桥梁性能进行长期跟踪检测和监测,评定其安全状况、开展预警和损伤控制。近年来,中国制定了较为完备的桥梁养护规范体系;开展了桥梁定期检测和危旧桥改造系列工作;在多座大型重要桥梁上安装了健康监测系统,并积累了较为丰富的性能数据和初步分析结果;预防性养护研究工作已在江苏省沿江、沪宁、锡张等 6 条高速公路的部分混凝土桥梁上启动。在国际大环境的影响下,在桥梁性能检(监)测、养护技术研究方面,中国与发达国家步调基本一致。中国已经具备了开展系统性的桥梁长期性能研究的良好基础。2020年12月,为提升公路桥梁管养水平,交通运输部发布《关于进一步提升公路桥梁安全耐久水平的意见》。

我国山区梁桥数量庞大,复杂的地理环境也给梁桥养护管理带来了挑战。近年来已有专门针对建立山区梁桥的长期性能评估体系的研究。例如将梁桥的结构变形、结构裂缝、结构模态及结构变位作为山区混凝土梁桥长期性能指标,以实现山区环境下的混凝土梁桥结构质量的多环节、多层次控制。

公规院联合东南大学等单位专门立项对混凝土梁桥长期性能评估展开研究,"混凝土梁桥长期性能研究(LBBP)"项目以混凝土梁桥长期性能为研究对象,采用工程调研、理论分析、数值模拟、实桥验证等多种方法,明确了混凝土梁桥长期性能关键影响因素集,建立了混凝土梁桥长期性能综合评价体系,提出了保障和提升混凝土梁桥长期性能的技术措施,编写了《混凝土梁桥长期性能观测与评价指南》和《典型混凝土梁桥长期性能分析与评价示例》。LBBP项目总体技术路线(见图4-33)。

综上所述,国外梁桥的养护管理起步比中国早,尽管中国现有的桥梁研究主要集中在建设技术领域,管养方面的研究相对较少,但目前我们已经在加快建立梁桥的长期性能评估体系的研究,对梁桥的耐久性和长期性能评估的关注度越来越高,且已经取得了一些成果。

4.2.4 损伤识别

探明桥梁结构的损伤状况是桥梁结构健康监测的重要任务。只有了解了桥梁的损伤位置和损伤程度,才可以根据对损伤状况的评估,采取相对应的措施,保障桥梁正常运营。桥梁结构的损伤会使结构本身的物理参数发生改变,从而改变其动力特性。因此,可以通过获取结构的振动特性作为损伤识别的切入点,通过物理参数这一变量,来达到损伤识别的目的。另外,随着人工智能技术的进步,基于算法的识别技术也不断发展。本节着重对主流的传统方法和基于智能算法的识别技术加以阐述。

(1) 传统的检测方法精准度不够,效率较低。

早在20世纪90年代,根据梁体的振动特性来检测墩台单元刚度方法就被提出来,后来逐步发展到根据动力结构来检测损伤。结构的动力特性是结构所特有的,将模态参数及其变形或组合得到的能反映结构动力特性的参数称为结构的动力指纹。常用的动力指纹有频率、振型、频响函数等。可以通过损伤前后结构动力指纹的改变对结构进行损伤识别。任何结构都可以看作是由质量、刚度、阻尼等结构参数所组成的系统。结构发生损伤,必然导致这些动力学参数发生变化,从而导致结构系统的模态参数和频响函数发生变化。这种识别方法需要一些先验知识,即首先需要建立各种损伤所对应的动力指纹库,由实际测得的动力指纹与指纹库中的数据进行比较,找出最接近的动力指纹,从而判断损伤情况。

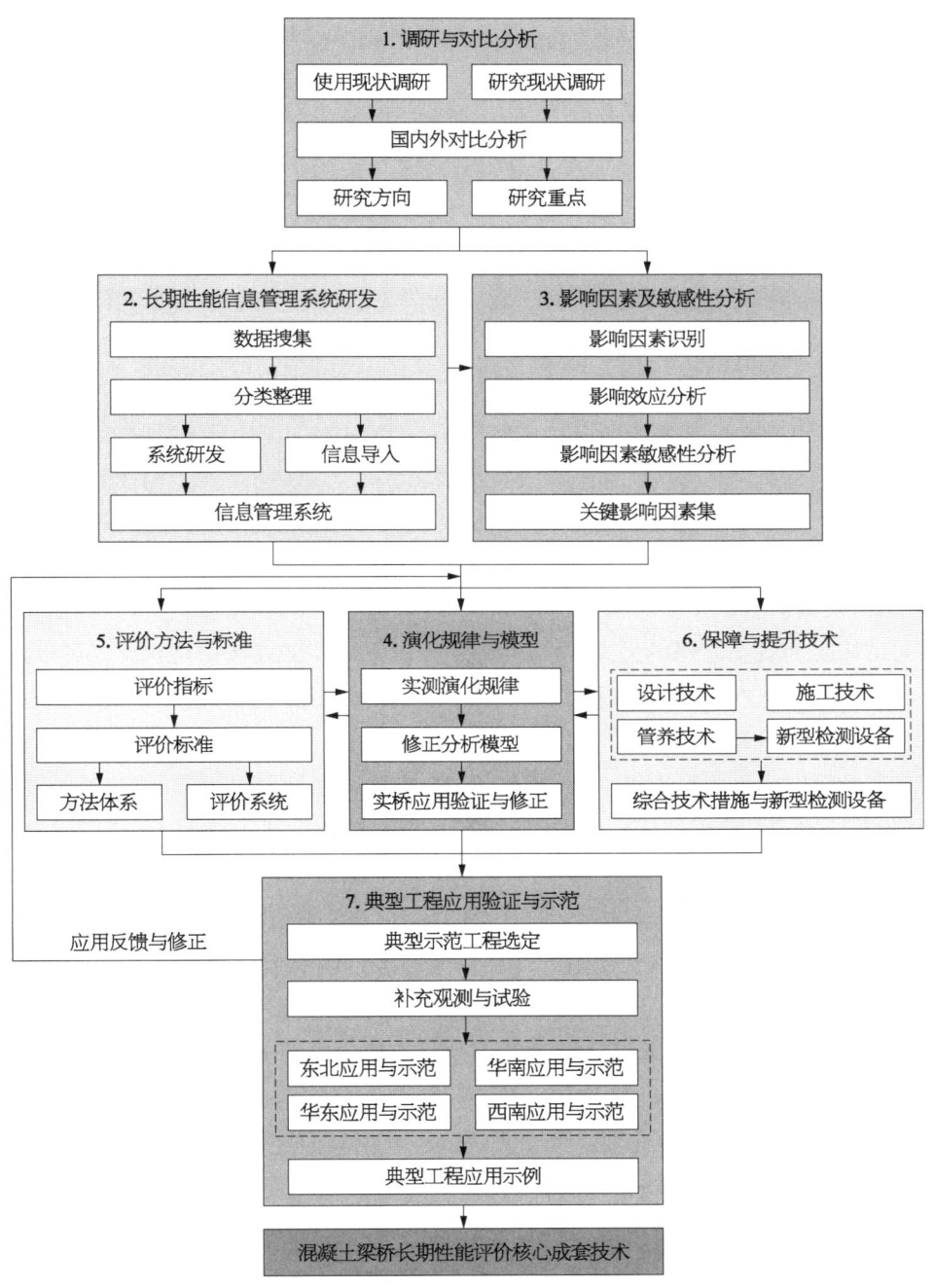

图 4-33 LBBP 项目总体技术路线

基于频率的损伤识别方法应用广泛,其最大的原因在于频率是最易测得的结构动力参数,且对于低阶频率的测量准确度较高。频率作为结构刚度与质量的函数,能够反映结构的整体性能。在土木工程领域,一般认为损伤将导致结构刚度的降低,而不会引起结构质量的改变,因而通过频率的变化可以反映结构的损伤情况。考虑到在实际工程中,对在役桥梁未加载状态的频率可能无法得知,此时频率变化率的计算只能以正常使用状态测得的频率为基准。

长大跨桥梁的损伤会导致结构的动力特性产生较为显著的变化,可对其开展动力检测,而梁桥跨径一般不大,利用动力检测的方法误差往往较大,而且定位到梁体具体的损伤位置较困难。

除了基于动力特性的结构损伤识别方法,还有通过结构的位移、应变、应力等静力响应来分析结构刚度信息的传统方法。静力检测方法相对于动力识别,精度更高,稳定性更强。但目前的静力检测方法大多选取桥梁结构的位移和应变,对于大跨、高墩的桥梁,形变数据获取难度大,在实际的数据采集中,需要管制结构的交通状况,对检测环境要求严格。

(2) 基于人工智能的深度算法颇具发展潜力。

随着人工智能的发展,智能算法也作为一种重要的手段被运用于桥梁结构的损伤检测。它可以通过对样本的大量学习,捕捉到样本的特征及样本与目标对象的潜在联系,可以用来判别测试样本的属性及状况。利用智能算法的技术,让它得到损伤指标的样本与结构损伤状态之间的关系,从而判断测试样本所属的结构损伤状况。可以说,这是近年来智能技术在土木工程领域的一次开拓。目前利用智能算法的桥梁检测方法主要有人工神经网络和支持向量机方法。

人工神经网络是根据人脑的神经元工作模式所演变而来的运算结构,是一种出现比较早、发展比较成熟的网络模型,通过神经元相互连接构成,其架构可以随着连接方式的改变而改变。常见的 BP 神经网络、径向基神经网络、RBF 神经网络等也属于人工神经网络的一部分。支持向量机是利用内积函数将向量映射到另一个更高维的向量,是在样本数量有限的情况下所使用的一种人工神经网络。支持向量机的结构简单,可以达到全局最优化的目的,且泛化能力强,在土木工程损伤识别领域应用广泛。

近年来有实验证明,采集简支钢梁的多个节点的竖向加速度响应值提取特征分析,可以有效识别损伤位置和损伤程度。与传统的 BP 神经网络和 SVM 支持向量机相比,该方法的识别准确率更高。数据中存在噪声是一种普遍现象,没有绝对纯净的数据,但损伤识别的准确度随着噪声程度的增加而下降,选择合适的小波去噪函数进行去噪处理是一种有效的方法。目前已有一些对比不同的小波函数去噪效果的研究。基于小波变换和深度置信网络的识别方法具有一定的研究前景。

(3) 考虑温度变化的损伤识别——新的尝试。

考虑温度变化的损伤识别方法是近年来检测技术的一项全新的突破。通过在缩小实验桥上配置各种传感器,已经证明了该方法的可行性。在实验桥梁上基于热的 SHM 系统成功地识别了整个桥梁长度上弯曲损伤的严重程度和分布模式。

该系统通过监测到的热响应和温度分布之后,利用一个分析模型来解释影响热响应的各种因素。通过使用监测到的温度效应,分析模型能够准确预测未受损桥梁的热响应。此类预测可作为检查桥梁结构健康的基线,因为监测响应和分析预测之间的差异随着损伤程度的增加而增加。另外,通过将结构损伤的影响纳入分析模型,可以显著减少差异。通过这样做,可以确定抗弯刚度折减函数。该函数与整个桥梁长度上的损伤分布模式和损伤严重程度具有合理的相关性。因此,一个有效的基于热的 SHM 系统可以用于缩小实验桥梁,那么类似的基于热工的 SHM 系统也可应用于全尺寸桥梁。对于此类应用,需要在仪器、数值建模和损伤识别方案方面进行一些实际考虑。

综上所述,结构损伤识别一直是桥梁监测与评估领域的研究热点,已有大量的研究工作和成果,但距离实际应用尚有较大差距。在实际工程中,各种环境因素引起的结构响应变化甚至会掩盖结构损伤引起的变化,严重影响损伤识别的准确性和实用性。研究各种环境因素的影响,以及如何将这些因素有效分离以准确识别结构损伤,是值得深入研究的问题。当前,现有的工作主要集中在损伤识别方法的研究,发展能应用于工程实际的损伤诊断技术将是今后的研究重点。

4.2.5 剩余承载力评定

多年来,国内外学者在既有桥梁承载力评估技术研究中已经提出了许多桥梁评定方法,这些方法也已经在既有桥梁承载力评估中发挥了重大作用。同时,各个国家根据自身的实际情况,都提出了各自的旧桥的评估方法或准则,用于指导既有桥梁承载力的评估。目前国内外用于既有桥梁承载力评估的常用方法主要有外观调查法、分析计算法、荷载试验法、可靠度分析法、专家系统法等。

除了以上的这些常规方法外,国内外研究人员还进行了很多新方法的研究、探讨与实践。兰海、史家钧引用灰色关联分析和变权综合的概念,提出了量化并确定评价指标体系和其他层次指标体系的综合方法,表明灰色关联度概念和变权综合方法可较好地应用于大型桥梁结构的状态评估等。郭国会进行了钢桁梁桥损伤的神经网络识别,将固有频率和振型参数作为网络的输入,用单元损伤的对应数据训练神经网络,运用 Kohonen 网络建立了桥梁结构损伤的监测模型。刘建民等利用 BP 网络的高精度模拟特性,以评价指标的评分值作为输入建立了一级系统的神经网络评估模型,然后再以各级系统的损伤评估值作为输入建立了桥梁损伤综合评估模型,从而得出桥梁损伤的评估结果,并根据给定的标准确定桥梁的损伤等级。

20 世纪 80 年代,美国联邦公路研究组织主持开展了"既有桥梁的承载能力评定"研究课题,美国联邦公路局(FHWA)主办了题为"增大桥梁的承载能力来延长其使用寿命"的研究课题。美国 ACI 规范专门讨论了"既有结构物的强度评定",并规定:若对结构物或结构的安全产生怀疑,可以考虑用计算方法或荷载试验,或者两者并用的方法进行结构物的强度评定。美国桥梁检定的方法可分为工作应力检定(WSR)和荷载系数检定(LFR)两种。AASHTO 在 1978 年颁布的《桥梁维修监理手册》中容许应力标准是在类似于设计上所使用的容许应力标准的基础上给出了 WSR 的定义。LFR 法是由 AASHTO 提出并制定成规范的,它根据结构的极限强度和适用性针对强度极限状态和可使用极限状态给出相应的极限荷载。美国《高速公路桥梁状态评估手册》(AASHTO 2003)规定荷载实验包括诊断实验和验证实验。诊断实验用于了解桥梁现状及受力状态等。验证实验用于桥梁处于线弹性状态的最大承载能力。随着现代电子技术和有限元结构分析水平的提高,桥梁结构的测试方法已从单一手工应变仪测试方法向微处理器控制的数据采集方法过渡,把分析模型和现场数据结合在一起的综合测试方法。BDI 结构测试系统就是以这种综合的结构评估方法为基础开发的一种准静态、低频率测试系统,其为结构的耐久性评估方法及检测技术提供了一种集成化的方法。准静态荷载试验通过测量车辆作用下影响线,将其与理论计算得到的影响线相比较,通过调整桥梁模型参数使理论计算影响线和实测影响线相符合。该方法起初用来判断桥梁结构是否有损伤。在美国,该系统已经成功地测试了 150 座不同结构类型的桥梁,其中包括托莱多钢桥、堪萨斯大桥的测试和鉴定等。但是该方法目前仍存在试验准备阶段长,模型校准困难,所发现的结构损伤难以被有效检验等问题。

在我国,桥梁结构性能评估基于外观的基本调查法一般参考《城市桥梁养护技术规范》(CJJ99—2003)、《公路桥涵养护规范》(JTG 5120—2021)、《公路桥梁技术状况评定标准》(JTG/T H21—2011),基于设计规范的检算评定方法和基于荷载试验的评估方法一般参考《公路桥梁承载能力检测评定规程》(JTG J21—2011)。在这些常规评定方法基础上,国内研究人员还进行了很多新的探索与实践。长安大学贺拴海、郭琦、宋一凡等根据板梁模型在不同荷载等级作用下室内静、动力试验成果,结合结构动力学理论,建立了 RC 板梁静动刚度比与频率比的回归关系式,提出了名义配筋率的概念,给出三种控制弯矩的计算公式,同时以名义配筋率的函数形式建立用于 RC 梁健康状况的量化评定方法。清华大学梅刚、林道锦、秦权等采用三维实体单元对 4 座旧桥现状车载(大于设计车载的 2.5 倍)作用下的受力状况进行有限元分析,对其承载力进行评定,用随机有限元计算旧桥在现状车载作用下的剩余可靠度。周建庭、郝义等于 2006 年对理论影响线与实际影响线之间存在的偏差进行了研究,以梁式桥为对象,推导出实测桥梁影响线的递推迭代公式。本书进一步结合实桥,应用实测影响线递推迭代法来评定桥梁实际承载力。可靠性检验表明,该技术具有可靠、直观、经济等特点。苏交科集团张宇峰团队提出了基于准静态快速荷载试验的桥梁状态快速试验评定方法,与传统荷载试验进行的十余座桥梁的比对试验表明,其与传统荷载结果偏差小于 8%,但尚未形成成套自动化测试装备,虽已将试验时间从传统方法的 8 h 以上缩短到了 0.5 h 以内,但试验准备仍然烦琐,且试验精度尚有进一步提高的空间。东南大学张建教授团队开发了基于冲击振动的桥梁快速测试系列理论及其软硬件一体化系统,其核心思想是开发方便快捷的移动式激振装置进行桥梁冲击振动快速测试,基于输入输出数据能够得出结构频响幅值的独特优势(环境振动无法做到),通过理论创新实现结构深层次动力特征识别。

综上所述,虽然荷载试验方法被公认为是比较可靠的评定桥梁结构承载力和运行状况的方法,也被普遍采用,但是由于荷载试验方法自身存在费时、费力、成本较高和较长时间中断交通等缺点。随着我国交通基建行业大发展,既有桥梁不断增多,这一缺点将变得更加严重。为解决静载试验方法存在的缺点,有必要寻求一种快速、简便的方法对桥梁进行承载力评定。因此,探索在检算法和荷载试验法中寻找一种比检算法的主观性小、准确性高,而又相比于荷载试验法对正常交通的影响小、费用低,从而可在一定程度上替代荷载试验法的中间方法已是当务之急。

4.2.6 抗震抗撞性能评估

我国是世界上多震国家之一,对桥梁做出符合实际的震害预测和易损性估计,对提高综合抗震救灾能力是非常重要的。此外,桥梁撞击是影响桥梁建设和运营的一个关键问题。随着公路、铁路等交通基础设施快速发展,桥梁碰撞的风险也日趋加大,对桥梁的抗撞性做出准确的评估也成为迫切所需。

(1) 抗震评估理论从静力弹性分析到动力非线性分析,逐渐成熟。

随着人们对地震作用机理和桥梁结构破坏规律认识的不断深入,桥梁的抗震理论经历了从静力弹性分析、动力弹性分析、静力非线性分析到动力非线性分析方法等阶段。这些方法可归纳为弹性分析方法和弹塑性分析方法。

弹性分析方法包括静力弹性分析、弹性反应谱分析和线性时程分析方法。静力弹性分析方法最初由日本学者大森房吉在 1899 年提出,此方法是将等效的静力荷载代替结构在地震强迫作用下的地震力,通过假设结构的各个部分与地震动具有相同的振动形式,结构因地震作用引起的地震力就等于地面加速度同其质量的乘积,将计算得到的等效静力作用于结构上,进行结构的弹性静力计算。20 世纪 40 年代,美国学者 M.A. Biot 提出采用地震记录反应谱的概念;50 年代初,G.W.Housner 提出了基于加速度的地震反应谱,并将其应用于抗震设计,沿用至今。20 世纪 50 年代末期,Housner 实现了地震反应的动力计算方法,动力时程分析方法可以反映结构在不同地震时刻的各个支点的位移、速度、加速度和结构的内力,克服了反应谱分析中只能反映结构的最大值而不能反映出内力等随时程变化的缺点,线性时程分析方法首先被提出。

经过合理抗震设计的桥梁结构在常遇地震作用下处于弹性阶段时,其刚度并未有发生较大的改变,因此可以通过上述弹性分析方法得到结构较为准确的地震响应;然而其缺点在于不能反映桥梁在强震作用下进入弹塑性后的力学行为。为此,包括静力弹塑性分析方法(Pushover 分析方法)、非线性动力时程分析方法、逐步增量分析方法

（IDA 分析方法，Incremental Dynamic Analysis）在内的弹塑性分析方法在近年来得到了广泛的研究和应用。

静力弹塑性分析方法早在 20 世纪 70 年代最先由 Freeman 等提出。经过国内外很多学者数十年的研究，人们对静力弹塑性分析方法的基本原理、实施步骤、优点及局限性有了较为全面的认识，广泛应用在结构的地震风险和抗震评估方面。作为一种简化的非线性分析方法，静力弹塑性分析方法能够从整体上把握结构的抗侧力性能，对结构关键单元进行评估，找到结构的薄弱环节，从而为设计改进提供参考。同时可以获得较为稳定的分析结果，减小分析结果的偶然性，花费时间和劳力较少，有着较强的实际应用价值。静力弹塑性分析方法的缺点在于，在分析过程中未考虑结构在反复加载过程中损伤的累积及刚度的变化，不能完全真实反映结构在地震作用下的性状；并且结构在分析时需要确定一个合理的目标位移和水平加载方式，这两者的选择会极大地影响分析结果的准确程度。近年来，许多学者针对各类不同构造的桥型，对目标位移和水平加载方式的选择进行了大量研究，以期获得更加准确的抗震性能分析。

非线性动力时程分析方法是考虑结构非线性行为的动态时程分析方法。由于结构进入非线性之后，线性分析和静力弹塑性分析结果不可能完全真实地反映结构进入非线性的响应结果，因此可以采用非线性动力时程分析方法通过直接积分获得完整的结构屈服机制、薄弱部位、结构的延性和破坏特征。其缺点在于时程分析的结构与所选取的地震动输入有关，分析的结果对地震的输入、结构计算模型、非线性计算方法和结构的滞回性能等因素较为敏感；再者非线性动力分析计算量非常大，对计算机要求较高。目前为了简便地对结构的抗震性能进行精确分析，有学者将静力弹塑性分析方法和动力时程分析方法相结合使用：通过静力弹塑性分析得出结构的最大位移，然后选择相对较少的地震动记录进行动力弹塑性分析，调整地震动峰值，使结构顶点的位移与静力弹塑性分析得到的目标位移，再采用各条地震动记录进行动力分析结构的抗震性能。

增量动力分析方法的基本概念早在 1977 年就由 Bertero 等提出。近年来，随着计算手段和方法的进步，许多学者对其进行了发展和完善，尤其是 Vamvatsikos 的工作将其推向了实用化。增量动力分析方法本质上是一种参数分析方法，通过该分析方法，可以更好地了解罕遇或相当严重的地震动对结构的影响；可以更好地了解结构响应特性随地震动强度增长的变化情况，如最大变形沿结构高度的变化、强度及刚度退化的起始及方式和幅度；可以更好地估计整体结构体系的性能状态；通过多记录增量动力分析研究，可以了解结构响应参数对地震动记录的敏感性。但是增量动力分析方法与地震动的特性有着重要的关系，要真实地分析结构的抗震性能，需要采用足够多数量的地震动，也就会增加计算量。此外，在增量动力分析方法中，如何合理地选择能反映地震输入强度（IM）与结构的特征损伤指标（DM）是很关键的。这也是目前研究的热点问题之一。

综上所述,在计算能力提高的带动下,结构抗震分析方法逐步从弹性分析方法向非线性分析方法发展。非线性分析方法作为目前桥梁抗震设计和评估发展的一个新的层次,未来也将得到进一步研究和应用。

(2)我国对抗撞评估研究处于初级阶段,仍有较大的研究空间。

桥梁在服役运营阶段,根据受力源的不同,可以将撞击简要分为船撞、落石撞击、车撞三类。后两者的撞击发生概率相对较小或对梁体的损伤较轻,本节不展开论述。而船撞发生频率高,其导致的桥梁损伤、倒塌危害大,引起了社会的广泛关注。现在,正在开展的全国桥梁承载体防撞评估正体现了我国对此问题的关注。交通运输部近年来陆续出台了《公路桥梁抗撞设计规范》《桥梁通航安全风险及抗撞性能综合评估工作及技术指南》等相关规范指南,全国各地也纷纷提出了船舶碰撞桥梁隐患治理方案等文件。目前,各国相关研究主要集中于撞击风险计算、桥梁船撞试验及用于桥梁船撞分析的方法等。

关于船撞桥风险分析问题,美国 AASHTO 桥梁设计规范最早引入风险思想指导桥梁船撞设计,对离船只航迹中线 3 倍设计船只总长以内和以外的桥梁重要构件分别采取了风险设防和常规设防两种方法。欧洲规范在桥梁设计船撞力方面给出了确定性分析法和风险概率分析法。前者以表格和公式的形式给出确定的设计船撞力值;后者与美国规范类似,但没给出船撞概率计算方法和目标风险接受度,倒塌概率计算也只是理论模型。中国现行的公路桥梁设计规范参照欧洲规范中的确定性分析情形,明确了桥梁抗船撞的设计原则,规定了不同等级内河航道和通航海轮航道的船撞力设计值,但没有像欧洲规范那样给出由简单到复杂分别适用于不同等级的结构分析需要的船撞力。目前国内基于《公路桥涵设计通用规范》这一当前公路桥梁设计的基本原则和统一标准,交通运输部发布了《公路桥梁抗撞设计规范》,为桥梁抗船撞设计提供可行或具体技术方法,提出了降低船撞风险的总体要求、降低船撞效应的结构性防船撞设施要求和基于性能的抗撞设计方法。

关于桥梁船撞试验研究,近年来随着桥梁船撞问题被广泛关注,针对桥梁的船撞试验陆续得到开展,主要可分为足尺实船碰撞试验、缩尺水平碰撞试验、基于摆锤的冲击试验、基于落锤的冲击试验四种类型。这些试验提供了重要的一手资料,为揭示船舶与被撞结构相互作用机理及船撞下结构的力学行为提供了帮助。

目前,主要用于桥梁船撞分析的方法有规范静力法和基于非线性接触有限元技术的数值法。规范静力法通常将船撞作用假定为等效静力荷载施加于被撞位置处,并由此确定结构的船撞响应。然而,大量实验与数值表明,规范静力法不能反映碰撞过程中船-桥动力相互作用的本质,没有考虑结构惯性效应的影响,将导致结构相应被低估。为此,许多研究利用非线性有限元技术建立精细化的船舶与桥梁模型来模拟船-桥碰撞过程。相比于规范静力法,该方法可以反映船-桥动力相互作用的全过程,能较为真实地估计船撞下桥梁结构的需求和能力。但同时,该方法也有着计算效率低、对使用者要求高、材料模型的局限性等缺点,难以广泛应用于船撞设计和评估中。考虑到上述两种方法的不足,介于两者之间的分析方法也是此领域未来发展的热点方向之一。

综上所述,桥梁船撞研究处于非常初级的阶段,在实用规范、桥梁船撞试验及用于桥梁船撞分析的方法等方面还有着较大的研究空间,期待此领域能得到进一步完善和发展。

4.3 维修加固与养护管理

随着社会交通量的迅速增长,桥梁的承载能力和通过能力也被赋予更高的期望。现阶段我国大部分公路桥梁在环境因素及自然灾害的影响下出现一定问题。部分公路桥梁管理部门过于重视桥梁的建设,忽略桥梁的养护,导致桥梁的使用性能日益下降,无法满足交通运输的使用要求。因此,加强桥梁的日常养护,对不符合交通运输要求的桥梁进行维修和加固,对恢复和提高桥梁运行的安全性具有重要意义。桥梁养护管理是指为保证桥梁设施的使用功能,对已建成的桥梁的有关设施、环境保护诸方面提供技术、物资、人力保障,在决策、计划组织、控制与激励等方面所进行的全部活动。桥梁维修加固与功能提升是指对存在问题的桥梁进行维修和主要承重部件的补强,以改善桥梁的结构性能,恢复桥梁结构的承载能力,提高桥梁应用的安全性,延长桥梁的使用寿命。同时,为解决日益突出的早期建设桥梁交通不适应性问题,除了有计划地采取加固措施外,还应该改善桥梁设计状态,提升桥梁功能。目前,随着各方面研究的不断深入,针对不同桥型中可能产生的各种病害和不良现象,以及不同结构构件可能出现的问题,国内外学者进行了大量关于形成机理、评估体系和控制措施等方面的研究,为实现桥梁的功能提升提供了理论保证。本节将分别对桥梁的维修加固、功能提升和养护管理领域的热点研究进行介绍。

4.3.1 维修加固

在很多发达国家,桥梁建设的重点已不在新建桥梁上,而是在旧桥的损伤修复方面。我国的交通建设也必将步入这一阶段,尽管目前已开展大量研究工作,提出了一系列技术手段来提高桥梁的承载力、抗震性、耐久性等性能,在减少交通干扰下桥梁维修加固技术、纤维复合材料加固技术、水下加固技术、预应力加固技术、桥梁耐久性维修技术等方面,都有一定程度的发展,新技术的研究和工程应用逐渐增多。但总体来看,仍存在较多不足,急待提高。从基础研究来看,目前对加固材料与旧桥结合界面上的受力机理、桥梁结构加固工程的耐久性、多种加固方式的组合与优化等问题的研究还有待进一步深入,理论研究落后于实际应用,对短期、静力性能研究居多,动力特性和长期性能等关键问题研究较少,难以适应工程需求。而工程应用中的探索,迫切需要基础研究的支持,以提高效率、降低成本。从技术手段来看,常规机具设备已越来越难以适应复杂的桥梁维修加固要求,桥梁的水下加固、关键部位更换、功能性损伤修复仍是维修加固研究的难点,符合桥梁损伤修复的新材料、新设备、新工艺亟待开发。从标准化水平来看,桥梁维修加固施工质量检验评价手段的缺乏已成为制约我国桥梁维修加固行业提高工作水平的瓶颈,相关规范标准明显不足。

4.3.1.1 混凝土梁体加固

随着服役时间的发展和外界环境的侵蚀,多数梁体往往会出现一些病害,主要包括裂缝变宽、有效预应力下降等。这些损伤可能会危及行车安全,甚至造成整个桥梁结构失效破坏,带来严重的经济损失。为了消除安全隐患,保证主梁运营安全,需要对受损梁体进行及时可靠的加固。另外,随着交通量的不断加大,原有桥梁难以满足交通需求,可能需要对桥梁进行扩宽或顶升等改造工作。

(1) 梁桥的加固方案多样,且应用较为成熟。

梁桥的加固方法历经数十年的发展与应用,形成了增大截面法、粘贴加固法、体外预应力法、改变结构体系法等四类主要方法(见图4-34~图4-36)。

图4-34 增大截面法

图4-35 粘贴加固法

图4-36 体外预应力法

增大截面法主要指通过现浇、外包、喷射等手段加大梁体截面尺寸,也可采用增设主筋、加厚桥面板等措施,其主要加固原理是提高截面的抗弯刚度。粘贴加固法是将钢板、碳纤维板等粘贴于承载力不足的部位,使补强材料与原混凝土梁共同工作。这种方案加固性能好、加固周期短。混凝土梁的体外预应力加固措施是在梁腹板的两侧或下部设置预应力钢筋,通过转向块和锚固结构将预应力钢筋锚固于梁,二者共同受力工作,以减小原结构同等荷载下的截面弯矩。改变结构体系法主要包括简支梁变为连续梁和梁下增设支架等方法,使结构转化为内力较小的布置形式。

(2) 方案的优化比选及综合应用成为当前研究热点内容。

在多方案可行的情况下,如何确定梁桥加固的最优方案成了当前学者研究的重点。加铺桥面铺装层法利用梁体截面的加高,增加桥梁的抗弯能力,同时改善桥梁横向传递载荷的能力,增强整体性,从而提高桥梁的承载能力。随着加铺铺装层的厚度增加,梁体下挠量减小,但加铺厚度增至 5 cm 之后,对刚度的增加效果不再明显。粘贴钢板加固法在结构正常使用阶段作用小,粘贴钢板被动参与工作,虽然在一定程度上提高了梁的承载力,但也增加了自重,材料利用率不高,承载力储备较低,但其施工工艺简单、工期短。体外预应力加固法对原梁承载力提升比较明显,而且自重较小、材料利用率高,但会使原梁出现受压区偏大问题,使 T 形梁处于第二类截面。

综合应用粘贴加固法和体外预应力法能够解决体外预应力加固在承载能力极限状态下受压区高度偏大的问题,同时增强 T 形梁间的横向联系,安全储备也相对更高。综合应用加铺桥面铺装法和粘贴钢板法,在加固材料用量适宜的条件下,加固效果基本相当于两种单独加固方式的效果相叠加。

(3) 新材料的应用为桥梁加固提供了更多选择。

泡沫轻质土具有自流性、高强性和快速凝结性,能够缩小施工面,达到对交通的干扰降低到最小范围和最短时间的目的,在普通干线公路的桥梁加固改造过程中应用效果较好,越来越被广大的工程从业人员认可。

在图 4-37、图 4-38 所示桥梁的拓改加固中即采用了钢波纹管结合泡沫轻质土的建设方案,即老桥采用波纹管加固和加宽,波纹管与原桥之间采用 C30 微膨胀混凝土填充,桥梁台背、拱顶采用泡沫混合轻质土回填(见图 4-39)。

图 4-37 拱门通道加固

图 4-38 简支梁桥加固拼宽

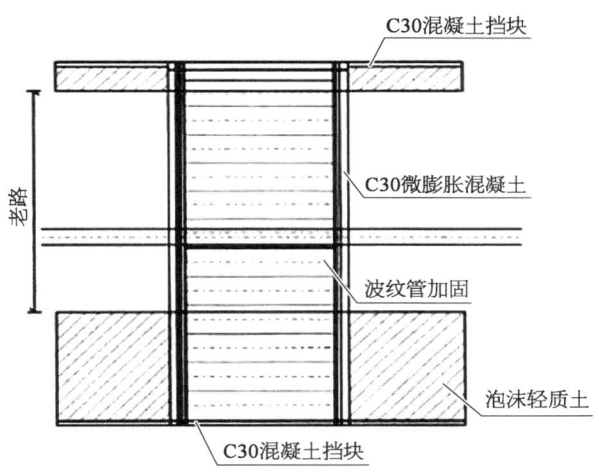

图 4‑39 泡沫轻质土加固方案

碳纤维板在体外预应力加固法中的应用日益增多,在加固后的运营期中预应力损失更小,其有效预应力的保持完全依靠夹锚碳纤维板锚具的夹锚能力,不依赖任何胶黏剂的黏结作用,无须考虑辅材老化,耐久性好。经验证明,采用专用夹具锚进行体外预应力碳纤维板技术加固梁桥的实用性、可靠性、耐久性和经济性优于采用钢绞线进行体外预应力技术加固,具有很好的推广价值。

另有学者对体外预应力加固法中的锚固块构件进行了深入研究,提出了高强耐候钢结构锚固块方案及 UHPC 锚固块方案,并验证了两种新材料的适用性。高强耐候钢结构锚固块可工厂制作,质量有保障,无须进行防腐处理,同时可在现场快速拼装施工,节省工期。UHPC 锚固块尽管造价偏高,但具有优越的力学性能和耐久性,也是一种合理的体外预应力锚固块构造形式。

(4) 梁体拼宽改造是提升桥梁运力的有效途径,高延性材料的应用优势初显。

在桥梁加宽与拼接改造中,最重要的是合理选择与原桥力学结构最为贴合的加宽方案,以及新桥与旧桥之间的接缝构造方案。根据桥梁结构特点,桥梁拓宽时,根据上部结构连接情况和下部结构连接情况,可分为以下三种方式:新旧桥上部结构和下部结构均不连接,新旧桥上部结构和下部结构均连接,以及新旧桥上部结构连接、下部结构不连接。这三种拼接方式各自的优缺点见表 4‑7。其中,第三种方式在高速公路桥梁的拓宽改造中最常用。

近年来,为了解决拼接部位混凝土的开裂问题,一些新材料,如高延性纤维水泥基复合材料(ECC)和树脂砂浆聚合物(MMA)等被应用于桥梁拼接改造中。实践证明,在拼接部位采用抗拉性能高的材料,可有效增加桥面连续板延性,提高改造后结构的耐久性。

表 4-7　桥梁拓宽方式的对比

桥梁拓宽方式	优点	缺点
上部结构和下部结构均不连接	新旧桥独立受力,互不影响;新拓宽桥设计施工独立	新旧桥桥面铺装的连接部位易出现纵向裂缝,影响行车安全及路面美观
上部结构和下部结构均连接	新旧桥整体受力,结构受力性能好;变形协调性好,行车舒适	在混凝土收缩徐变及基础不均匀沉降作用下,新旧桥连接处易产生较大的附加内力,引起结构病害
上部结构连接,下部结构不连接	下部结构独立,施工方便;上部结构连为整体,行车舒适	新旧桥下部结构的变形差仍可能引起上部结构或桥面铺装开裂

(5) 基于液压顶升系统的桥梁整体顶升技术常用于提高桥下净空。

随着交通路网及航道的不断发展,不可避免地会下穿既有桥梁,当既有桥梁的桥下净空不满足要求时,就需要对其进行改造。相比于拆除重建,整体顶升技术在保持既有结构状态不变的前提下,利用液压千斤顶控制顶升高度,既满足了桥下净空的要求,又节约了施工成本、缩短了工期,大大减少了不必要的浪费。因此,整体顶升技术被广泛应用于桥梁改造中。国内部分桥梁整体顶升改造项目见表 4-8。目前,在桥梁顶升改造中大都采用 PLC 系统。该系统由 PLC 液压整体同步控制系统(油泵、油缸等)、监测传感器、计算机控制系统等部分组成,在实际工程应用中效果良好。

表 4-8　国内桥梁整体顶升实例

序号	工程项目	结构形式	顶升高度/cm
1	天津狮子林大桥	连续箱梁	127
2	丰城赣江大桥	简支小箱梁	150
3	云岭西路立交桥	简支空心板梁	270
4	玉山下镇跨线桥	简支空心板梁	110
5	湖州南浔南林大桥	连续箱梁	300
6	新余天公路立交桥	简支 T 梁	155
7	上海南浦大桥引桥	简支梁	591
8	济南燕山立交桥	简支梁	414
9	天津海河北安桥	连续箱梁	150

综上所述,梁的加固技术主要包括增大截面法、粘贴加固法、体外预应力法、改变结构体系法四类方法。它们各有优缺点,需要结合实际工程优化比选采用,多种方法的组合应用往往能够获得更好的加固效果。未来在梁体加固工程实践中,对于新材料和新工法的应用具有广阔前景。桥梁的改造技术主要包括扩宽改造及顶升改造,目前技术

发展相对成熟，且实际工程应用较多。桥梁的改造技术保留了原有结构，并实现了新的功能要求，工程经济性好，具有显著的实用价值。

4.3.1.2 钢桥面板疲劳裂纹修补

正交异性钢桥面板作为现代桥梁工程重要的标志性创新成就，具有自重轻、承载力高、适用范围广等突出优点，已经成为大跨度桥梁的首选桥面板结构。但其面临的主要问题是易于产生疲劳裂纹。疲劳开裂严重影响了结构的使用性能、运营与服役质量，显著增加结构的全寿命周期成本，已成为阻碍桥梁工程性能设计和可持续发展的控制性难题。

（1）正交异性钢桥面板疲劳性能评估体系初具规模，但应用中仍待完善。

疲劳性能评估方法是正交异性钢桥面板疲劳问题研究的重要基础。经多年探索，正交异性钢桥面板疲劳性能评估涉及结构设计、疲劳荷载、面向疲劳性能评估的分析和计算、评估方法、材料和构造细节的疲劳性能指标、加工制造质量、疲劳试验等7个主要方面的评估流程（见图4-40）。近年来研究发现，正交异性钢桥面板各典型疲劳易损部位均存在多个疲劳破坏模式，而国内外学者根据构造细节类型及焊缝处的局部力学行为特性，建立了多种疲劳性能评估方法，如名义应力法、热点应力法、切口应力法、断裂力学法和损伤力学法等。

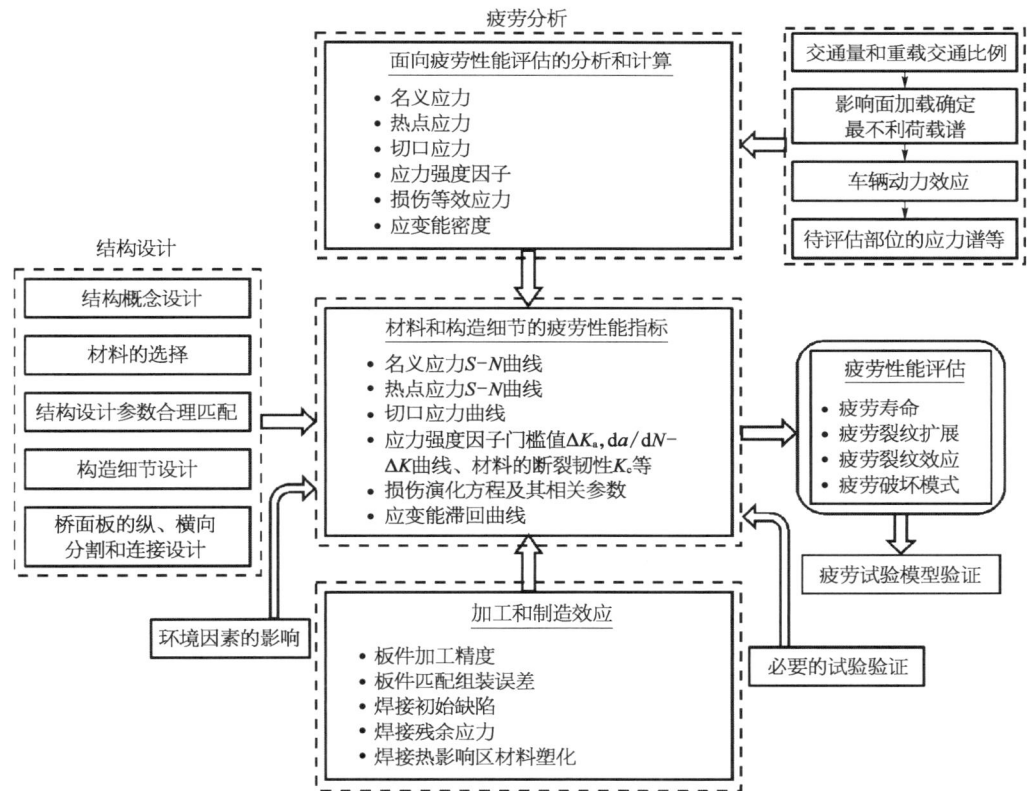

图 4-40 正交异性钢桥面板的疲劳性能评估流程

(2) 裂纹检测手段丰富,红外检测、机器视觉检测等技术发展迅速。

多年来,疲劳裂纹检测技术包括人工目检、磁粉检测、超声波检测等,已较为广泛地应用在实际的检测工作中。红外热成像技术是一门新兴的无损检测技术,在其基础上形成基于脉冲的红外热像法、基于超声的红外热像法、基于锁相的红外热像法,具有快捷简便、精准定位的特点,对缺陷区域较深、温度敏感、要求检测精度高的构件具有独特的优势。但在工程中应用于钢结构疲劳裂纹检测尚有三方面关键问题需要解决:超声激励能量与裂纹作用的生热机制、检测过程中的检测参数(材料参数、检测条件),以及红外热图的信号处理(缺陷裂纹的自动识别、定量化)。

基于图像表观的裂纹检测方法适用于钢箱梁内部操作,又易于捕获疲劳裂纹。其利用图像识别技术进行裂纹的自动识别与参数提取,目前开展的研究主要集中于基于图像处理的裂纹提取与分割、基于机器学习的裂纹识别、基于深度学习的裂纹识别三种。当前相关研究少,且处于初步探索阶段,距离工业界应用还有差距。

(3) 疲劳裂纹维修和加固技术不断发展,冷加固技术应用前景广阔。

目前,国内外疲劳裂纹维修加固的思路和方法主要可分为以下 3 种:① 改变裂纹尖端应力场分布;② 通过裂纹所在位置的局部构造补强,抑制疲劳裂纹扩展;③ 增加结构的整体刚度,降低疲劳易损细节的应力幅。

前两种做法目前已被广泛采用。改变裂纹尖端应力场分布的主要做法是开止裂孔,其施工方便,但考虑周围母材存在初始缺陷,实际应用中易发生二次开裂,只能作为抑制疲劳裂纹拓展的临时方法。鉴于此,近年有学者提出对开孔周边施加螺栓预紧力或采用冷扩张技术的方法,改变开口周边母材应力分布,效果优良。

局部构造补强法是通过裂纹所在位置的局部构造补强,抑制疲劳裂纹扩展,如角撑板补强法、钢板补强法。近年来,还发展出碳纤维补强法,以避免钢板补强时,焊接引起二次开裂。其用碳纤维板代替补强钢板,粘贴于开裂板件上,不仅强度、刚度更高,而且加固后基本不增加原结构自重及尺寸,可有效减小疲劳裂纹尖端的循环应力幅值。

传统的裂纹焊合技术一般采用碳化气刨、风铲等将裂纹边缘加工出坡口直至裂纹尖端,再用焊缝缝合,可通过热焊或冷焊法。而近年新发展出的 TIG 重熔修复技术,利用钨极氩弧焊钨极与工件间产生的电弧热量,将焊趾重新熔化,达到清除缺陷的目的,并可形成过渡均匀的重熔区,改善局部应力集中问题,适用于焊趾裂纹修复。

气动冲击维修技术是目前较为新颖的修复方法,作为一种先进的冷加固技术,通过对裂纹开口表面进行高速冲击,使开口裂纹闭合,改变裂纹尖端应力场,降低裂纹尖端应力强度因子,设备便携,实施快速,可在不中断交通条件下实施,对原有结构损伤小,有显著修复效果,具有潜在竞争力,目前已在江阴长江公路大桥上应用。

综上所述,正交异性钢桥面板疲劳性能评估体系初具规模,以红外检测、机器视觉为代表的裂纹检测技术和以冷加固技术为代表的维修加固技术保障了钢桥面板的安全性能,但未来应继续深入疲劳机理研究,完善评估理论,为下一代正交异性钢桥面板设计、施工、加固和养护奠定基础。

4.3.1.3 耐疲劳型钢桥面铺装

随着钢箱梁广泛应用于长大跨桥梁,对其上的铺装层性能提出了更大挑战。早在1987年,德国就发现钢桥面铺装较之普通沥青路面存在表面应变大、耐疲劳性能差等缺陷,导致其疲劳寿命大大降低。如今,这在中国、日本、泰国、荷兰、英国等国家也并不鲜见。经过近年来各国学者不懈努力,主要取得了以下几方面的进展:

(1) 钢桥面铺装疲劳的试验模型研究、理论分析方法取得长足进步。

目前,钢桥面铺装疲劳试验模型主要有小梁弯曲与劈裂疲劳试验模型、复合梁疲劳试验模型、直环道加速加载试验模型及试验桥试验模型四种。

其中,小梁弯曲与劈裂疲劳试验广泛运用于各种铺装材料与结构疲劳特性的研究,润扬长江大桥、南京长江四桥等均有开展相关试验。但小梁弯曲与劈裂疲劳试验因未考虑钢桥面板及黏结层在疲劳过程中的影响而存在明显缺陷。

直环道与试验桥试验模型可以很好地反映铺装层的实际工作状况,但由于两者试验可控性差、耗资多且周期长,在很大程度上限制了其大面积应用与推广,一般只作为室内试验的辅助手段。早期,在我国厦门海沧大桥、广东虎门大桥和重庆鹅公岩大桥建设期间,原长沙交通学院与交通部重庆公路科学研究所分别开展了多种不同铺装结构的加速加载疲劳试验。近年,华南理工大学依托港珠澳大桥铺装工程建立了加速加载疲劳试验。除早期英国 River Severn Bridge 试验桥、日本长浦地试验桥及瑞典滨海高岸大桥试验桥、我国冻青大桥及女姑口大桥等之外,试验桥方法现今已少见应用。

复合梁疲劳试验模型试验精度高、试验条件可控性好及易于室内开展,能较好反映铺装层真实工作环境。德国模型、东南大学模型等广泛应用于国内外钢桥面铺装结构的疲劳特性研究,均取得较好效果,如南京长江二桥、三桥、四桥,润扬大桥,广州珠江黄埔大桥,武汉阳逻长江大桥,北江大桥等。但多数研究并未建立疲劳方程,且几乎是基于层间完全连续、光滑的状态下进行的,其边界条件问题一直未得到很好的解决。

在疲劳研究方法上,近年来研究显示,形成了唯象学法、能量法、力学近似法三大类。

① 唯象学法较为成熟,应用较多,但其采用室内试验与数理统计结合的方法,具有较强的经验性,对铺装层的疲劳损伤缺乏应力、应变及损伤场方面定量描述。

② 能量法原理简单易懂,不受荷载控制模式的影响,可以研究间歇时间、波形等因素的影响。但计算复杂,需要大量试验数据,最重要的是无法排除其他非损伤能耗的影响。

③ 力学近似法包括损伤力学法和断裂力学法。损伤力学法将铺装层性能与模型参数相联系,能够明确铺装层损伤场、应力应变场,有助于铺装层的抗疲劳设计,但模型

涉及参数较多，计算复杂。断裂力学法基于铺装层初始缺陷的真实情况，可以通过理论公式定量得到铺装层疲劳寿命，结果较为准确，但参量（应力强度因子、CTOD）易受温度等环境因素的影响。

（2）以浇筑式沥青混凝土为代表的柔性铺装性能大幅提高。

柔性材料在国内外的钢梁桥面铺装中占有很大比重，至今已发展出改性密级配沥青混凝土、环氧沥青混凝土、沥青玛蹄脂碎石混合料、浇注式沥青混凝土、高弹沥青混凝土和热压式沥青混凝土等铺装材料。其中，浇筑式沥青混凝土孔隙率接近零，防水性能突出，具有优良的抗老化、抗疲劳性能，是应用前景广阔的铺装形式。

浇注式沥青混凝土技术起源于德国。1956年，日本从德国引进相关技术规范并将其不断发展。至今，浇注式沥青混凝土桥面铺装技术在日本运用最为广泛。世界上主跨最长的悬索桥——日本明石海峡大桥桥面铺装采用的就是浇注式沥青混凝土铺装方案。我国从20世纪90年代开始引进浇注式沥青混凝土，最早应用于香港青马大桥和江阴长江大桥钢桥面铺装中，后续在重庆渝合高速公路隧道路面和上海东海大桥、重庆嘉华大桥等混凝土桥面上得到应用，最新更是应用在港珠澳大桥的建设中。

港珠澳大桥桥面铺装结构提出新型浇筑式沥青混合料GMA技术，具备MA和GA两种浇筑式沥青混合料的优势，以保证浇筑式沥青混合料性能稳定，同时生产效率有所提高。但是相关试验也指出，所采用的GMA10浇筑式沥青混合料高温性能较差，施工时需要专用设备，这在一定程度上限制了其在钢梁铺装层的应用。

（3）以钢—UHPC组合梁桥面板为代表的结构形式，成为解决两类典型问题的新办法。

尽管各国研究者从钢桥面板构造、焊接工艺、铺装材料及黏结层性能等多方面对钢桥面铺装体系进行了改良及优化，但铺装层疲劳开裂、车辙等病害仍有发生。从原理上分析，由于柔性铺装层模量低，难以有效降低层内应力及提高桥面系刚度，加之钢面板U形加劲肋效应，不能从根本上彻底解决铺装层疲劳开裂问题。

目前做法主要有两种：采用较厚钢板或用水泥基材料代替沥青铺装。而鉴于UHPC力学性能优良，且在全寿命经济性和耐久性方面极具优势，以钢—UHPC组合梁桥面板为代表的铺装形式逐渐应用于工程中。这也得力于国内外在UHPC的原材料、生产工艺、养护方式、力学性能、耐久性能、水化微观结构等进行的大量研究。未来超高性能混凝土—正交异性钢桥面板的组合桥面将是极具应用前景的裂纹预防及加固措施。

最新研究中，湖南大学提出一种闭口肋轻型组合桥面（见图4-41）。与传统正交异性桥面板相比，该新型组合桥面结构可明显提高桥面板刚度，降低局部车轮荷载作用下正交异性钢板中疲劳应力幅，能够有效解决钢桥面沥青混凝土铺装层易损和钢桥面板疲劳开裂两类典型问题，具有良好力学性能和耐久性。

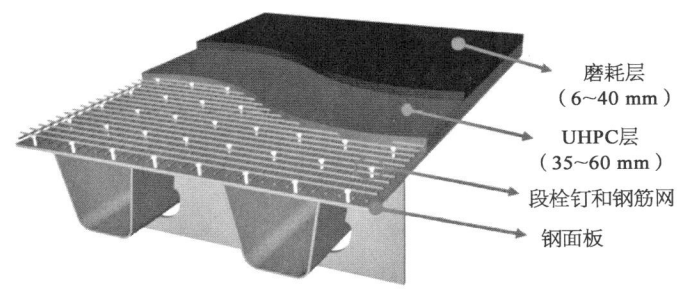

图 4-41　闭口肋轻型组合桥面

目前,这种组合结构形式已应用于武汉香港路立交桥、深圳红桂路钢桥、汉蔡高速红庙互通匝道、广东马房大桥、天津海河大桥、蒙华铁路洞庭湖大桥、武汉军山长江大桥等,在建的南京长江五桥也是采用了这种结构形式。不仅如此,在国外也有不少实例应用,如荷兰的 Caland 桥、Moerdijk 桥、Hagenstein 桥等,以及日本的 Yokohama Bay 桥、Shonanohashi 桥等组合桥面结构形式(见图 4-42)。

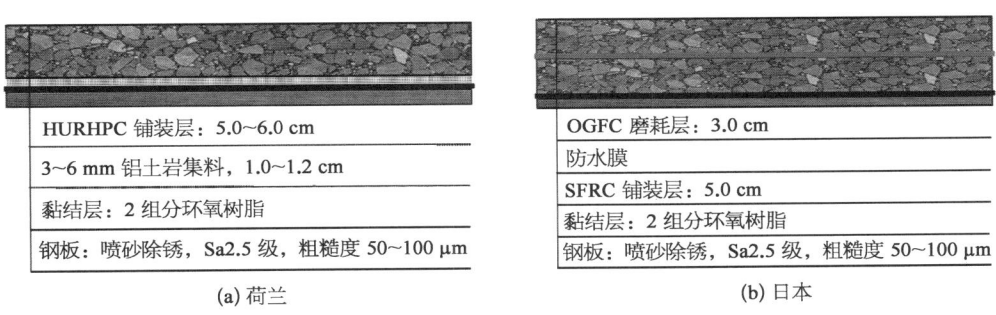

图 4-42　国外组合桥面结构形式示意图

当前研究也发现,其裂缝宽度计算理论等问题亟待解决。与普通混凝土相比,裂缝处 UHPC 的残余抗拉强度可减小所需的传递长度而缩短了裂缝间距,进而有效限制裂缝的开裂和发展,致使配筋 UHPC 构件即使在钢纤维含量较低的条件下也能呈现应变硬化特性,伴随着多裂缝的开展。因而,直接将普通混凝土或普通钢纤维混凝土的裂缝宽度计算公式用于配筋 UHPC 结构会过于保守。近年来研究显示,影响组合结构裂缝发展的主要因素有配筋率、保护层厚度、栓钉间距和力臂等。所以在大量试验数据基础上,掌握裂纹发展特征,建立裂缝宽度计算公式,将是其推广应用的关键。

综上所述,钢桥面铺装的疲劳试验模型研究和理论分析方法取得长足进步,以浇筑式沥青混凝土为代表的柔性铺装性能大幅提高,但存在高温稳定性不足的问题。以钢—UHPC 组合梁桥面板为代表的结构形式,可有效解决钢桥面沥青混凝土铺装层易损和钢桥面板疲劳开裂,但缺乏裂缝宽度计算理论。未来,革新设计理念和高性能材料,继续发展新型组合桥面板结构体系和新型构造细节,可为突破正交异性钢桥面板的痼疾提供综合解决方案。

4.3.1.4 拱肋加固

上述混凝土梁体加固中提到了传统方法,如体外预应力加固法、增大截面加固法、粘贴纤维复合材料加固法、粘钢加固法和改变结构受力体系加固法等。在此基础上,针对拱桥桥型,新的拱桥加固技术不断涌现。

(1)钢板—混凝土组合加固技术将增大截面法、粘钢法进行融合,使混凝土和钢板两种材料优势互补。

在钢板—混凝土组合加固技术中,原结构、新增混凝土和钢板形成共同的受力体。在承载力上,因为刚度的增强而大幅度提高,具有更强的抗震能力且施工便捷;在施工上,对原结构的表面平整程度要求低,提升了可实施性;在外观上,对桥下净空的占用较小。综上所述,该技术应用前景广阔。

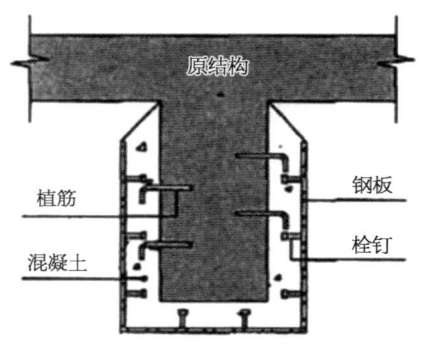

图4-43 拱肋钢板—混凝土组合结构

钢板—混凝土组合结构构造(见图4-43)首先对原结构的混凝土表面进行植筋和对钢板焊接栓钉,后使原结构和钢板间形成闭合体,并对其中空位置进行混凝土浇筑,使其成为一个整体,共同参与受力。加固结构外缘钢板,不仅可以提高主梁刚度,也可抑制原结构裂缝开展,同时为受拉钢筋分摊部分拉应力。施工时可作为新浇筑混凝土的模板。钢板上的栓钉能抑制新浇筑混凝土和钢板之间的相对滑移。

(2)C-S-C(混凝土—石砌体—混凝土,Concrete-Stone-Concrete)复合增强法与传统增大截面加固法相似,通过增加主拱截面面积来增加承载力。

C-S-C复合增强对原石砌主拱两侧新增钢筋混凝土拱肋,通过在原石砌主拱的顶底面设置多道横向联系,使钢筋混凝土增强拱肋与原石砌主拱形成C-S-C复合结构,以显著提高主拱承载能力和改善结构延性,构造如图4-44所示。

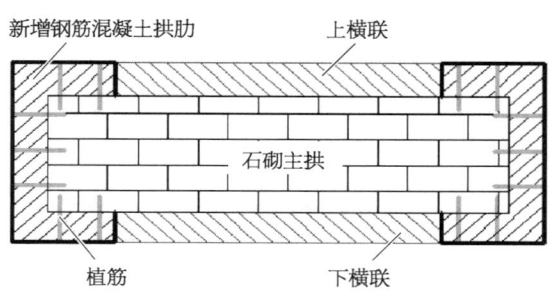

图4-44 C-S-C复合增强加固断面构造示意图

钢筋混凝土拱肋作为加固的主要部件和原石砌主拱组成 C-S-C 复合截面,由于二者紧密结合协同工作,新增钢筋混凝土拱肋将承担部分外荷载而对原石砌主拱起到一定"卸载"作用从而间接地提高极限承载力。由于上下横联的对拉作用,外包钢筋混凝土对原石砌主拱起到良好的套箍作用,从而使原石砌主拱处于三向受压状态。植筋使加固后新增拱肋和原石砌主拱在荷载作用下能够协调变形,共同工作,保证了荷载作用下新增拱肋与原石砌主拱紧密结合,即二者在结合面处黏结可靠,不出现相对滑移。

(3) 环向预应力钢绞线加固法可以使拱肋处于三向受压状态,从而显著提高拱桥承载力。

近年来,有学者提出环向预应力钢绞线加固 RC 拱肋的方法,环向预应力钢绞线能主动对 RC 拱肋施加预应力横向约束,使混凝土提前处于三向受压状态,横向膨胀受到约束,抑制新裂缝的出现和开展,闭合原有裂缝,显著提高 RC 拱肋承载与变形能力。同时,可以避免套箍及增加截面等被动加固技术中加固后拱肋受力存在明显的二次受力特征,原截面材料应力超前,而新增混凝土、钢筋等材料性能得不到充分发挥的问题。同时,钢绞线具有高强、不锈、运输施工方便等优点,可以避免碳纤维及粘钢等加固中因使用有机结构胶而引起的抗老化、耐高温、耐火性能差等问题。

(4) 粘贴 FRP 作为拱桥加固的方法之一,国内外也进行了不断的创新与研究。

FRP 材料作为一种纤维增强复合材料,包括芳纶纤维(AFRP)、碳纤维(CFRP)、玻璃纤维(GFRP)、玄武岩纤维(BFRP)等,具有不同的材料性能,可以实现不同的加固目的。但与此同时,这些材料也有一定的缺陷。例如 CFRP 的强度及弹性模量较高,抗变形能力强,耐高温也耐低温,抗疲劳强度较高,但材料呈脆性,具有导电性、导磁性,同时高温抗氧化性能差,抗折性能和抗冲击性能差,对于加固棱角鲜明的构件及作用有冲击荷载的构件不具有优势。

机械锚固纤维增强复合材料近年来成为一种有效的加固措施。这种方法使用更高承压能力的 FRP 材料,通过机械紧固件如铆钉、膨胀螺栓、混凝土栓钉、钢锚等,将 FRP 材料更好地紧固在钢筋混凝土结构表面,从而延缓或防止剥离破坏,提高极限荷载。

预应力 FRP 网格加固技术相较于传统的非预应力加固方式,可以有效提高构件的承载力,同时可以有效地抑制裂缝的开展。在等强加固的情况下,与预应力钢丝绳加固相比,其充分利用了 FRP 网格拥有双向网格筋的特点,网格与砂浆的黏结性能明显好于钢丝绳。

(5) 双曲拱桥加固兼具文物保护及提升结构承载能力的双重需求,通过采用薄层混凝土增大拱肋截面、增强拱肋横系梁等措施大幅度提升结构承载力及耐久性。

双曲拱桥由于文物保护的特殊需求,其加固限制条件较多,最突出的矛盾是:既要维持原有结构体系与外观,又要大幅度提升结构的承载能力、使用功能与耐久性。针对这些矛盾和需求,在加固设计时采取了以下措施来达到提升双曲拱桥承载能力的目的:

① 薄层自密实混凝土增大拱肋截面。

主拱圈加固采用拱肋外包混凝土增大截面,可以大幅提升结构承载能力,同时也可以提高拱肋的耐久性。因此该方案是主拱圈加固的优选方案。但若外包截面采用常规混凝土浇筑,根据《城市桥梁结构加固技术规程》,梁和受压构件的新浇筑混凝土层厚度不宜小于 150 mm,这将会带来外观改变的极大风险,对文物保护要求提出了新的挑战。以南京长江大桥为例(见图 4-45),为了减少外观的变化,设计在满足新加截面钢筋最小保护层厚度的前提下,尽量减小加固截面尺寸。经反复论证,最终确定拱肋加固材料采用自密实混凝土,在原主拱圈尺寸基础上底面加厚 10 cm,中拱肋侧面各加厚 7 cm,边拱肋外侧不加,内侧加厚 10 cm。加固工艺采用自拱脚往拱顶分节段压注的方法。

(a) 双曲拱桥拱肋加固前　　　　　　　(b) 双曲拱桥拱肋加固后

图 4-45　南京长江大桥拱肋加固

② 横系梁增强措施。

南京长江大桥的拱板采用了填平式拱板,拱板在波顶位置尺寸最薄,因此部分拱板在施工及使用过程中产生了纵桥向裂缝。加上拱肋横向联系均为截面尺寸较小的小拉杆,导致横向各片拱肋协同受力状况较差。后期由于抗震需要,在每跨跨中及四分点做了大横梁加强。即使这样,拱顶由于活载传力路径最短,拱肋间的横向分布在跨中附近还是偏弱。综合考虑,对每跨跨中附近原 6 根小连杆进行截面增大。通过增强横系梁,可使横向各片拱肋受力更加均匀,主拱圈总体承载能力进一步提高,而截面外观改变也降至最小。

综上所述,拱桥的改造加固方法种类繁多,不一而足。随着新材料的出现,新的加固方法不断涌现,但归根结底,主要还是增大拱圈截面、增强拱肋、拱波之间的联系、加强横向联系、减轻拱上建筑的重量等基本方法及其衍生。相信在未来的工程应用中,新材料与传统技术相互融合,加固方法会不断发展进步,因地制宜地配合使用以适应不同加固环境的要求。

4.3.1.5 换索工程

拉索是斜拉桥中的可更换构件,及时更换受损拉索对保障在役斜拉桥的安全健康至关重要。根据调查数据显示,现有换索工程中,拉索的平均使用寿命还不到 20 年。近年来,又有一批斜拉桥陆续地进行了换索,如抚顺天湖大桥、湖北郧县汉江大桥、衡山湘江大桥、铜陵长江公路大桥等,也呈现出一些特点和趋势。

(1) 换索工程的技术方案设计及施工工序逐渐成熟。

根据近年来的换索工程报道,基本上是以具体的桥梁为工程背景,提出针对性的施工技术方案。在方案设计中,多依靠有限元软件计算,保证施工过程中及换索后斜拉索、主梁、桥塔等结构的变形、应力及强度验算通过。现有换索工程可分为部分更换斜拉索和全部更换斜拉索两种,施工工序逐渐成熟,一般为旧索放张→旧索拆除→新索安装与张拉→索力调整。对称换索、优先损伤严重的斜拉索、优先长索等换索顺序的优先级考量逐渐成为工程界的共识,并已发展出同时更换多对索的技术方案。

(2) 不中断交通条件下快速更换拉索成为换索工程发展趋势。

大多换索工程需要中断交通,但漫长的施工工期会带来局部地区的交通问题。不中断交通条件下实现快速换索是今后换索工程的发展趋势。相应地,构件及设备的标准化、在交通荷载下换索方案的合理设计及交通限制措施的选择等,都是亟待解决的问题。

重庆涪陵长江大桥建成后 15 年,斜拉索出现病害,对全桥斜拉索进行了快速更换。为解决快速施工重难点问题,采取以下技术方案:换索施工前凿除原桥面铺装,中断交通;基于无应力状态控制法优化换索顺序,同时更换多根斜拉索;采用自制大行程大吨位链条快速牵引装备等先进机械设备。最终,全桥换索工期仅为 112 天,基本实现索力零调整,成桥状态的结构安全、状态受控,斜拉索索力偏差最终控制在 5% 的范围内。由此可见,快速换索技术有望未来大范围普及。

最新研究也显示,在不中断交通条件下实现换索,对城市干道或高速公路等咽喉性交通枢纽有着重大意义。其技术关键在于行车效应的影响性分析,以确定交通组织设计中的车速限制条件。该研究中,以长沙湘江银盆岭大桥为背景,方案中采取半封闭交通施工,限速 20 km/h,施工中采取施工前公示、分流等,在施工中派专职交通员疏导和控制交通,保证在不中断交通条件下斜拉索更换施工的顺利进行。

由此可见,在应对交通拥堵问题方面,不中断交通实现快速换索应运而生,未来也必将有推广应用的前景。

（3）换索工程中尚存技术点有待深入研究，同时新规范正在编制中。

目前，更换拉索多依靠有限元软件计算和已有工程经验，仅可依靠《公路斜拉桥设计细则》《大跨度斜拉桥平行钢丝斜拉索》等标准的部分条文，尚未形成成熟的标准或规范体系。在换索工程中，多次采用的施工工序、换索顺序等是否可成为标准，仍有待深入考量。

另外，换索多依据等强度或无应力长度相等的原则。施工前，通常对斜拉桥的斜拉索索力及主梁线形等指标进行精准测量，在换索工程实施过程中，针对斜拉索索力、主梁线形实时监控，保证结构安全及施工可靠。这也导致换索的目标状态多与换索前结构状态（索力、主梁线形等）基本保持一致。

但是换索工程多发生在服役多年后的桥梁，考虑到材料随时间的劣化、设计荷载的增加等不利因素，除斜拉索外，结构其余构件也会存在损伤累积，与设计建桥时的索力值和结构内力状态不同，以换索前的桥梁状态为目标状态存在一定安全隐患。所以，换索方案如果仅是以新索代替旧索的简单做法，并不能对主梁线形、结构内力产生较大助益，因此有必要在现有换索理念基础上，进行索力的进一步合理优化，改善整体结构的内力状态，尽可能降低安全隐患发生的可能性。

更换下来的旧索往往除腐蚀损伤部位力学性能下降严重，其余完整部分仍具有一定的承载能力，如何重新利用，减少资源浪费，保证桥梁全寿命周期内的经济效益最大化也是工程界关注的重点。

20 世纪以后建成的斜拉桥也将逐步经历换索，因此这些问题亟待深入研究与解决。目前，公路斜拉桥换索技术规程正在编制中，有望在不久后出台，为工程应用提供可靠指导。

综上所述，中断交通或部分中断交通的换索技术已经成形。完全不中断交通的快速换索成为发展趋势，需要对其相关的标准化工序及设备、行车效应影响等全面考虑。在快速换索基础上，优化结构受力状态，实现旧索再利用，将进一步推动斜拉桥的可持续发展。

4.3.2 功能提升

随着早期建设的大量长大桥梁交通不适应性问题的日益突出，桥梁功能提升面临重大需求。因此，需有计划地加固和改善桥梁设计状态，提高承载能力，增强抗洪、抗震等防灾能力，拓宽断面，满足建筑限界和孔径要求等，提升桥梁的功能。为解决桥梁交通不适应性的状况，我国研究人员和工程技术人员已经进行了广泛的技术研究和工程实践，主要包括桥梁拓宽改造、桥梁高程提升改造、桥梁跨度扩大改造、桥梁结构替换改造、适应桥梁功能改变的结构改造、行车舒适度改造、桥梁行车安全性改造。近年来，这些技术得到了快速发展和大量应用，但施工过程中桥梁结构动态监控技术、新建桥墩的支承转换技术和旧桥墩的拆除技术、虚拟施工技术的研究还待进一步加强，标准化程度也有待提高。

4.3.2.1 独柱墩稳定性改造

近年来,全国各地多次出现了独柱墩梁桥的倾覆事故,造成了重大经济损失和人员伤亡。全国多个省市已逐步开展了独柱墩桥梁抗倾覆稳定性的排查工作,并对需要维修加固的桥梁进行了处置。为了解决独柱墩梁桥倾覆问题,目前普遍采用的方式是对下部结构进行加固改造。

(1) 增设墩柱能够完全地消除梁体倾覆可能性,但施工量较大。

当墩下有承台或原墩承载力储备不足时,可以采用增设墩柱加固法。这种加固方式主要是利用原有墩柱下部的承台,在原有立柱的两侧横向各增设一根钢管混凝土立柱,并在新增钢管混凝土立柱顶部增设盆式橡胶支座(见图4-46),然后把原独柱墩单支座拆除,最终形成横向双柱式桥墩支承来提高桥梁结构的承载能力和横向抗倾覆稳定性。根据实际工程条件,也可保留原独柱墩,形成三柱式桥墩(见图4-47)。钢管混凝土立柱与原有承台的连接一般采用在柱脚植筋的方式完成。

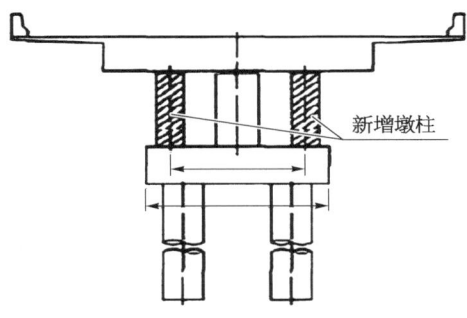

图4-46 增设墩柱法示意图

图4-47 加固后的三柱式桥墩

通过实施此加固方案,在原独柱墩梁桥桥跨结构下部增加了竖向支承约束,大大减小了全桥的扭矩,降低了多支座位置出现负反力及支座脱空的可能性,提高了桥梁结构整体的抗倾覆稳定性,保证了行车安全。

(2) 增设盖梁法是便捷有效的解决手段,易于安装且造型美观。

当原独柱墩承载力储备较大时,可以通过在部分独柱墩上部加设盖梁的方式进行抗倾覆加固。通过在盖梁顶部加设盆式橡胶支座,把桥梁上部结构单支座支承改变成三支座或者五支座支承形式,减小全桥扭矩作用,调整支座反力,降低支座脱空的可能性,从而提高桥梁结构的整体抗倾覆稳定性。增设盖梁加固法一般采用钢盖梁或者预应力混凝土盖梁,具体采用哪种类型,需要从结构受力和经济因素等多方面综合考虑。根据原独柱墩的截面形状,采用钢盖梁加固时,盖梁与墩柱的连接方式分为两种:当原墩柱为矩形墩时,一般采用螺栓连接;当原墩柱为圆形墩时,一般采用套箍连接(见图4-48)。

图 4-48 增设盖梁法加固

增设盖梁加固法有许多优点。首先,增设盖梁相对于增设墩柱来讲,其自重轻,对原结构基础施加的额外恒载较小;其次,增设盖梁加固施工快、周期短,对桥面交通影响较小。但是,这种方法也有其不足之处。特别是钢盖梁,基于材料自身的特性,钢构件要比混凝土构件的整体刚度小很多,对新添加的支座受力影响较大。另外,钢构件造价高、易腐蚀、后期养护成本较高。

(3)利用吊篮法安装抗倾覆锚栓系统,为超高独柱墩提供了更优的加固方案。

传统的独柱墩加固方法往往需要搭设支架或借助登高车作为施工平台,但当桥墩过高时,传统方法就不再适用。工程人员提出了一种利用吊篮法安装的抗倾覆锚栓系统,能够有效地进行超高独柱墩的抗倾覆加固施工(见图 4-49)。

首先在混凝土梁体的侧面钻孔植筋,固定上锚板(若为钢梁,则在腹板处焊接上锚板),之后在混凝土桥墩上钻孔植筋安装下锚板,最后将钢拉板与上下锚板的圆孔同时栓接,安装后的效果如图 4-50 所示。左右拉板的加设显著加强了梁墩整体性,有效消除了梁体倾覆的隐患,并且利用吊篮在主梁纵轴线两侧同步施工,能够大幅缩短工期,在超高墩柱的抗倾覆加固中能够满足快速施工、快速开放交通的要求。

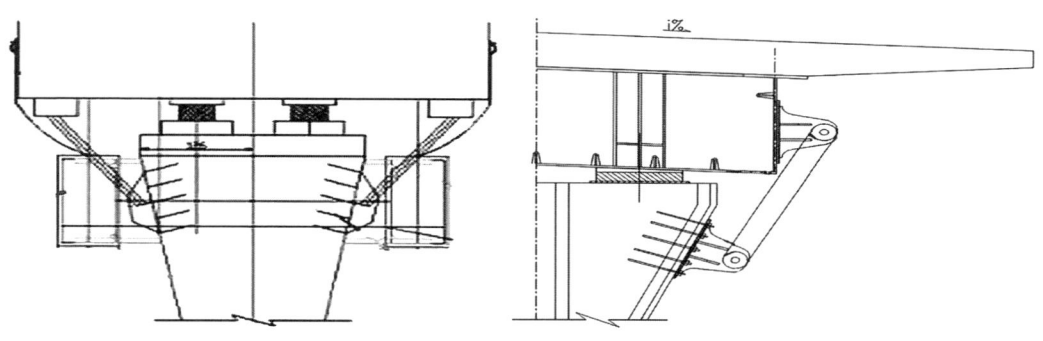

图 4-49 吊篮法安装抗倾覆锚栓系统　　图 4-50 安装后效果图(半截面)

综上所述,目前各类独柱墩梁桥的抗倾覆加固方法能够适用于不同的结构条件,均具有较强的工程应用价值。而独柱墩曲线梁桥的下部结构受力比直线桥要复杂得多,因此,未来需要进一步对独柱墩曲线梁桥的抗倾覆加固进行针对性的研究。

4.3.2.2 斜拉索风雨振控制

风雨振(wind-rain induced vibration),最早 1988 年由日本学者 Hikami 和 Shiraishi 在 Meiko-nishi 桥上观测到风雨联合作用下斜拉索产生大幅振动。近年来,除我国的上海杨浦大桥、洞庭湖大桥、南京长江二桥、苏通大桥等外,日本 Aratsu 大桥与 Tenpohzan 桥、美国 Fred Hartman 桥、荷兰 Erasmus 桥、澳大利亚 Glebe Island 桥、英国 Second Severn 桥、法国 Bro-tonne 桥、德国 Koehlbrant 桥、丹麦 Faro 桥等,也均有观测到该振动现象的报道。风雨激振研究也呈现出一些特点与趋势。

(1) 风雨激振致振机理复杂,尚无统一定论。

自 20 世纪末最初观测到该现象以来,由于斜拉索风雨激振涉及气液固的三相耦合,致振机理复杂,至今还无统一解释。国内外学者为此已开展大量的理论研究、人工风洞试验和数值模拟等工作,目前存在几种不同的机理解释,如驰振机理、水线致振理论、轴向流理论、涡振理论、雷诺数效应、卡门涡抑制理论及水膜理论等(见图 4-51)。

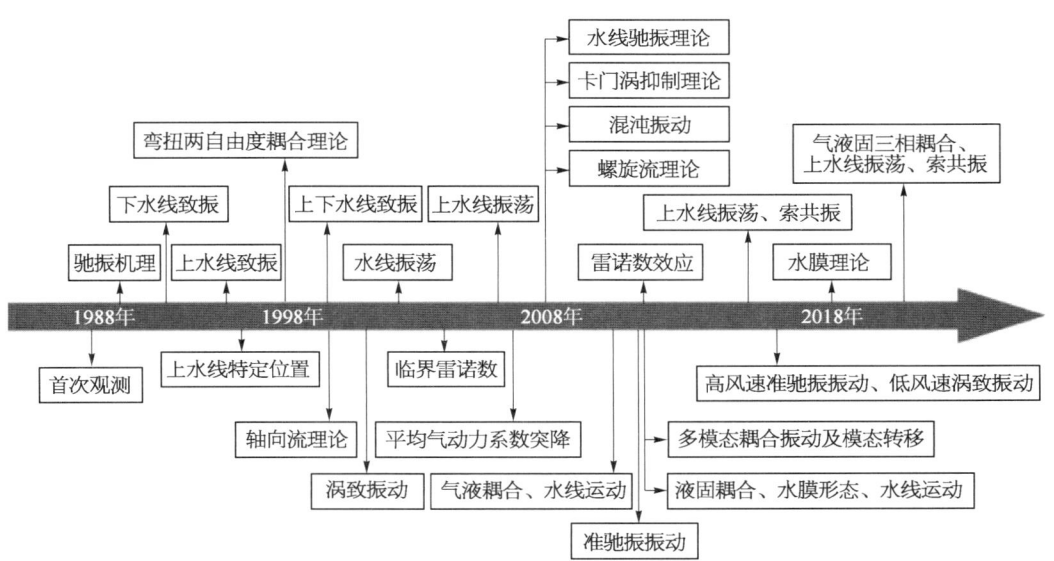

图 4-51 风雨振机理理论的发展

近年的研究显示,影响斜拉索风雨激振的参数众多,如索倾角、风偏角、自振频率、振动阻尼比、风速、雨量等(见图 4-52)。传统研究基本上采用气液耦合理论模型或者液固耦合理论模型,但这些模型都存在一定的片面性。近年来,基于气液固三相耦合的模型,大量的研究工作开展起来,并逐渐细化,有望为机理解释提供可靠依据。

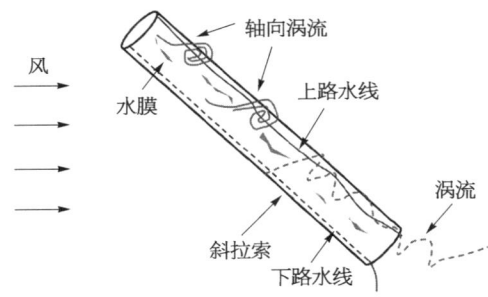

图 4-52 风雨振影响因素示意图

最新研究结果显示,风雨振易发生在低风速高雨量或者高风速低雨量条件下。两者的发生机制存在不同,低风速高雨量时,并未产生明显的上路连续的水路,因此形成的表面水膜可能是此时振动现象的主要原因;高风速低雨量时,产生上下两路水线,而上水线的位置及规律性的振荡可能是致振的关键。

不仅如此,上路水线对振动的影响较大。在低风速时会产生下水线,而当风速增加某一值时,会产生上路水线,但风速过高时,上路水线将会消失。虽然机理解释尚不明朗,但这些研究无疑为工程抑振措施提供了重要的数据支撑和理论指导。

(2) 风洞试验和现场实测大量开展,CFD 数值模拟有望成为低成本高效率研究手段。

传统的斜拉索风雨激振的研究基本依靠现场观测,但现场观测受限于随机性和不确定性,理论发展缓慢。

后来随着认识增加,形成了以风洞试验为基础的研究手段,通过试验现象观察,结合拉索力学振动模型,揭示风雨振的机理。在风洞试验中,国内外学者开展了大量的人工雨线试验和人工降雨风洞试验(见图 4-53、图 4-54)。相关的试验参数主要包括频率、阻尼比、索倾角、风向角、风速、雨线形状等。

图 4-53 人工雨线试验模型

(a) 支架、弹簧、钢丝

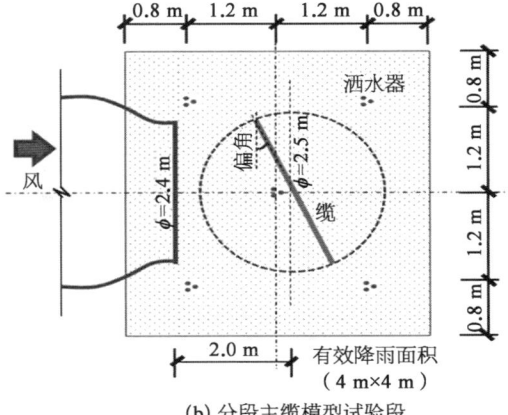

(b) 分段主缆模型试验段

图 4-54 人工降雨风动试验布置

但目前人工降雨风动试验开展的主要是节段模型试验,而其发展也受限于试验成本、试验场地大小、雨环境的模拟条件及响应测试手段等。因此,近年来计算流体动力学(Computational Fluid Dynamics,CFD)数值模拟技术发展极为迅速。与传统风洞试验方法相比,数值模拟方法具有诸多优势,如可模拟全尺寸模型,易于改变参数,能够模拟不同的风环境,可视化等。实践表明,CFD 数值模拟技术在桥梁初步设计阶段的气动选型、风振机理的分析研究、参数识别和设计独立审核工作等方面极具可行性与可靠性,以及今后过渡到"数值风洞"中都担任着重要的角色,并发挥着不可忽视的作用。

(3) 阻尼器不断升级,斜拉索振动控制措施更加可靠。

伴随理论研究的深入开展,当前已形成了三类振动控制措施:气动措施、机械措施和结构措施。其中,机械措施主要采用安装阻尼器的方式,对斜拉索的振动进行抑制,已成为必备的振动控制措施,在各大长大跨桥梁上均有安装,见表 4-9。不仅如此,采用螺旋线或者凹坑的气动措施也成为广泛应用的斜拉索振动控制的辅助手段。

表 4-9 部分长大跨斜拉桥斜拉索振动控制措施

序号	桥 名	主跨/m	抑振措施	国 家	建成时间
1	俄罗斯岛大桥	1 104	螺旋线/阻尼器	俄罗斯	2012 年
2	苏通大桥	1 088	凹坑/阻尼器	中国	2008 年
3	昂船洲大桥	1 018	凹坑/阻尼器	中国	2009 年
4	鄂东长江大桥	926	螺旋线/阻尼器	中国	2010 年
5	多多罗大桥	890	凹坑/阻尼器	日本	1999 年
6	诺曼底大桥	856	螺旋线/阻尼器	法国	1995 年
7	九江长江公路大桥	818	螺旋线/阻尼器	中国	2013 年
8	荆岳长江大桥	816	螺旋线/阻尼器	中国	2010 年
9	仁川大桥	800	凹坑/阻尼器	韩国	2009 年
10	厦漳跨海大桥	780	螺旋线/阻尼器	中国	2013 年

阻尼器的不断发展与升级为控制斜拉索振动提供了更为可靠的保障。在 20 世纪 80 年代,主要采用油压阻尼器,如美国 Sunshine Skyway 桥与日本 Aratsu 桥。到 20 世纪 90 年代,逐渐开始使用高阻尼橡胶阻尼器、黏滞阻尼器、调谐质量阻尼器等,如日本东京湾大桥、多多罗大桥、中国杨浦大桥、铜陵长江大桥等,而且形如表面开槽、螺旋线等形式的气动措施开始尝试应用于工程中。进入 21 世纪,工程中主要采用黏滞剪切型阻尼器、磁流变阻尼器等,如中国的岳阳洞庭湖大桥、杭州湾跨海大桥、苏通大桥等。除此之外,较早建设的桥梁中有不少采用辅助索的形式进行拉索的振动控制,如日本明港西大桥、法国 Normandy 桥、丹麦厄尔松海峡大桥。但鉴于桥梁美观性考虑,目前广泛采用了安装阻尼器的方式。

近年来,各式新型的高性能阻尼器也被开发出来,并逐步应用于实际工程,如摆式杠杆质量阻尼器、永磁调节式磁流变阻尼器、电磁电涡流杠杆质量减振器等。从当前的阻尼器性能对比来看(表4-10),各类的新式磁流变阻尼器,如永磁磁流变阻尼器、电控式磁流变阻尼器,耐久性好,易调节,易安装,易维护,整体性能优于传统的阻尼器,也已逐渐应用于工程,未来具有更好的发展空间。

表4-10 阻尼器优缺点对比

阻尼器名称	优点	缺点	工程应用
高阻尼橡胶阻尼器	安装方便,结构简单	有效阻尼小;受安装位置影响大,常内置	杨浦大桥
油阻尼器	机理简单,易生产,成本低	存在漏油;受温度影响大,耐久性差	南京长江二桥
黏滞剪切阻尼器	即使振动微小,也可起到减振作用,减振效果显著,安装方便	受振动频率和环境温度影响显著,美观性差	杭州湾跨海大桥、鄂东长江大桥、铜陵长江公路大桥
永磁磁流变阻尼器	受温度、频率、振幅影响小,易安装,易维护	不易调节,美观性一般	钱江三桥、洞庭湖大桥
电控式磁流变阻尼器	阻尼大,易调节,受温度、频率、振幅影响小	安装条件较高,不易维护	鸭绿江界河公路大桥

可见,在控制斜拉索振动时,阻尼器的选择逐渐多样化,不再受限于技术的落后,并且可经过全面的比选,抑振效果、耐久性、经济性等均是考量的重点。

(4) 超长索振动带来新挑战,半主动控制等技术提供解决可能。

现有研究及工程应用显示,被动黏滞阻尼器已在一定程度上解决了斜拉索的振动问题,但减振效果受到安装高度的制约,对超长斜拉索提供的附加阻尼有限,且阻尼器支撑刚度、内刚度,以及斜拉索垂度、抗弯刚度和索梁耦合振动等因素,均给斜拉索减振效果带来了不利影响。斜拉索各阶模态所需的阻尼器最优参数存在差异,难以同时实现多阶模态最优被动控制。

2018年,在苏通长江公路大桥上观测到了斜拉索的高阶涡激共振,模态可达28阶,而斜拉索风雨激振常发生在3~5阶。这就要求在斜拉索上安装阻尼器进行振动控制时,需同时对低阶和高阶模态有较好的控制效果。这已经成为当前工程亟待解决的问题之一。

近年来研究显示,基于MR阻尼器的智能(半主动)控制技术已逐渐成为提升斜拉索减振效果的重要手段。相关理论分析、模型试验与现场实测结果均表明,MR阻尼器半主动控制具有更优越的减振效果,呈现负刚度控制特征的MR阻尼器半主动控制可将斜拉索的最优附加模态阻尼比提高到常规被动线性黏滞阻尼器的 2 倍以上,且可以较好地实现斜拉索多阶模态最优控制。

但对于 MR 阻尼器而言,正常工作需要两个必备条件,即足够的供给电压与输入效率。因此,近年来国内外学者提出通过回收斜拉索振动能量,实现斜拉索振动主动、半主动控制的能量源自供给。

目前,主要是将能量回收技术与需要较小能耗的 MR 阻尼器结合起来使用,实现 MR 阻尼器的电源自供给(见图 4-55)。已出现基于直线式电磁振动能量回收技术、旋转式电磁振动能量回收技术与压电能量回收技术。

(a) 试验整体概貌(激振端)　　(b) 自供电 MR 阻尼器复合减振系统

图 4-55　斜拉索减振试验照片

但事实上,现有的大多数自供电 MR 阻尼器减振装置,能量回收效率较低,再加上电路损耗,难以投入实际拉索振动控制中应用,且研制的自供电 MR 阻尼器减振装置比较复杂、可靠性较低、应用成本高,难以大量推广应用于实际工程中。因此,未来可考虑采用旋转式三相电机进行振动能量的回收,以实现振动能量的更高效回收,研发结构更加简单、高效与可靠的自供电 MR 阻尼器减振系统(见图 4-56)。

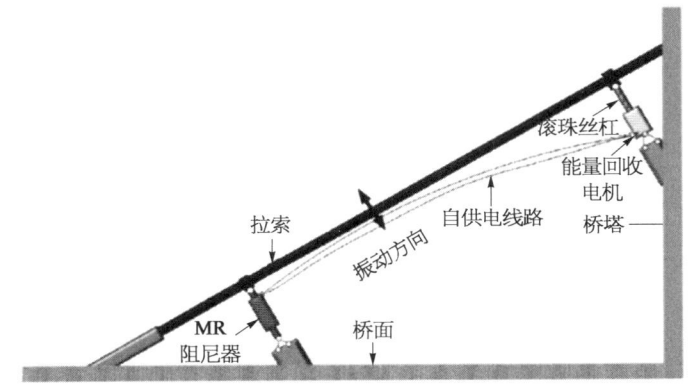

图 4-56　斜拉索-自供电 MR 阻尼器复合减振系统示意

受半主动控制负刚度特性提升斜拉索减振效果的启发,采用并联负刚度弹簧单元的被动负刚度阻尼器可在一定程度上改善传统被动阻尼器因安装位置过低而引起的嵌固效应,具有更好的抑振效果。但当负刚度过大时,可能诱发减振系统稳定性问题。在此基础上,具有质量放大效应的两节点惯质单元"inerter"的引入为实现结构被动负刚度控制提供了新的思路与方法。

目前,基于负刚度弹簧单元开发出的一系列阻尼器(见图4-57),如黏滞质量阻尼器、调谐黏滞质量阻尼器、惯质阻尼器、黏滞惯性质量阻尼器、调谐惯性质量阻尼器、可调性的惯性质量电磁阻尼器等,在斜拉索振动控制方面将有极大的应用空间(见图4-58)。未来有必要建立斜拉索多阶模态最优被动控制的阻尼器参数优化理论与方法。

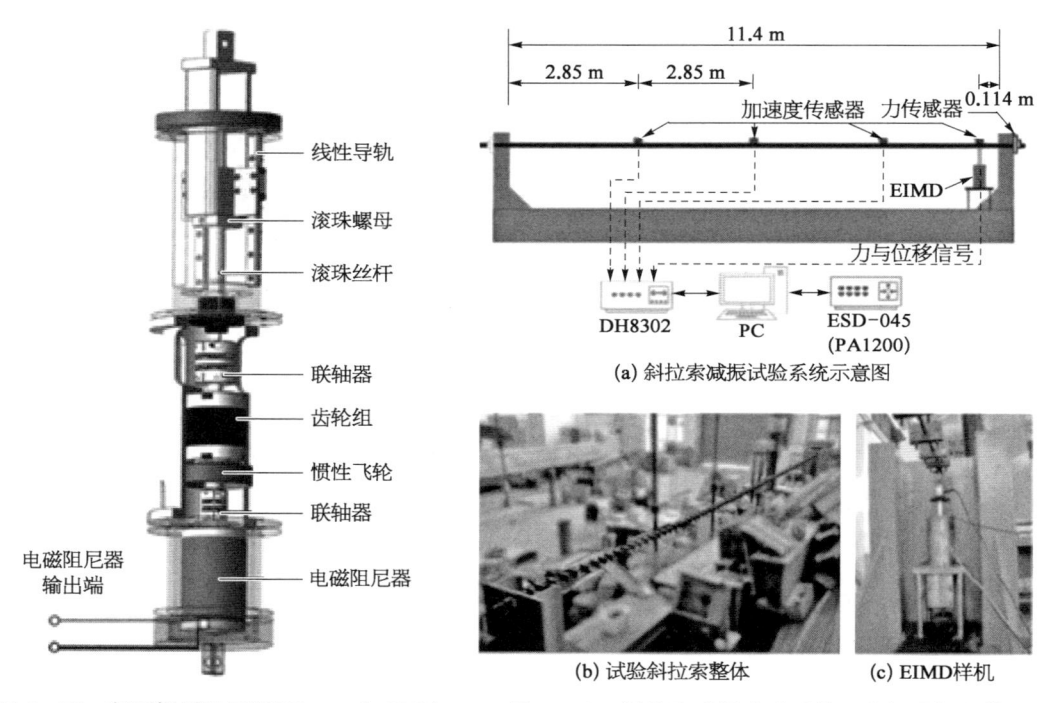

图4-57 新型惯质阻尼器(Zhu et al. 2019)　　图4-58 斜拉索减振试验系统示意与现场照片

综上所述,风雨振机理复杂,水线振荡、水膜理论等尚不能解释全部风雨振现象,未形成统一定论。在研究手段上,开展了大量风洞试验和现场实测,呈现向CFD数值风洞发展的趋势。在振动控制上,螺旋线、凹坑等气动措施尚不能完全消除振动现象,还需依靠阻尼器。超长索高阶模态振动为风雨振控制带来新挑战,各阶模态所需最优参数的差异化使得半主动控制技术备受关注。

4.3.2.3　柔性梁体风致振动控制

随着桥梁跨径的不断增大,结构质量越来越轻,结构刚度越来越小,结构阻尼越来越低,从而导致对风致作用的敏感性越来越大。颤振是一种气动不稳定现象,必须要严格杜绝。在悬索桥运营期，可能出现长吊索风致振动、风致疲劳、主梁涡振、桥塔涡振、风致行车安全等问题。对于大跨度悬索桥，必须采取控制措施来改善桥梁的抗风性能。例如，香港青马大桥采用了开槽，润扬长江大桥采用了中央稳定板（见图4-59），大贝尔特桥采用了导流板，舟山西堠门大桥采用了分体双箱梁（见图4-60），明石海峡大桥采用了开槽加稳定板形式的桁梁等。

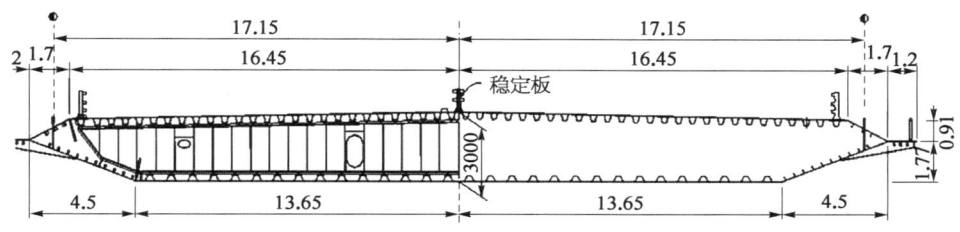

图4-59 润扬长江大桥箱梁断面

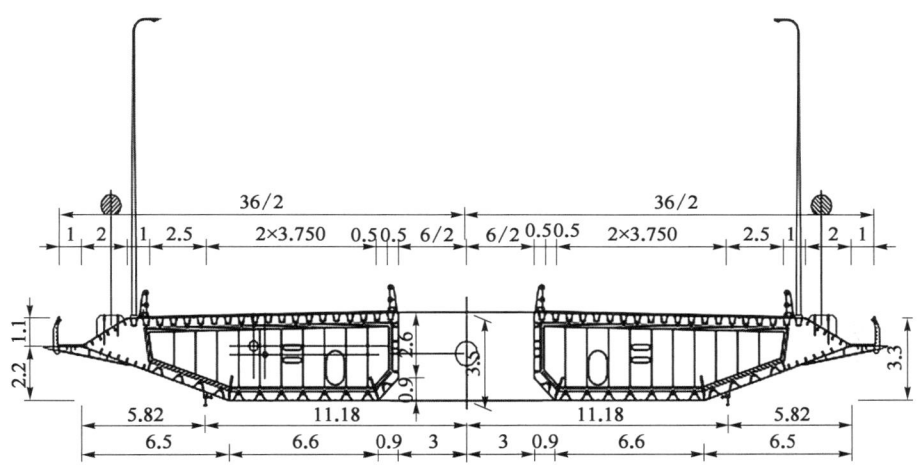

图4-60 舟山西堠门大桥箱梁断面

我国从20世纪70年代末开始桥梁抗风研究，通过80年代的学习与追赶，为1991年建成的我国第一座跨度超过400 m的大桥——上海南浦大桥抗风做出了重大贡献。经过90年代的提高和跟踪，有力支撑了以我国第一座跨度超过1 000 m的特大桥——江阴长江大桥等桥梁的建设。进入21世纪后，面对特大桥梁建设的国家需求和桥梁抗风研究的学科使命，开展了创新和超越研究工作。经过40余年的全面跟踪和近10年的重点突破，形成了精细化的桥梁风振理论。

（1）颤振研究。

在三维桥梁颤振分析方面，将近似的多模态分析拓展到了精确的全模态分析，实现了悬索桥施工阶段颤振性能演化规律、典型主梁断面颤振驱动机理和多种颤振控制措施原理的精细化。

(2) 抖振研究。

将桥梁抖振理论分析从正交风作用拓展到了任意斜交风作用,并完成了理论分析结果从模型风洞试验验证到实桥现场实测验证的拓展。

(3) 涡振研究。

基本揭示了涡振及气动抑振措施的机理;开发了多种型号的抑振阻尼器,并探讨了它们在大跨度悬索桥涡振控制中的应用。

(4) 风振疲劳及可靠性分析。

初步建立了缆索承重桥梁风振可靠性评价方法,将确定性安全系数评价法拓展到了随机性可靠度评价法;建立了大跨度桥梁风致疲劳频域分析方法和时域分析方法。

(5) 吊索风致振动研究。

仅初步研究了长吊索风致振动特性及减振技术,尚有较多不清晰与不完备之处。

(6) 风致行车安全。

建立了典型车辆在多风向侧风作用下发生侧滑及侧倾的力学分析模型,确定了其在桥面行驶的安全风速。然而,由于悬索桥结构本身和风振问题的复杂性,理论计算结果与试验结果与工程实际之间可能存在很明显差别,甚至截然不同。例如通过风洞试验提出的认为可以抑制涡激共振的措施,却未能阻止西堠门大桥建成后的涡激共振的发生,即试验中未发现的风振现象在桥梁运营期出现了。因此,今后应当继续深入进行风振理论精细化、桥梁风振机理、可靠性评价和风振控制等方面的基础性研究。同时要积极开展计算流体动力学技术和数值风洞,以及桥梁等效风荷载方面的创新性研究(见图 4-61),为未来跨海跨江工程中的特大跨度悬索桥的风振控制做好准备。

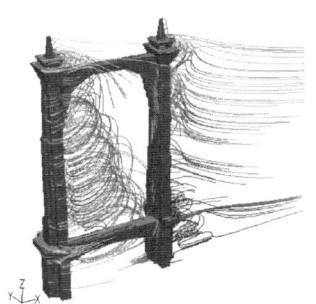 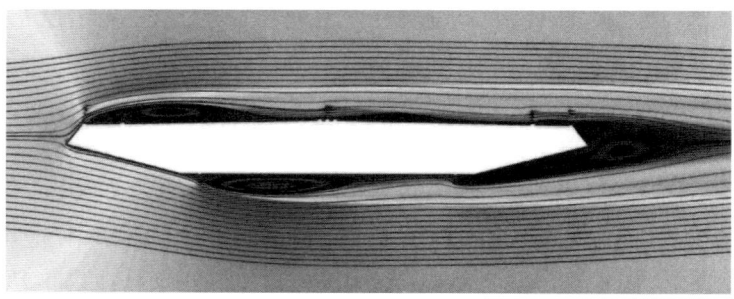

图 4-61 基于计算流体动力学技术的桥梁风荷载及流场模拟

4.3.3 养护管理

桥梁养护管理是指为保证桥梁设施供应驾乘行时具有快速、畅通、安全、经济的使用功能,对已建成桥梁的有关设施、环境保护诸方面提供技术、物资、人力保障,在决策、计划组织、控制与激励等方面所进行的全部活动。

随着发达国家桥梁建设高峰的过去,桥梁结构的养护管理已逐渐成为各国桥梁工作的重心。一方面,为了及时发现桥梁早期的健康问题,降低管养成本,消灭安全隐患,各国都陆续推进桥梁长期性能研究,积极发展预防性养护技术,如美国桥梁长期性能研究计划;另一方面,随着计算机技术的不断进步与BIM技术的发展,桥梁的养护管理正朝信息化与智能化大步迈进。而我国由于在相关领域起步较晚,目前在役桥梁管养主要采用的仍是传统的纠正式养护方式,桥梁信息化技术水平也较低。因此,加大对桥梁预防性养护、管养智能化研究势在必行。

4.3.3.1 预防性养护

发达国家由于桥梁建设期早,已有绝大部分桥梁进入性能衰退阶段,桥梁管养工作的比重已经逐渐取代建设工作,并上升到工作重心的位置。桥梁早期的健康问题如不能得到很好的发现和处置,必然逐步恶化,不仅大幅增加了桥梁管养经费,增大了处治技术风险,而且可能危及桥梁安全。因此,发达国家对桥梁预防性养护的关注和对长期性能的研究较早且较为深入。时至今日,世界各国都意识到桥梁预防性养护管理的重要性,是全世界桥梁技术的研究热点和今后的发展方向。各国都陆续建立了各自的桥梁管理系统,推进桥梁长期性能研究,积极发展预防性养护技术,如欧盟主线(MainLine)计划、日本桥梁预防性养护管理发展计划、美国桥梁长期性能研究(LTBP)计划(见图4-62)等。

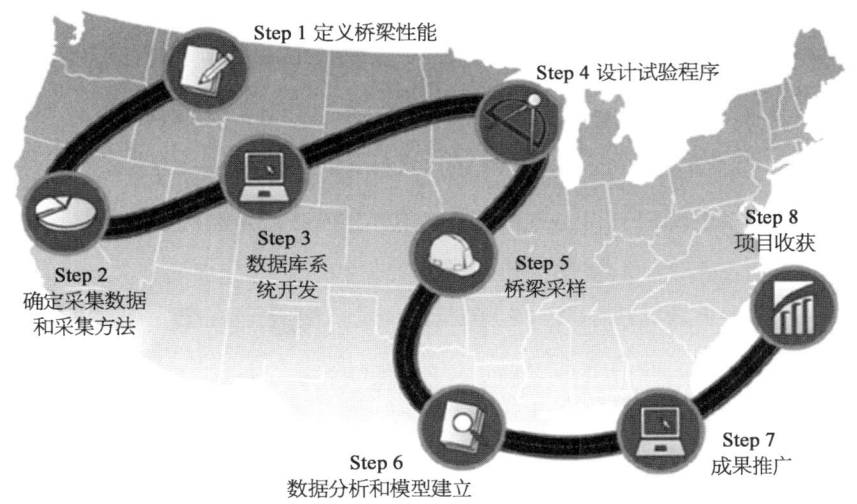

图4-62 美国LTBP计划路线

在我国,在役桥梁管养主要采用的仍是传统的纠正式养护方式,即"治桥之大病,治桥之急病",而难以做到"治桥之初病",更勿论"养桥之未病"。近年来,预防性养护已日益受到重视,交通运输部于2013年启动了"混凝土梁桥长期性能研究(LBBP)"和"在役钢筋混凝土箱型拱桥可靠性评估技术及检测关键设备研发"等课题,表明桥梁长期性能与预防性养护研究受到了日益广泛的关注。但是,目前成果中对耐久性维护及耐久性病害处治对策等的研究都还处于初期阶段,往往是借鉴耐久性设计中的一些方法,缺少针对性,也忽视了环境的复杂性。因此,开展面向长大桥梁性能变化规律的深入研究,针对我国桥梁病害和环境特点,选取代表性桥梁及构件,开展长期的性能检测和跟踪监测,通过修正和优化耐久性能经时变化规律模型、承载能力退化预测模型和使用性能衰退模型,深入掌握桥梁性能衰退机制,提升长期性能状态的评估能力,已成为桥梁结构全寿命服役安全的重要保障手段,也应是今后长大桥梁养护领域的研究突破重点。本节着重介绍目前的主缆除湿和锚碇防腐预防性养护手段。

(1) 传统的主缆防护密封手段正在被除湿防护体系所替代。

悬索桥主缆是悬索桥结构最主要的承重构件,且不可更换,被称为悬索桥的生命线。桥梁处在跨越江河湖海和承力的环境下,主缆钢丝在自然环境和应力下的腐蚀是难以避免的,必须进行主缆防护,以延长悬索桥的安全使用寿命。主缆防护主要有密封和除湿两个方向。传统的主缆防护体系实际上是通过对主缆外层进行密封包裹来防止水分侵入其内部以达到防腐蚀目的。该防护体系可以减缓防腐速度,但防护效果并不理想,不能彻底阻止腐蚀。图4-63为典型的主缆防护密闭构造方式。

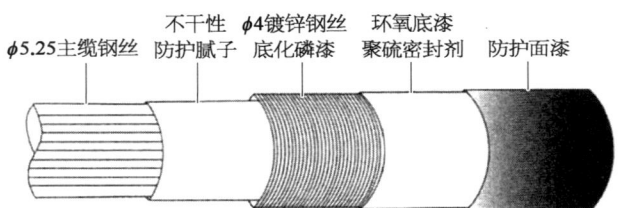

图4-63 典型的悬索桥主缆密闭构造

而除湿防护体系由"干空气+缠丝+密封层"组成,对主缆内部填充干空气,外部密封,使钢丝处于不腐蚀环境,以达到长期防腐的目的。通过除湿对主缆进行防护已被证明在各方面都优于早期传统的密封防护体系,可以连续地对主缆内部湿气进行处理,基本代表了今后主缆防护的发展方向。

主缆除湿体系在提高干燥空气利用率及降低损耗方面,发展出了两种不同的防护技术,主要有以日本为代表的S形缠丝系统和以欧美为代表的Cableguard系统。两种系统的目的相同,即加强主缆防护层的密封、减少干空气的泄漏,但其各自的研究重点不同。日本S形缠丝技术从缠丝层的材料形状入手,将圆形缠丝的贴合构造改为异型缠丝的扣合构造,形成了类似螺纹的结构,在主缆表面形成了金属套筒,增大了空气逸出的阻力,减少了内部空气的泄漏。欧美的Cableguard系统也是从缠丝外层防护层入手,采用具有更高韧性及强度的高分子保护层在主缆表面形成高分子套筒,同样增加了空气逸出的阻力,减少了内部空气的泄漏。

主缆除湿系统当前的研究热点主要集中在：通风除湿设计方法的研究、对干燥空气除湿法流动阻力的实验研究，以及基于余热回收的主缆除湿防腐系统研究。

除湿设计方法包括传统的电阻加热和新兴的电磁加热。近年来有学者提出应用电磁感应加热进行除湿，具有如下优点：① 加热效率可高达90％以上，是电阻加热的2～3倍；② 加热的工件一般为铁磁性材料，电阻率低，感应电动势的作用下能产生很强的涡流，瞬间产生大量的焦耳热，温升速率可达电阻加热的几十倍。电磁感应加热除湿，感应电流频率与交变磁场频率有关，其频率越大，感应电流的频率也越大。感应电流形成的涡流主要集中在导体表面，产生的热量主要在导体表面，符合重点对主缆外围除湿的目标。高频交变的磁场使各钢丝索股的表面产生涡流，进而在表面直接与各钢丝索股之间气隙的湿气接触，能够更加有效地除去这些湿气。

流动阻力的研究可以得到不同直径下的通风阻力，推导主缆阻力的半经验公式，目的是使主缆内的空气压力略高于外界大气压而形成一种气封作用，外界潮湿的空气就不能进入主缆内部，从而满足了主缆内部干燥的要求。这样在漫长的维护阶段，高压送气装置和除湿装置只要低速运行，就可满足要求，节能效果明显，同时也大大延长了高压送气装置和除湿装置的运行寿命。余热回收可以大大减少能耗，提高系统的能量利用效率，从而最终降低除湿系统的成本。主缆除湿系统送气处理过程（见图4-64）。

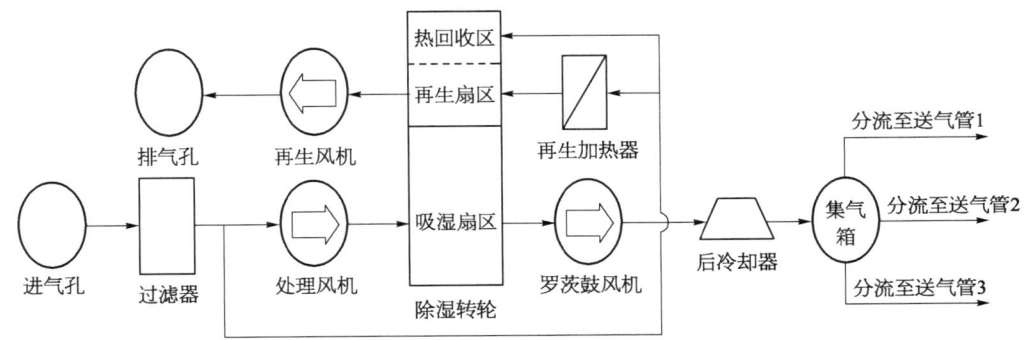

图4-64　主缆除湿系统送气处理过程

综上所述，主缆防护问题紧迫，但我国目前在这一领域的研究还处于起步阶段，缺乏必要的试验数据、计算理论基础、设备材料性能指标的研究及工程经验。近几年来也进行了一些卓有成效的主缆除湿系统关键技术研究，包括干空气除湿系统的设计参数、主缆超压排气系统、除湿机节能、S形钢丝国产化等科学研究。今后的研究方向仍主要集中在开发更高效节能的除湿方法与送气系统以及余热回收等方面。

（2）锚碇防腐除湿技术亟待更新，利用智能算法进行前期可靠性评估成为一大研究方向。

锚碇是悬索桥体系的构件，用于固定主缆的端头，防止其走动。锚碇多处于潮湿地下或者岩体环境，难以避免渗水。在腐蚀环境下，腐蚀介质不仅会对普通钢筋和预应力筋造成腐蚀破坏，同时也会对缆索及索鞍锚固装置造成腐蚀。预应力钢筋和缆索发生腐蚀时，容易在毫无防备的情况下突然断裂造成结构破坏。因此，锚碇系统的防腐极其重要。

锚碇系统的防腐首先需要对锚碇系统的腐蚀状况进行评估，针对锚碇的腐蚀状况评估结果采取相对应的处理对策。目前锚碇防腐的难点在于研究新的高效可靠的防腐方法，针对锚碇结构特点制定合理的防腐策略。锚碇防腐的主要研究热点集中在锚碇腐蚀机理研究、腐蚀程度评估、防腐方法及对策研究。

分析腐蚀因素对锚碇系统整体或各构件造成的腐蚀破坏，需要恰当的腐蚀评估方法对锚碇系统的腐蚀情况进行评估。对于腐蚀评估研究的方法很多，但由于影响锚碇系统的腐蚀因素太过复杂，而可以测量到的腐蚀元素数据又较少，造成了腐蚀评估非常困难。国内有学者应用灰关联分析和可拓学理论相结合的方式对锚碇系统进行腐蚀等级评估。灰关联分析方法根据较少的数据得出较准确的结果，对锚碇系统中单个构件进行环境腐蚀因素排序，得出影响单个构件的最主要的腐蚀因素等级顺序。可拓学理论主要是对锚碇系统进行整体腐蚀等级评估，得出锚碇系统所属的腐蚀等级类别，进而针对不同的腐蚀类别采取不同的防腐蚀处理对策。

在地下工程中，应用最多的防腐除湿方法有通风、采暖除湿法、压缩除湿、冷却除湿法和吸湿剂除湿等。早期的除湿方法虽然得到了广泛的应用，但是仍然存在很多不足。例如，冷冻除湿法不仅能耗大，也很难得到预期效果；液体吸附剂会产生新的腐蚀问题。传统的除湿技术已经不能跟上时代发展的步伐。人们开始广泛关注热泵除湿、膜法除湿、热电冷凝除湿、HVAC 除湿和电化学除湿等新型除湿技术。

综上所述，除湿是从根本上阻断腐蚀介质侵入，防止锚碇及其附属腐蚀退化的根本方法。因此，今后锚碇系统防腐的关键仍是研究适用于锚碇装置的新型除湿技术。同时，应用智能高效的算法对锚碇系统进行可靠评估，是锚碇系统养护的前提，也是今后研究需要重点突破的方向。

4.3.3.2　基于 BIM 的建管养一体化信息平台

随着我国公路桥梁建设的快速发展，目前桥梁已进入建养并重的时期。在桥梁建成后的运营期，应摒弃传统的碎片化、人工化、笼统化和低信息化的管养模式，充分利用建设期形成的 BIM 应用成果和相关数据成果，采用大数据分析和智能监测技术手段实现桥梁建养一体化和全寿命周期数字化、智慧化管养，建立综合的桥梁智慧管养一体化平台，打通建设期与运营期数据共享和有效传递，形成全寿命的管理数据和决策支持数据载体，实现桥梁养护和运营的一体化、标准化、可视化和可溯源化。

近三十多年来，国内外桥梁管理信息系统的相继建立，大大促进了桥梁管理信息系统的研究和开发。传统的桥梁管理信息系统总体可分为两个阶段：第一阶段是桥梁数据库管理系统,该系统用于存储桥梁各种检测或监测的数据,提供查询、检索等基本服务;第二阶段是在第一阶段的基础上增加了桥梁技术状况评价、中长期养护计划需求预测、养护加固维修计划决策等功能。传统的桥梁养护信息系统主要由桥梁结构各传感单元构成的健康监测系统,以及养护巡查日常管理、评估决策等子系统构成。各子系统相对独立,建设期的数据与运营期的数据不能有效关联,评价决策系统往往针对性不强,已不适应桥梁建设和养护高质量发展的需要。

目前,桥梁管理信息系统已进入第三阶段,即建管养一体化阶段,主要是综合运用管理学理论及信息化技术,具备静动态数据管理、三维数字平台管理、病害处治对策、维修方案、数据分析等综合管理功能。配合用于现场采集结构检查数据的巡检系统,探索计算机桥梁仿真虚拟可视化技术,实现基于三维桥梁模型的病害及维修档案的记录及管理,强调运营期桥梁各类事件的"可追溯性"和"定位性",建立桥梁病害信息库,提高桥梁养护技术和相应的诊断水平、适宜的维修、加固设计和施工决策,从而提前做好科学预防性养护,降低全寿命周期成本,保障桥梁长期安全运行,延长桥梁使用寿命。

BIM一体化平台的基本功能架构(见图4-65)。在许多工程领域,将基于传统设计的已有工程结构"BIM化"也逐渐成为一种趋势。

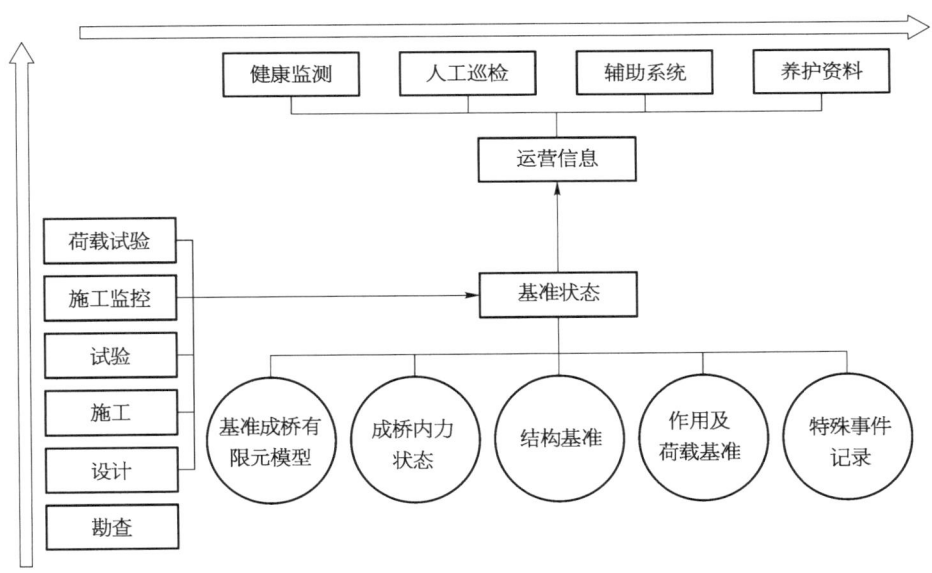

图 4-65 一体化平台信息基础架构

但当前的基于BIM的建管养一体化平台的研究也存在一些不足:① 既有老旧桥梁难以实现融合现代信息化技术的智能管养。对于老旧桥梁,应在人工检测基础上,尽可能多地结合现代管养技术,使桥梁得到最科学的管养维护。② 桥梁信息化养护管理系统主要集中应用于特大型复杂桥梁,覆盖范围有限。针对中小型桥梁,在今后的建造过程中也应该建立相应的管养维护系统,以便更好地监管、检测桥梁的健康状况。

综上所述，基于建设阶段的纵向信息和基于运营期数据的横向信息将成为基于BIM的桥梁建管养一体化平台的数据基础。可以预见，基于BIM的桥梁工程建管养一体化技术将逐渐改造我国已有的设计、施工、管养模式，使桥梁工程真正进入信息化时代。

4.4 未来发展趋势

中国桥梁总数已超百万座，是世界第一桥梁大国，并在各类桥型世界跨径排名前10位中均占有半数以上，正向桥梁强国迈进。长大桥梁是交通网络的咽喉节点，对保障国家安全、人民生命财产安全和幸福生活都具有重要意义。提升在役长大桥梁安全与健康水平是服务国家发展战略、支撑交通强国梦的重大需求。近年来，契合我国桥梁事业发展时代需求，顺应新一轮科技创新发展潮流，在役长大桥梁安全与健康技术已取得了一系列重大进步，但仍有较多关键核心技术问题还有待突破。

在检测与监测领域，计算机、信号传输技术、人工智能等领域的高速发展使得智能化、自动化检测正在逐步代替传统人工，检测效率、精度大幅度提高，针对隐蔽部位的检测技术也有所发展。桥梁结构健康监测技术日益成熟，初步建立了国家级和区域级公路网桥梁健康监测平台，实现了部分重点桥梁的实时监控，一系列新型传感器和监测产品得到广泛应用。但桥梁早期病害快速发现能力不足，结构内部/隐蔽部位损伤检测困难；现有的监测传感方式以点式为主，缺乏大范围高精度全域感知技术；以工控机为核心，集中采集为特征的传统监测系统架构复杂，后端成本高昂，现场供电通讯要求高、布设灵活性不足，亟待发展面向特定场景需求的轻量化监测技术。

在机理、仿真与性能评估领域，数值仿真模拟与桥梁的设计、施工、养护、管理的结合日益紧密。桥梁参数识别、损伤诊断和性能评估理论及方法不断推陈出新，基于检监测数据分析的异常/损伤预警技术发展迅速，初步建立了应急处置机制。但现有结构损伤机理和性能评估理论不够完善，结构状态诊断智能化程度较低，多指标多级预警与决策体系尚未建立，缺乏基于数据驱动的结构退化模型和长期性能评估方法，超前预警和剩余寿命预测能力不足。

在维修加固与养护管理领域，建立了较为完善的桥梁养护、维修与加固技术体系，防护技术初步实现了从被动到主动的转变，基于新材料、新工艺不断尝试新的维修加固方法，性能提升手段日趋多样。但先于结构不可逆损伤的预防性养护研究滞后，缺乏结构状态主动控制技术，靶向处治能力不足，精细高效的维修加固智能装备研发亟待突破，桥梁建管养一体化平台的全生命周期信息大数据分析、智能评估及决策能力亟待突破。

随着管养需求增加和信息技术的快速发展，从顺应发展趋势来看，在役桥梁安全与健康技术领域技术变革正在持续提速。

在检测与监测领域：应加快研发桥梁关键部位智能检/监测技术及装备，建立融合多维信息的空—天—地协调感知方法，助力精细化、智能化、集成化检测监测体系的发展。突破监测设备原位校准与数据接力技术，研发面向多种特定场景开发小成本、低功耗、快安装、平台化的轻量化监测装备，发展有线无线混合自组网、多端平台互动、设备即装即用免调试等关键核心轻量化监测技术，将是推动全面建立国家桥梁结构监测体系的关键所在。

在机理、仿真与性能评估领域：应加快建立桥梁结构评估诊断与性能演化分析理论与方法，提出融合专家系统信息与大数据关联挖掘的长大桥梁评估理论与方法，构建桥梁运营安全风险多指标多级预警与决策体系，研发基于检测—监测一体化的智能评估诊断技术。基于数据和物理双重驱动的结构损伤早期识别、趋势推演、抗力衰减及剩余寿命预测、长期性能评估将是未来重要研究方向。

在维修加固与养护管理领域：应加快新材料、新技术、新装备、新工艺的研发与应用，完善相关标准体系；应加强信息化、智能化技术手段应用，实现养护维修由纠正式向预防性进而预见性的转变。研发环保、高效、经济的新型修复材料，突破先于病害显现的靶向处治技术，发展病害性诊治、功能性提升、耐久性延寿等精准处置技术与突发状况下桥梁状态应急处置技术，构建靶向提升与延寿一体化技术体系，研发智能化、一体化快速维修及养护装备，创新施工工艺工法，并系统总结凝练形成一批实用的新规程、新标准，将是提升长大桥梁养护维修工作的效率、效能、效果，降低养护维修成本，实现长大桥梁养护维修工作精准、高效、智能发展的重要手段。

综上所述，云平台、大数据、物联网、人工智能、移动通信正与传统桥梁工程技术深度融合，呈现出机理研究深入化、技术装备集成化、工作要求标准化、决策支持智能化的技术发展特征。① 机理研究深入化：结构损伤机理研究将逐步从微观向宏观、从短期向长期、从单因素向多因素耦合拓展。② 技术装备集成化：无损检测装备与养护维修装备的小型化、专业化、集成化程度日益提高；依托 BIM 平台，设计、施工、检测、监测、养护、维修的信息高度集成融合。③ 工作要求标准化：不仅是传统意义上的检查动作和质量评定方法的标准化，也包括为实现数据互联互通的信息标准化工作的快速推进。④ 决策支持智能化：数据采集正从现场实操人工记录向自动采集智能感知转变，分析评估正从少量抽样数据研判向大数据分析转变。未来在高质量发展新要求下，智能化将是在役长大桥梁安全与健康领域技术发展的最主要趋势，将成为保障长大桥梁安全与健康的重要手段。桥梁工程通过与材料、制作、信息、电子、环保等领域的多个产业群协同发展，将会实现智慧规划、智慧设计、智慧建造、智慧运维的新一代桥梁技术，实现其安全、高效、长寿、环保目标，推动中国桥梁信息化、智能化、工业化水平持续提升。

参考文献

[1] XU Y Y, TURKAN Y. BrIM and UAS for bridge inspections and management[J]. Engineering, Construction and Architectural Management, 2019, 27(3): 785-807.

[2] MORGENTHAL G, HALLERMANN N, KERSTEN J, et al. Framework for automated UAS-based structural condition assessment of bridges[J]. Automation in Construction, 2019, 97: 77-95.

[3] 钟新谷,彭雄,沈明燕. 基于无人飞机成像的桥梁裂缝宽度识别可行性研究[J]. 土木工程学报, 2019,52(4):52-61.

[4] ZHONG X G, PENG X, SHEN M Y. Study on the feasibility of identifying concrete crack width with images acquired by unmanned aerial vehicles[J]. China Civil Engineering Journal, 2019, 52(4): 52-61.

[5] 梁亚斌,蔡思佳,冯谦,等. 基于无人机航拍的武汉天兴洲长江大桥桥索PE外观检测技术[J]. 大地测量与地球动力学,2019,39(11):1207-1210.

[6] LIANG Y B, CAI S J, FENG Q, et al. Cable PE appearance inspection in the Tianxingzhou River bridge using unmanned aerial vehicle based aerial photo technique[J]. Journal of Geodesy and Geodynamics, 2019, 39(11): 1207-1210.

[7] LIN W G, SUN Y C, YANG Q N, et al. Real-time comprehensive image processing system for detecting concrete bridges crack[J]. Computers and Concrete, 2019, 23(6): 445-457.

[8] 勾红叶,韩冰,王海波,等. 一种正交异性钢桥面板疲劳裂纹智能识别方法:201911164585.X[P]. 2019-11-25.

[9] GOU H Y, HAN B, WANG H B, et al. An intelligent identification method for fatigue crack of orthotropic steel deck: 201911164585.X[P]. 2019-11-25.

[10] 王海波,勾红叶,韩冰,等. 用于正交异性面板疲劳裂纹检测的装置及其使用方法: CN110824011A[P]. 2020-02-21.

[11] WANG H B, GOU H Y, HAN B, et al. Device for detecting fatigue cracks of orthotropic panel and use method thereof: CN110824011A[P]. 2020-02-21.

[12] PHILLIPS S, NARASIMHAN S. Automating data collection for robotic bridge inspections[J]. Journal of Bridge Engineering, 2019, 24(8): 04019075.

[13] XU F Y, JIANG Q S. Dynamic obstacle-surmounting analysis of a bilateral-wheeled cable-climbing robot for cable-stayed bridges[J]. Industrial Robot: the International Journal of Robotics Research and Application, 2019, 46(3): 431-443.

[14] HIRAI H, ISHII K. Development of dam inspection underwater robot[J]. Journal of Robotics, Networking and Artificial Life, 2019, 6(1): 18-22.

[15] 勾红叶,杨彪,华辉,等. 桥梁信息化及智能桥梁2019年度研究进展[J]. 土木与环境工程学报(中英文),2021,4343(S01):12.

[16] 吴彦奇,刘四新,傅磊,等. 探地雷达探测桥梁浅基础缺陷的正演研究[J]. 物探与化探,2017,41(1):183-188.

[17] 梁辰. 敲击法检测钢管混凝土脱粘缺陷的试验研究[J]. 混凝土世界,2011(01):54-56.

[18] 周先雁,肖云风,曹国辉. 用超声波法检测钢管混凝土质量的研究[J]. 铁道科学与工程学报,2006(6):50-54.

[19] 周茗如,郭中宇,沈琼斐,等. 大型钢管混凝土模拟试验无损检测技术研究[J]. 中国建材科技,

2013,22(1):5-10.
- [20] 高翔. 混凝土路面脱空红外成像检测及有限元数值模拟研究[D]. 武汉:武汉理工大学,2005.
- [21] 兀云飞,陈德权,沈俊. 基于层次分析法的桥梁检测风险识别[J]. 山西建筑,2014,40(15):209-210.
- [22] 王良云. 磁致伸缩导波检测技术实验研究[D]. 武汉:华中科技大学,2008.
- [23] 魏武,李钟. 桥梁缆索检测攀爬蛇形机器人的设计与实现[J]. 公路交通科技,2014,31(1):152-158.
- [24] 喻国强. 预应力混凝土桥梁有效预应力测试技术应用[D]. 西安:长安大学,2013.
- [25] 郝超,裴岷山,强士中. 斜拉桥索力测试新方法——磁通量法[J]. 公路,2000(11):30-31.
- [26] 熊文,魏乐永,张学峰,等. 大跨度缆索支承桥梁基础冲刷动力识别方法[J]. 哈尔滨工业大学学报,2019,51(3):92-98.
- [27] 叶肖伟,张小明,倪一清,等. 基于机器视觉技术的桥梁挠度测试方法[J]. 浙江大学学报:工学版,2014,48(5):813-819.
- [28] 吴智深,李素贞,ADEWUYI A. P. 基于应变分布响应的模态分析理论与应用[J]. 科技导报,2010(8):94-103.
- [29] 刘小玲. 多源信息融合技术在钢结构斜拉桥状态评估中的应用研究[D]. 广州:东南大学,2017.
- [30] 韩依璇,张宇峰,赵亮,等. 国外桥梁长期性能研究最新进展介绍及思考[J]. 中外公路,2015,35(4):217-221.
- [31] 王明飞. 桥梁结构的系统研究[J]. 价值工程,2013,32(1):39-41.
- [32] 贺拴海,郭琦,宋一凡,等. RC桥梁健康状况及承载能力的动力评估试验[J]. 长安大学学报:自然科学版,2003,23(6):36-39.
- [33] 谢程波. 桥梁拼接方式的工程分析方法探讨[J]. 建筑知识:学术刊,2013(5):310.
- [34] 姚艳红,于红杰. 复杂结构建筑物整体平移关键技术研究[J]. 科学技术与工程,2011,11(10):80-83.
- [35] 许晓雷,胡尔西旦·迪力夏提. 浅谈公路桥梁加固方法[J]. 黑龙江交通科技,2012(9):80.
- [36] 李明高,刘东亮,丁彦闯,等. 基于等效结构应力的焊接结构疲劳寿命评估[J]. 现代制造工程,2013(5):118-121.
- [37] 张清华,卜一之,李乔. 正交异性钢桥面板疲劳问题的研究进展[J]. 中国公路学报,2017,30(3):14-30,39.
- [38] 《中国公路学报》编辑部. 中国桥梁工程学术研究综述·2014[J]. 中国公路学报,2014,27(5):1-96.
- [39] 袁力. 钢板—混凝土组合结构在刚架拱桥加固中应用研究[D]. 武汉:华中科技大学,2018.
- [40] 杨超,徐一超. 索承桥快速换索技术发展现状与应用[J]. 工程技术研究,2020,5(16):1-2.
- [41] 项海帆,葛耀君. 大跨度桥梁抗风技术挑战与基础研究[J]. 中国工程科学,2011,13(9):8-21.
- [42] 陈策. 我国悬索桥主缆除湿系统研究的最新进展[J]. 中国工程科学,2010,12(4):95-99.
- [43] 解玉侠. 悬索桥锚碇系统腐蚀状况评估与对策研究[D]. 重庆:重庆交通大学,2023.